编委会

主　编：王霜凌

副主编：陈全芬　曾　兴

编　委：邹　云　李林蓉　王　珍　王　莹
　　　　杨　婷　周陈妃　赵紫芸　廖静娴
　　　　杨　韵

文化市场调查与预测

王霜凌 ◆ 主编

四川大学出版社
SICHUAN UNIVERSITY PRESS

图书在版编目（CIP）数据

文化市场调查与预测 / 王霜凌主编 . 一 成都：四
川大学出版社，2024.1
ISBN 978-7-5690-6679-1

Ⅰ．①文… Ⅱ．①王… Ⅲ．①文化市场－市场调查－
教材②文化市场－市场预测－教材 Ⅳ．① G114

中国国家版本馆 CIP 数据核字（2024）第 011839 号

书　　名：文化市场调查与预测
　　　　　Wenhua Shichang Diaocha yu Yuce
主　　编：王霜凌

选题策划：梁　平　杨　果
责任编辑：梁　平
责任校对：李　梅
装帧设计：裴菊红
责任印制：王　炜

出版发行：四川大学出版社有限责任公司
　　　　　地址：成都市一环路南一段 24 号（610065）
　　　　　电话：（028）85408311（发行部）、85400276（总编室）
　　　　　电子邮箱：scupress@vip.163.com
　　　　　网址：https://press.scu.edu.cn
印前制作：四川胜翔数码印务设计有限公司
印刷装订：成都金阳印务有限责任公司

成品尺寸：185mm×260mm
印　　张：14.75
字　　数：358 千字

版　　次：2024 年 1 月 第 1 版
印　　次：2024 年 1 月 第 1 次印刷
定　　价：48.00 元

本社图书如有印装质量问题，请联系发行部调换

扫码获取数字资源

四川大学出版社
微信公众号

前　　言

当今文化产业迅速发展，文化市场中涌现出一大批按照价值规律进行文化艺术产品交换或者提供有偿服务的企业。企业要想立于不败之地，就必须追踪市场、调查市场、了解市场和研究市场。

有调查研究才有发言权，本书旨在培养大学生掌握市场调查技术，初步了解文化市场，在调查的基础上进行预测分析并最终写成市场调查报告的能力。本书分为理论篇和实务篇，在理论篇介绍了市场调查研究的基础方法，在实务篇结合广告市场、影视市场、会展市场、旅游市场四个比较有代表性的文化产业市场进行市场调查分析。

希望学生通过系统地学习，能够在工作中独立地计划、组织和实施市场调查，满足目标客户的需要，并掌握文化市场分析的方法和技能。

本书主要有以下几个特色：

(1) 突出课程特色。本书根据培养高素质技能型人才的目标要求，强调技能培养原则，"教学目标项目化、项目内容任务化、任务内容过程化、理论实践一体化"。

(2) 突出文化市场调查的特点。从社会对文化产业人才的需要出发，以服务与实践应用为宗旨，采用文化产业市场调查的新观念、新理论、新方法，重点突出市场调查方法在文化产业领域的具体应用。

(3) 案例丰富，通俗易懂。在多年的研究实践中，我们大量参考借鉴了同类著作和相关资料，汲取其精华部分，不断充实和更新教学内容，同时积极与当地一些市场研究公司建立互动关系，适时掌握市场调查的前沿理论和方法技术，为教材的编写积累了丰富的资料和教学案例。在此基础上，精心安排结构体系，注重联系文化产业运营实际，注重使用图表形式说明操作过程和应用技巧，加强实用性及基本技能的培养。

(4) 理实结合，结构新颖。全书分为理论篇和实务篇两个部分。编写时基本按照文化市场调查的概念界定、市场调查方案、资料收集和整理、调查资料分析和预测以及调查报告的写作等模块安排章节的顺序和框架结构，在内容上增加了文化产业中的广告、影视、会展、旅游等几个典型行业，并合理安排了思考练习题、实例操作题、案例分析、补充阅读材料等，使学生在学习过程中便于围绕学习目标抓重点，通过反复思考、练习，掌握和巩固知识点。

本书以规范、系统、实用、创新为准则，结构清晰，内容精练，符合当前教育部强调的重视实践教学的精神。本书可作为高校大学本科、专科教材或教学参考书。

本书由王霜凌担任主编，陈全芬、曾兴任副主编。全书各章编写分工如下：王霜凌编写前言、第一章、第六章，王莹编写第二章、第三章，陈全芬编写第四章、第五章，李林蓉编写第七章，王珍编写第八章，曾兴编写第九章，邹云编写第十章。

本书在编写时参考了国内多位同行的著作和文献，书中引用的部分案例和其他参考借鉴尽量在书中相应的位置或书末的参考文献中做了标示，在此向诸位作者表示敬意和感谢。由于编者知识水平、掌握资料和时间精力所限，书中难免有疏漏，敬请各位同仁不吝赐教。

编　者

目　　录

上篇　理论篇

上篇　理论篇

第一章　文化市场与文化市场调查

澳大利亚某出版公司的网络问路

澳大利亚某出版公司曾计划向亚洲推出一本畅销书，但是不能确定用哪一种语言，在哪一个国家推出。后来决定在一家著名的网站做一下市场调研。方法是请人将这本书的精彩章节和片段翻译成多种亚洲语言，然后刊载在网上，看一看究竟用哪一种语言翻译的摘要内容最受欢迎。过了一段时间，他们发现，网络用户访问最多的网页是用中国大陆的简化汉字和朝鲜文字翻译的内容。于是他们追踪了一些留有电子邮件地址的网上读者，请他们谈谈对这部书摘要的看法，结果大多是称赞这个摘要的语言。于是该出版公司决定在中国和韩国推出这本书。书出版以后，受到了读者普遍的欢迎，获得了可观的经济效益。

第一节　文化市场的基本概念

一、文化

人们对"文化"一词的定义有数百种之多。"文化"一词在中国古代表示教化。《易经》上说："观乎天文，以察时变；观乎人文，以化成天下。"文化是由"人文化成"简化而来的。在西方，"文化"一词指与"自然存在的东西"相对的"人造自然物"。"文化"来源于拉丁文"cultural"一词，意为对土地的耕耘和植物的栽培，引申为对人的身体和精神两方面的培育。文化有广义和狭义之分。从广义上来说，文化指人类在社会历史实践过程中所创造的物质财富和精神财富的总和，包含了无形的信念、道德、价值观、仪式、行为准则等精神财富，也包括有形的物质文化资源和物质创造物。狭义的文化就是"文治"与"教化"，就是通过"文"的力量，"化"其言谈举止，正心诚意，改善社会风气。

文化的分类形式多种多样，从宏观上讲，一般可以分为物质文化、精神文化和制度文化三类。

二、市场

（一）市场的定义

在我国，比较常用的市场含义，一是指商品生产、流动和交易体系，商品供给者、需求者以及其他商品生产、交易的参与者的相互作用体系；二是指商品流通领域；三是指商品集中交易场所。

从原始意义上讲，市场是商品交易的场所，但是在现代的经济活动中，传统的定义是有缺陷的。首先，商品和劳务未必是在固定的场所发生转移的，比如，"期货市场"及其合约交易。其次，这个定义只显示了市场的某些外延，而并未揭示其本质，例如，当我们说"某个商品很有市场"，显然不是指这个商品很多地方都有，而是指潜在顾客对这个商品的需求量很大。于是，现代经济学对"市场"一词的定义是：市场就是以某种商品或者劳务满足一定需求的活动。从买方来看，它必须包括四个要素：消费者、购买力、购买动机和商品（或劳务）。于是，人们又把经济活动链接成供给如何满足需求的矛盾，即"供给—需求"模式，在这种模式中，需求是决定性的因素。

（二）市场需求

那么什么是市场需求呢？市场需求是指在一定时期内，在每个价格水平上，消费者愿意购买并能够购买的一种物品或服务的数量。市场需求是个人需求之和。也就是说，市场需求由三个要素构成：购买动机、购买力和消费者的总量。

市场分为市场主体和市场客体两个基本方面。市场主体就是参与市场交易活动的人或组织，既包括自然人，也包括以一定组织形式出现的法人；既包括供给者，也包括需求者。凡是社会上合法的生产者和经营者，都是合法的市场主体。那什么是市场客体呢？相对市场主体而言，市场客体是指进入市场交易的各种商品和服务。

大量独立自主的经济人和可用于交易的商品的存在是市场经济存在的必要条件。市场交易就是一种多项选择、择优录取行为，市场就是一种公平竞争、优胜劣汰的体系。经济人与商品以及他们之间的相互作用共同构成完整的市场体系。

三、文化市场

根据市场和市场需求的定义，可以推出文化市场的含义和文化需求的含义：所谓文化市场，就是某种文化产品或文化服务满足一定文化需要的活动。所谓文化需求，就是指在一定时期内，在每个价格水平上，消费者愿意和能够购买某种文化产品或文化服务的数量。文化产业生存和运行的前提必须是符合一定文化市场中的文化需求状况，换言之，就是文化市场决定了文化产业的生存和发展。

文化市场调查主要研究文化产业领域的市场要素和各个环节。文化市场是文化与经济一体化的产物，是文化建设的一个重要领域；从经济的立场看，它是市场经济的有机组成部分。

文化市场是文化资源配置的基础方式。广义的文化资源，包括用于精神文化产品生产的人力、物力和财力等，或者说包括用于文化生产的物质资源、人力资源和纯粹文化资源等多个方面。文化市场可以真实地体现文化产品供给和需求方面的互动关系，成为沟通文化产品生产经营者和购买消费者的有效渠道。文化市场通过市场机制为主导配置文化资源，可以把有限的人力、物力和财力等资源优先投向最有效率、最有效益的生产项目和文化产品，从而提高文化资源配置效率，也就相应提高了文化生产力，更好地满足公众的文化需求。它是一种自动化趋向高效配置的体系，最能真实准确地反映并满足公众的文化需求。

文化市场是一种利益导向机制。以市场为导向，解放和发展文化生产力是提高文化生产率的重要条件。

第二节　文化产业与文化市场

一、文化产业的概念

按照联合国教科文组织的定义，文化产业指按照工业标准生产、再生产、储存以及分配文化产品和文化服务的一系列活动。事实上，世界各国对文化产业并没有一个统一的说法。英国和澳大利亚等国称其为"创意产业"，日本和韩国称其为"内容产业"，美国称其为"版权产业"。"创意产业"是从个人创造力出发，强调技能、才华和创意；"内容产业"强调信息技术与文化创意高度融合，是知识经济浪潮中以信息高新技术、互联网与数字化为基础产生的概念，数字游戏、影视、动漫、数字出版等都属于此；"版权产业"强调版权法和相关法律保护，包括文学、艺术、科学作品的创作和复制，主要是美国（北美）采用的文化产业概念，它高度关注知识产权的归属，与美国这个版权大国的国家利益有着密切关系；"注意力经济""眼球产业"等概念依据的是当代传媒业的迅猛发展，更关注文化产业的当代传播方式；而"体验产业"与"休闲产业"则更突出当代文化产业满足大众娱乐性需要的特质。

根据国家统计局颁布的《文化及相关产业分类（2018）》，文化产业是指为社会公众提供文化产品和文化相关产品的生产活动的集合。其中，以文化为核心内容，为直接满足人们的精神需要而进行的创作、制造、传播、展示等文化产品（包括货物和服务）的生产活动，称为文化核心领域，是文化产业的主体部分；为实现文化产品生产所需的文化辅助生产和中介服务、文化装备生产、文化消费终端生产（包括制造和销售）活动，称为文化相关领域，是文化产业的补充部分。

综上所述，笔者认为，文化产业是为社会公众提供文化产品和文化服务的经营性活动。

二、文化产业的分类

文化市场调查与预测是建立在文化产业各个方面的调查与预测，因此，了解文化产业的分类对于了解文化市场调研与预测的范畴很有帮助。对于文化产业的分类，各个国家有不同的标准。

联合国教科文组织对文化产业的统计框架是文化遗产、出版印刷业和著作文献、音乐、表演艺术、视觉艺术、音频媒体、视听媒体、社会文化活动、体育和游戏、环境和自然 10 大类，并且将每一部分分别划分为资源投入、活动过程、产出等活动环节，建立了包含反映以创作和生产、传播和发布、接受和消费以及各项活动规模和参与为内容的文化统计指标，从而形成了文化统计框架。由于文化产业更侧重经济考虑而不是文化考虑，因此联合国教科文组织第三次修订的国际标准产业分类，文化产业包括以下内容：文化内容发展、文化产品的制造、文化内容的翻印和传播、文化交流。

美国版权产业分为核心版权产业、交叉版权产业、部分版权产业和边缘版权产业四类。英国选定了十三项作为文化创意产业的范畴，包括软件开发、出版、广告、电影、电视、广播、设计、视觉艺术、工艺制造、博物馆、音乐、流行行业以及表演艺术等。澳大利亚的文化产业分为四类，包括遗产类、艺术类、体育和健身娱乐类、其他文化娱乐类。

各国都根据本国的实际需要和政策目标对文化产业进行了划分，如澳大利亚体育比较发达，在分类中对体育的门类做出了比较详细的界定，影视娱乐业发达的美国对艺术以及相关门类做出了说明。

根据国家统计局颁布的《文化及相关产业分类（2018）》，文化产业具体包括新闻信息服务、内容创作生产、创意设计服务、文化传播渠道、文化投资运营、文化娱乐休闲服务、文化辅助生产和中介服务、文化装备生产、文化消费终端生产等 9 个大类。2018 年分类标准除了将传统文化业态如新闻出版、广播电影电视、娱乐休闲等行业活动悉数涵盖之外，还将互联网文化娱乐平台、数字动漫游戏、智能文化设备制造等文化新业态纳入统计范围，为全面、及时反映我国文化产业发展新模式、新亮点提供统计依据。

三、文化产业与文化市场的关系

文化市场是从市场经济学的角度，以交易为焦点看待文化与市场经济一体化得出的概念。人们把文化产业聚焦在文化生产环节，指按照产业化甚至工业化方式运作的文化门类；把文化市场聚焦在文化流通环节，指按照市场化甚至商业化方式运作的文化领域。

任何产品都包含产品的生产、流通和消费三个基本环节，而所谓市场，就是流通和消费两个环节中各要素的总和。从这个意义上讲，文化市场是文化产业的一个组成部分。市场决定生产，而生产也只能基于市场的需求来完成，产品的开发、设计和生产都取决于市场目标。文化产品同时受市场供求、价值规律、艺术生产规律和主流意识支配。调查文化市场运行时，要调查文化产品是如何满足其他社会经济系统——消费者、相关行业、社会机构等的需要并被他们接受的。因而，文化产业与文化市场是相互关联、相互作用的。

（一）文化市场决定了文化产业的总量

进行文化产品生产的主要目的就是用于交换、获取文化附加值，因此，有货币支付的需要，即市场需求。如果一个文化产品人们不愿意购买或者根本买不起，那就是超出了文化市场的需求。因此，一个国家或地区文化产业发展的总水平受限于这个国家或地区文化市场需求总量。

（二）文化市场与文化产业都具有双重属性

文化市场和文化产业既具有经济性又具有文化性。文化产品不但有商品价值，也传播着文化价值。文化市场是一个思想、意见市场，并最终是一个身份市场。文化的竞争是一个国家软实力的竞争，文化产业在发展经济的同时，也必须兼顾社会效益。

（三）文化市场决定了文化产业的前景

从静态来看，文化市场的规模决定了文化产业的规模和布局；从动态来看，文化市场的前景决定了文化产业的前景。没有发达的文化资本市场就没有发达的文化产品。目前文化资本市场还很薄弱，缺乏融资渠道。因此，文化资本市场制约着文化产业的发展。

四、文化产品

文化产品的生产、流通过程要受供求关系、价格机制、竞争规律的作用。作为大众需要的精神产品与服务，需求的层次性、多样性、不确定性，加之文化产品生产中资料的差异性、生产者的主观性，导致文化产品需求的弹性大，供求矛盾比物质产品更加突出，在一般的商品价值规律之外还有文化商品的特殊规律，具有艺术价值规律和意识形态性，因此要求文化产业在按照价值规律生产时必须兼顾社会效益。

文化生产的主要对象是精神内容，不是具体的物质。文化产品的物质载体在某种意义上是次要的，不必像物质资料的生产那样必须充分考虑到组织生产要素所受到的更多时间、空间等条件限制。

从空间上来说，互联网已将全球联为一个整体。文字、音像等符号为载体的文化内容可以轻松传播，并且没有环境污染，传输成本低，整个地球变成文化生产的大车间。

从时间上来说，文化市场的开拓具有超越性。文化产品的生产、交换等容易突破时间的局限，由于文化产品精神内涵的超越性，相隔千百年的人群可能消费同一文化资源，如唐诗宋词。

从价格上来说，文化产品也具有超越性。文化消费本身是主观的，消费者的品位千差万别，价格不是唯一的决定因素。

第三节　文化市场调查

一、文化市场调查的概念

从广义来说，市场调查泛指人们为了解决某种产品的营销问题而有意识地进行了解市场、认识市场的过程和努力；从狭义来说，市场调查特指人们为了对某种产品的营销问题进行决策提供客观依据，而系统地收集、整理、分析和处理资料的工作。

文化市场调查是针对文化市场的创意策划、产品、销售、服务等各个环节、各个要素的调查，包含市场环境调查、产品调查、消费调查、服务调查、广告调查等各个方面，为决策和创意提供服务的依据。预测是在调查的基础上根据一定的延伸规律对未来进行预测。

文化市场调查主要有以下三种类型的机构：

（1）多方服务市场调查机构；

（2）文化企业委托的市场调查机构；

（3）专业市场调查公司。

二、文化市场调查的内容

文化市场调查的内容大体可以分为市场研究和产品研究。做市场研究，可使企业发现更多的营销机会。市场调查是企业制定营销决策的依据，市场调查提供了了解市场发展趋势和供求状况的一种手段。

文化市场调查中，普通的物质产品市场调查的共性依然存在，但它在调查目标、调查对象、调查内容上又具有某些特殊性。

（一）文化产品调查

文化产品的调查要关注文化产品特性。文化产品的特性主要有文化产品的精神性、文化产品的意识形态性、文化产品的创意性、文化产品的价值延伸性和文化产品的增值性。文化市场的调查可以从以下几个方面着手进行。

1. 文化产品的意识形态调查

在文化产业领域，虽然文化产品走向市场化必须要有物质性和产业性，但它们有别于一般物质产品的地方在于其物质形态背后的精神性。如人们看书、看报、看电视、听广播，主要都是为了满足精神需要，但同时又受到文化产品潜移默化的影响。文化产品也是一个国家的文化软实力的象征。文化产品应注重主流意识形态调查，否则，将可能受到社会公众的抵制或者受到文化市场政策的制约。

2. 文化产品创意性调查

文化产品的创意性策划是指用创新性思维，针对人们对文化生活的物质和精神需要，通过对各种形态的文化产品的内容和服务形式进行创意策划。有时，文化产品的生产过程和产品不能分开，例如演奏、演说、表演、歌唱、戏剧等。文化产品的创意指物品的创新，也指生产过程或服务的创新。文化市场的消费价值大多取决于创意效果，因此，对文化产品的创意性进行调查非常重要。

3. 文化产品传播性调查

一个文化产品的传播和消费过程完成后，不是像物质消费品那样价值会随之消失，而是会出现精神价值的留存现象。比如一个读者读完一首诗歌后，诗歌的价值并不会就此消失，甚至恰恰因为重复地被观看而提升它的价值。由于文化市场经济是一种体验经济，人们消费的是一种过程和服务。一个酒店，一个风景区，一个软件，一个游戏，体验的人越多，越有价值。例如，一部电视剧，因为观看的人多，人气旺，往往会吸引更多的人去观看。因此，需要调查文化产品的传播速度和效果。

4. 文化产品的增值性调查

文化产品的文化内涵和文化特殊性能够使资源再生或增值，这里可以分为三层来阐述。首先，文化产品的消费能提高所利用的文化资源的文化内涵，比如韩剧的消费，正因为看的人多才使得韩剧和韩国的文化得以传播。其次，一种文化产品可以成为其他产品的资源，实现艺术的融合和嫁接。比如，民间故事可以加工成小说，小说可以改编成漫画，漫画可以加工成动画片，动画片中的形象可以成为毛绒玩具、书包、文具等动漫周边产品。最后，文化产品能提高消费者的知识水平，而知识水平的提高必然刺激文化生产水平的提高，并刺激科技的发展，导致新的文化产品的出现和新的文化资源的嫁接和重组。因此，需要调查文化产品的增值性。

（二）文化需求调查

按照马斯洛的需求层次理论，人们首先满足了生理需要、安全需要、社会需要，再满足尊重需要，然后满足自我实现需要。文化需求正是基于人们的尊重需要和自我实现需要。人们不惜高价购买奢侈品和名牌货，重要的不是这些物品能带给人吃饱穿暖的需要，而是彰显一种文化品位。这种消费是一种象征符号，是把消费行为符号化的标志，显示消费者的修养和尊贵，是进入某个阶层和圈子的标志。因此调查文化消费需求，既要调查消费者的经济基础，也要调查消费者的文化心理，以准确把握消费者所需要定位的文化品位和层次。

文化市场需求调查应该根据文化需求的特点发挥能动性与文化产品的创意结合。如经常有顾客被问道："你喜欢什么样的服装？"顾客回答："漂亮的，时尚的。"再问："什么是漂亮的？"顾客可能就回答："不知道。"所以，在调查文化市场需求时，需要掌握文化产品的特性，将市场需求明确化。

（三）文化消费调查

1. 文化消费调查的概念

文化消费调查是建立在文化市场化基础上的调查，文化消费应该具有经济性。一个画家创作一幅画，一个诗人写作一首诗，如果不把它卖出去，而纯粹是为了自己的审美需求，并不能称之为文化消费，没有文化市场调查的必要。这里所指的文化市场是为满足社会公众而提供的文化产品或服务类的活动，因此，文化市场的调查主要是对消费需求和消费行为的调查。

文化市场要有需求、有产品、有消费，这样才能构成一个完整的文化市场。消费行为又可以称为购买行为。

2. 影响文化消费调查的因素

一般而言，在文化消费调查中影响购买行为的因素有四个：一是经济因素，二是文化因素，三是政治因素，四是社会习俗。

（1）消费者的收入调查。

1857 年，著名经济学家恩斯特·恩格尔提出了一个定律：随着家庭和个人收入的增加，收入中用于生活食品方面的支出比例将逐渐减少。这一定律被称为恩格尔定律，反映这一定律的系数被称为恩格尔系数。

$$恩格尔系数（\%）=\frac{食品支出总额}{家庭或个人消费支出总额}\times100\%$$

这个系数某种意义上又被称为享乐系数，当恩格尔系数小于 30% 时，人们的享乐倾向就会抬头，用于文化方面的消费就会增加。因此，调查顾客的收入层次是有必要的。

（2）消费者的文化背景调查。

文化消费的需求与品位往往取决于消费者的文化价值观和文化水平。消费者的知识结构也会影响其消费，如有可能人文学科者选择文化产品个性明显，工科背景的人更倾向于产品的标准化品质。老年人可能喜欢方言剧场，青年人可能喜欢酒吧文化。因此需要调查不同的偏好和文化背景。

（3）政治因素调查。

文化产品的意识形态属性必然导致国家政策的强烈干预，政府往往会采取一些措施来引导或制止某些文化消费行为，而文化商人也往往利用这些政策来更好地发展自己。如有些电影，国家要求大家都去观看，看后讨论。

（4）社会习俗调查。

社会习俗和文化禁忌对文化消费的影响也十分明显，例如，中国有"敬鬼神而远之"的习俗，因此，鬼神方向的文化创意相对较少。

3. 文化消费调查的分类

（1）消费者行为研究。

研究不同群体的消费者对某一类产品（或场所）的消费心理、消费行为、消费需求、消费动机、消费决策过程以及信息获取渠道等，将其作为企业产品市场定位以及营销决策的重要依据。我们的消费者研究模型可以帮助企业深入了解自己的消费者，为产品定位、需求分析和确立核心竞争力奠定基础。结合消费心理及消费观念等方面的相关信息，对消费者的各种行为进行全面分析。

（2）消费者需求研究。

通过问卷、访谈、座谈、讨论、观察、写实等调查形式和手段，对目标消费者（包括个体和组织）进行全面研究，挖掘出消费者的潜在需求，帮助企业正确地进行产品定位和目标市场定位，减少企业在产品选择和市场选择上的失误。在充分调查研究的基础上，进一步评估潜在市场的吸引力，评估企业在该市场的竞争力，并制定相应的营销策略。

（3）客户满意度研究。

客户满意度研究，又称 CSR（Consumer Satisfaction Research），是近年来一种新兴的调查技术。这种调查的目的是考察消费者对企业产品和服务的满意程度，包括满意率、顾客忠诚度、顾客抱怨以及他人推荐率等重要评价指标。通常，该项调查是连续性的定量研究，所采用的调查方法包括电话调查、入户调查、神秘顾客和邮寄调查等。

（四）文化资源的调查

在对文化资源进行调查时，必须更新文化理念。人们对文化资源的认识存在普遍的误区，缺乏深度开发的理念，很多人谈及"文化"就说，这个是我们的民俗，那个是我们的传说，这个是我们的特色工艺，那个是我们的远古流传物，这些东西都具有文化底蕴，但并不能马上成为或者说原封不动地成为文化产业，还需要加以创新。例如，美国动画片《花木兰》使用的是中国的历史文化资料，但创新地使用了美国的动画技法，并加入了女性意识和女权思想，更符合现代审美需求。又如，作为一个旅游文化产业，"红色旅游"和一般的山水游、风情游乃至农家乐的不同就在于其蕴含了革命历史和革命教育作用。成都宽窄巷子的川剧演出就不单单是戏剧的演出，而是戏剧演出与餐饮娱乐相结合，边吃饭边看演出。锦里的小吃"三炮台"，也不单单是吃，而是"吃"与"玩"相结合，那"咚咚"的锣声更像是一种游戏。有些地区的文化资源地处偏远，交通不畅，文化资源也就难以开发。

因此，文化产业深度资源开发提醒我们，不仅仅要使用现成的文化资源，更需要对资源进行创造性的反思、重组、再造。最重要的是调查文化消费需求，创造出人们接受的消费形式。

三、文化市场调查的意义

（1）信息功能：采用一定的方法和手段，收集加工信息，有助于更好地利用国内外先进的经验和最新的科研成果，为企业管理部门或者有关负责人提供决策或修订策略的客观依据。

（2）认识功能：一定程度消除文化市场主体对市场外部环境及企业本身状况的不确定性。改进企业的生产技术和提高企业的管理水平，增强文化企业的竞争能力。

（3）沟通功能：文化市场营销主体与社会环境互相传输信息和交换信息，有利于发挥广告宣传的最大效应。

（4）反馈和调节功能：文化企业经营活动中的纠错行为需要通过市场调查获得信息，通过加工和反馈，指导和调节营销活动。

（5）支撑功能：以数据作为决策的支撑，减少方案实施阻力。决策中矛盾重重是常事，执行起来阻力不断更是常见。这时，市场调查的作用就突显了出来。拿数据说话是比较容易令人信服的，也使反对者少了口舌。

四、文化市场调查的特点

（一）系统性

首先，调查活动是一个系统，包括编制调查计划、设计调查、抽取样本、访问、收集资料、整理资料、分析资料和撰写分析报告。其次，影响市场调查的因素也是一个系统，诸多因素互联构成一个整体。

（二）目的性

任何调查都应该有一个明确的目的，并围绕目的进行具体调查，提高决策的科学性和准确性，文化市场调查也不例外。只是由于文化产业的特殊性，明确调查目的可能需要更多的创意性思考。

（三）社会性

文化市场调查服从于社会管理的需要，调查主体与对象具有社会性，调查内容具有社会性，更加需要在政治性和社会性方面进行把关。

（四）科学性

文化市场的调查具有科学性，主要表现为调查要采用科学的方法、科学的技术手段、拥有科学的分析结论。

同时文化市场调查受诸多因素影响，其中很多因素本身就具有不确定性，因此在使用材料进行预测分析时需要更加谨慎。

本章小结

文化市场调查伴随着商品经济和文化产业高度发展而日益重要，文化企业要想在激烈的市场竞争中获得竞争优势和持续性发展，必须依靠市场调查和预测才能实现。

本章主要介绍了文化市场和文化市场调查的相关概念，详细地介绍了文化市场调查的主要内容。

文化市场调查主要研究文化产业领域市场的各个要素和各个环节。文化市场是文化与经济一体化的产物，是文化建设的一个重要领域；从经济的立场看，它是市场经济的有机组成部分。

文化市场调查的主要内容包括：文化产品调查、文化需求调查、文化消费调查、文化资源调查。

思考与练习

1. 如何定义文化市场调查？
2. 翻阅最近的报纸杂志，找出一两个文化市场调查的实证案例。

第二章 市场调查方案

引例

中国人不喝冰茶

一间宽大的单边镜访谈室里，桌子上摆满了没有标签的杯子，有几个被访问者逐一品尝着不知名的饮料，并且把口感描述出来写在面前的卡片上……

这个场景发生在 1999 年，当时任北华饮业调研总监的刘强组织了 5 场这样的双盲口味测试，他想知道，公司试图推出的新口味饮料能不能被消费者认同。此前调查显示：超过 60％的被访问者认为不能接受"凉茶"，他们认为中国人忌讳喝隔夜茶，冰茶更是不能被接受。刘强领导的调查小组认为，只有进行了实际的口味测试才能判别这种新产品的可行性。等到拿到调查的结论，刘强的信心被彻底动摇了，被测试的消费者表现出对冰茶的抵抗，一致否定了装有冰茶的测试标本。新产品在调研中被否定。

直到 2000 年、2001 年，以旭日升为代表的冰茶在中国全面旺销，北华饮业再想迎头赶上为时已晚，一个明星产品就这样穿过详尽的市场调查与刘强擦肩而过。说起当年的教训，刘强还满是惋惜："我们举行口味测试的时候是在冬天，被访问者从寒冷的室外来到现场，没等取暖就进入测试，寒冷的状态、匆忙的进程都影响了访问者对味觉的反应。测试者对口感温和浓烈的口味表现出了更多的认同，而对清凉淡爽的冰茶则表示排斥。测试状态与实际消费状态的偏差让结果走向了反面。""驾驭数据需要系统谋划。"这是很多企业家的共同感慨。

北京某调研公司副总经理的话似乎道出了很多企业的心声："调研失败如同天气预报给渔民带来的灾难，无论多么惨痛，你总还是要在每次出海之前，听预报、观天气、看海水。"

第一节 市场调查方案概述

市场调查方案是指在正式调查之前，根据市场调查的目的和要求，对调查的各个方面和各个阶段所做的通盘考虑和安排。市场调查方案是否科学、可行，关系到整个市场调查工作的成败。

一、市场调查的目的

调查的目的对调查的设计具有显著的影响。不同的研究者在对各种特定现象进行调查时，会有着各不相同的目的。然而，所有这些市场调查的目的一般都可以归结为以下三种：探索、描述和解释。需要说明的是，一方面，对调查目的所做的这种划分并不是绝对的，而只是相对的；另一方面，现实生活中的每一项具体市场调查往往会表现为更侧重于某一种目的，同时还可能包含有其他两方面的目的。

当调查的目的不同时，整个市场调查就会在设计的要求、调查对象和调查方法的选择，以及在具体操作程序上有所不同。

（一）探索性调查

当你初次对某一特定主题进行研究时，调查方法可以为你提供一种初步探索的方式，这就是我们所说的探索性调查。探索性调查的主要目的是对研究者所感兴趣的问题或现象进行初步考察。这种探索性调查经常出现在以下三种情况中：一是研究者本人对打算研究的问题或现象不太熟悉，二是研究者打算研究的问题或现象本身很少有人涉猎，三是在进行一项大规模的调查研究之前的准备工作。比如，关于电影市场消费者偏好的市场调查，虽然有很多调研机构做了相关的调查工作，但对于一个初次学习市场调查课程的学生来说是一个未涉足的领域，他可能会采取探索性调查来了解概况。同样，在进行一项大规模的、内容复杂的调查研究课题之前，研究者也往往会先采用探索性调查的方法进行一项尝试性的调查研究，以便为规划和设计正式的大规模调查了解必要的情况，做好必要的准备，比如各种试点调查等。

探索性调查除了可以对问题或现象进行初步了解外，还可以为更深入、更系统、更周密的研究提供指导和线索。在这种意义上，探索性调查常常成为一种先导性的研究，即这种研究的成果为后续研究开辟道路或指示方向和途径。

（二）描述性调查

描述性调查是一种常见的调研类型，是指对所面临的不同因素、不同方面现状的调查研究，其资料数据的采集和记录，着重于客观事实的静态描述。大多数的市场调研都属于描述性调查，例如市场潜力和市场占有率、产品的消费群结构、竞争企业的状况的描述。

描述性调查可以满足一系列的调研目标，描述某类群体的特点，决定不同消费者群体之间在需要、态度、行为、意见等方面的差异，识别行业的市场份额和市场潜力是常见的描述性调研。

商店经常使用描述性调查以决定他们的顾客在收入、性别、年龄、教育水平等方面的特征，这样的描述并没有给出"为什么会有这样的特征"的解释。描述性调查提供的结果经常用来作为解决营销问题的全部信息，尽管没有对"为什么"给出回答。例如，一家商店从描述性调研中了解到该店的顾客 67% 是年龄在 18~44 岁的妇女，并经常带着家人、朋友一起来购物，这种描述性调查提供了一个重要信息，它使商店直接向妇女开展促销活动。

（三）解释性调查

人们对事物和现象的认识不会只停留在全面了解其状况的层次上，在认识到现象"是什么"以及其状况"怎么样"的基础上，人们还需要明白事物和现象"为什么"是这样。

解释性调查的目标是回答"为什么"，即解释原因或说明关系，因此它的理论色彩往往更强。它通常是从理论假设出发，经过实地调查，收集资料并通过对资料的分析来检验假设，最后达到对社会现象进行理论解释的目的。也正因为如此，解释性调查在调查方案的设计上，除了具有描述性调查的系统性和周密性以外，还比描述性调查显得更为严谨，针对性也更强，往往要求调查内容必须紧紧围绕所要验证的理论假设。

在分析方法上，解释性调查往往要求进行双变量和多变量的统计分析。比如，对于消费者的不同消费偏好，就可以通过性别、职业、受教育程度、家庭收入等变量或因素来进行分析和解释。一旦研究者详细考察了这些变量或因素与消费者消费偏好之间的关系，他就能够尝试着解释为什么某类消费者选择某些消费品，为什么某些消费品的顾客定位为某类消费者。

二、市场调查的内容

在激烈的市场竞争中，要想把握商机，首先要做到知己知彼。"我们向市场了解什么？"这是摆在每个研究者面前的一个共同问题。由于各项调查的复杂程度和规模各有所不同，调查内容也不是确定不变的，需视调查目的而定，因此一般说来，市场调查可以从以下几方面进行。

（一）市场基本环境调查

企业的生存和发展总是在一定的市场环境下进行的。在市场经济条件下，企业的生产和经营的自主权将得到更充分的保证，但必须符合国家政策、法规和宏观调控的要求，以及国际惯例和准则的规定；必须了解科技与社会文化发展对企业生产经营的制约和影响。只有这样，才能制定出切实可行的经营决策。

市场基本环境调查包括以下几种。

1. 政治环境调查

政治环境调查主要了解影响和制约市场的国内外政治形势，以及国家的经济方针政策。

2. 法律环境调查

市场经济就是法制经济。企业在市场经营活动中，必须遵守所在国家的各项法律法规。同时，在国际贸易中也要遵守国际市场上的有关制度条例。

3. 经济环境调查

经济环境调查主要从生产和消费两方面进行。生产方面调查要了解某一国家或地区的资源状况、交通运输条件、经济增长速度及趋势、产业结构、国民生产总值、通货膨胀率等，消费方面调查包括对该国或地区的购买力、消费水平、消费结构、价格水平和价格指数的了解。

4. 文化环境调查

企业为了更好地满足消费者需要，必须了解社会文化环境对消费者需求的影响，经营活动也才能由此取得预期效果。文化环境调查内容包括教育程度和文化水平、民族分布、宗教信仰、风俗习惯、思维方式和审美观等。

5. 科技环境调查

由于科技进步的影响力已渗透到经济和社会生活的各个领域，故应及时了解新技术、新材料、新产品和新能源的状况，以及国内外科技总的发展水平与发展趋势、本企业所涉及的技术领域的发展情况、专业渗透范围、产品技术质量检验指标和技术标准等。

6. 地理环境调查

由于地理和气候环境决定了地区之间资源的分布状况、消费结构和消费习惯，因此，企业应注意对地区条件、季节因素、使用条件等方面进行调查。

(二) 市场需求调查

市场需求是指一定的顾客在一定的地区、一定的时间、一定的市场营销方案下对某种商品或服务愿意而且能够购买的数量。决定一国或地区市场需求的主要因素有四个：消费者人口状况、社会购买力水平、消费者购买动机和消费者购买行为。

1. 消费者人口状况调查

某一国家或地区购买力总量及人均购买力水平的高低决定了该国或地区市场需求的大小。在购买力总量一定的情况下，人均购买力的大小受消费者人口总数的影响。为了研究人口状况对市场需求的影响，便于企业进行市场细化，应对人口情况进行调查，了解该国或地区的总人口、人口地理分布、家庭总数及家庭平均人数、民族构成、年龄构成、性别构成、职业构成和教育程度等情况。

2. 社会购买力总量调查

社会购买力是一定时期内全社会在市场上用于购买商品和服务的货币支付能力。社会购买力调查包括居民购买力调查、社会集团购买力调查和生产资料购买力调查。其中，居民购买力总量大小、增长速度及其影响因素至为重要，历来是市场需求调查的重点。

3. 消费者购买动机调查

购买动机是为满足一定的需要而引起人们购买行为的愿望和意念，包括本能动机和心理动机。其中，心理动机又具体包括感情动机、理性动机和光顾动机三种，它们是对消费者消费心理研究时不可缺少的内容。

4. 消费者购买行为调查

购买行为是消费者购买动机在实际购买过程中的具体表现。消费者购买行为调查就是对消费者购买模式和习惯的调查，即通常所讲的"3W1H"调查：

(1) 消费者在何时购买（When）调查；

(2) 消费者在何处购买（Where）调查；

(3) 谁负责家庭购买（Who）调查；

(4) 消费者如何购买（How）调查。

（三）市场供给调查

企业在生产经营过程中除了要掌握市场需求情况外，还必须了解整个市场原材料的状况，包括原材料的总量、质量、价格和供应链等一系列情况，同时，还应对本企业的供应能力和供应范围了如指掌。

（四）市场营销调查

市场营销调查包括商品实体调查、价格调查、促销效果调查、分销渠道调查和竞争对手调查等。商品实体调查是对商品性能和商品质量的了解，包括商品性能调查，商品的规格、型号、式样、颜色和品味等方面的调查，商品制作材料调查，等等。价格调查通常是指对市场中同类商品的价格水平、定价策略和消费者价格接受程度的调查。促销效果调查是指对企业的促销活动的效果进行调查，包括广告效果调查、推销效果调查和营业推广效果调查等。分销渠道调查主要应了解企业现有分销渠道的运营状况和分销商的经销策略和推广要求等。竞争对手调查则是对竞争对手的全方面了解，既包括对竞争对手的资金状况、经营规模的宏观了解，也包括对竞争对手的经营产品、价格策略、促销手段和分销渠道的微观把握。

第二节　市场调查方案设计

市场调查方案的关键在于调查课题的确立，即市场调查的目的，至于如何达成调查目标则需要切实可行的设计。在市场调查研究中，在调查课题确定后，接下来的工作并不是马上深入社会生活实际中去收集资料，而是要为顺利完成调查课题所确立的目标进行认真、周密的规划和设计工作。

市场调查方案设计主要指对整个调查研究工作进行规划，制定出探索特定市场现象或规律的策略，确定研究的最佳途径，选择最恰当的方法。当然，它也包含着制定具体的操作步骤及方案等方面的内容。

一、市场调查方案的编写

"凡事预则立，不预则废"，此经验之谈同样适用于市场调查。在实施调查前，设计一个周密、可行的调查方案，对调查进行通盘考虑和安排，使调查者能做到统一认识、统一内容、统一步骤，对于保证调查顺利进行、减少调查误差、提高调查数据的质量是十分必要的。

调查方案的具体内容涉及从调查题目确定开始，直到资料收集、分析、报告撰写为止的整个过程。因而我们在设计具体方案时，应将它与调查过程中的各个阶段、各个方面联系起来统筹进行考虑，既使各个阶段相互衔接，又使各方面内容都紧紧围绕调查的总目标。从大的方面说，一项调查的具体方案中应当包括下述几方面的内容。

（一）前言部分

前言是市场调查方案的开头部分，应该简明扼要地介绍整个调研出台的背景和原因。

小案例：

曾经，宝洁公司凭借其强大的品牌运作能力以及资金实力，在洗发水市场牢牢地坐稳了第一把交椅。但是随着竞争的加剧，局势慢慢起了变化，联合利华强势跟进，夏士莲、力士等多个洗发水品牌从宝洁手中夺走了不少消费者。花王旗下品牌奥妮和舒蕾占据了中端市场，而低端的市场则归属了拉芳、亮庄、蒂花之秀、好迪等后起之秀。至此，中国洗发水行业呈现了一个典型的金字塔形品牌格局。通过市场细分，某公司推出了某采洗发水，在药品和洗发水两个行业找到了一个交叉点。为了提高其在全国重点城市中的占有率，并为今后的营销发展计划提供科学的依据，六人行市场调查公司将在全国范围的重点城市进行一次专项市场营销调查。

（二）调查目的

明确调查目的是设计调查方案的关键，只有确定了调查目的，才能知晓调查所要解决的问题、应取得什么样的信息和如何应用这些信息，也才能确定调查的范围、内容和方法。大部分的调查除有主目的外，还包括一些从目的。例如，某房地产开发商欲推出一批楼盘，除了需要调查当地居民的购买力、消费心理外，同时希望了解居民对楼宇户型、式样的要求，这些都应包括在内。

小案例：

某公司在推出某采洗发水时，委托六人行市场调查公司在全国范围的重点城市进行一次专项市场营销调查。本次市场调研工作的主要目标是：

（1）分析某采洗发水的前期营销计划（包括其销售渠道、媒体投放、产品终端和产品情况）以及消费者的产品期望，明确其自身的优势和劣势，以及面临的机会和威胁。

（2）了解消费者对去屑洗发药水的认知，探察消费者对去屑洗发药水的接受程度。

（3）了解产品的知名度以及美誉度，确定今后营销计划的重点。

（三）调查对象

调查对象是根据调查目的、任务确定的所需调查的总体，它是由某些性质上相同的许多调查单位组成的。确定调查对象，主要是为了解决向谁调查和由谁来具体提供资料等问题。

小案例：

六人行市场调查公司接下某公司委托的某采洗发水市场调查的项目后，经过分析，认为本次调查是针对某采前期的营销计划实施情况的一个效果回馈，所以其在寻找样本时遵循了以下原则：一是样本要有广泛的代表性，以期能够基本反映消费者对某采洗发药水的看法，以及能反映某采前期营销计划的实施情况；二是样本要有针对性。由于某采属于日用品，而且它主要是针对有头屑的人，还有它的价格也较高，所以就需要有一定的购买和支付能力。因此，此次调查主要是针对有使用经验的人，主要在全国的重点城市做调查。基于以上原则，他们建议采用如下标准甄选目标被访者：

（1）20～45周岁的城市居民。

（2）本人及亲属不在相应的单位工作（如市场调查公司、广告公司以及洗发水行业等）。

（3）在过去的六个月内未接受或参加过任何形式的相关市场营销调研。

（四）调查项目

确定调查项目是要明确向被调查者了解什么问题。通常有以下几个要求：

（1）调查项目的涵义必须明确，不能含糊不清；否则，会使被调查者产生不同理解而得出不同的答案，造成汇总与分析的困难。

（2）设计调查项目时，既要考虑调查任务的需要，又要考虑是否能够得到答案。必要的内容不能遗漏，不必要的或不可能得到的资料不要列入调查项目中。

（3）项目间应尽可能做到相互关联，便于了解现象发生变化的原因、条件和后果，便于检查答案的准确性。

小案例：

经过对某采市场调查目的和对象的分析，六人行市场调查公司确定本次调查的项目主要包括：

（1）针对某采营销方案进行全面的分析，从而为其今后的营销方案提供科学的依据。

①对某采前期营销方案的了解——怎样知道某采的？通过什么渠道购买到某采的？是否遇到买不到某采的情况？

②对某采前期营销方案的评价——对于营销方案是否满意？营销方案哪方面最吸引消费者？营销方案哪方面需要改进？

（2）了解消费者的观念，以及消费者使用过某采后的消费体验反馈。

①消费者对于去头屑产品的认知。

②消费者对于某采洗发药水的使用情况——是否用过？满意度如何？认为产品哪方面最吸引消费者？认为产品哪方面需要改进？

（五）调查方法

在调查方案中，还要规定采用什么组织方式和方法取得调查资料。搜集资料的方式有普查、重点调查、典型调查和抽样调查等。调查方法有文案调查法、访问调查法、观察调查法和实验调查法等。在调查时，采用何种方式、方法不是固定不变的，而是取决于调查目的和调查对象。在市场经济条件下，为准确、及时、全面地取得市场信息，尤其应注意多种调查方式的结合运用。

小案例：

六人行市场调查公司将根据与某公司探讨所达成的共识设计问卷，问卷长度控制在半个小时左右，问卷经双方商讨确定之后正式启用。

问卷抽样方法：在北京、哈尔滨、上海、广州、长沙、成都、西安7个城市中各选择400人作为调查对象，在每个城市的电话簿中随机选择400个号码，打电话核实受访者。在不断淘汰受访者的情况下，多次随机选择，直到选够400人为止。

采用结构性问卷进行入户调查。

（六）数据分析方法

随着经济理论的发展和计算机的运用，越来越多的现代化汇总、整理和分析手段可供人们选择，每种汇总分析技术都有其自身的特点和适用性。因此，需依照调查的要求，选择最佳方法并在方案中加以规定。

小案例：

通过问卷调查收集到资料后，六人行市场调查公司经过认真分析与讨论，计划按照以下方式分类处理与分析信息资料：

1. 关于数据信息录入的技术

对于回收的问卷，项目组责成专人负责，在统一审核的基础上，首先要剔除无效的问卷，之后对问卷进行统一编码，即将问卷中的开放题或半开放题的答案用标准代码表达出来，便于电脑统计。为了确保原始码表趋于完善，应当选择不同地区、不同层次的问卷分别编制。对于可能出现的新码，应在原始码表上留有补充余地，从而便于灵活加码。数据录入利用 Excel 工作簿完成。

2. 关于数据信息分析技术

（1）可以使用专业的市场调研软件 SPSS 对问卷进行数据分析，也可以使用 Excel 软件的统计分析功能进行数据分析。

（2）数据分析的方法：对于调研问题采用聚类分析（Cluster Analysis）、因子分析（Factor Analysis）、相关分析（Correlation Analysis）、SWOT 分析等方法。

（七）调查日程

调查日程主要是规定调查期限，即调查工作开始时间和结束时间。其包括制定方案、设计问卷、人员选择与培训、实地调查、资料整理与分析、撰写分析报告的整个工作时间，也包括各个阶段的起始时间，目的是使调查工作能及时开展，按时完成。为了提高信息的时效性，在保证质量的前提下，调查期限应尽量缩短。

小案例：

六人行市场调查公司关于某采市场调查项目的时间安排见表2-1（自项目确定之日起）。

表2-1　关于某采市场调查项目的时间安排表

序号	项目	时间
1	方案设计与问卷设计	2周
2	人员选择与培训	1周
3	实地调查	2周
4	数据处理	1周
5	报告撰写	3周

（八）调查预算

市场调查费用多少通常视调查范围和难易程度而定，不管何种调查，费用问题总是十分重要和难以回避的，故对费用的估算也是方案中的内容之一。常涉及的费用主要包括：调查方案设计费、问卷设计费、问卷印刷费、装订费、调查实施费用、数据录入费、数据分析费、报告撰写费、管理费、税金和其他费用等。

小案例：

六人行市场调查公司关于某采市场调查项目的费用预算约为6.7万元，其用途分别如表2-2所示。

表2-2　关于某采市场调查项目的费用预算表　　　　　　单位：万元

序号	项目	费用
1	调查方案设计	0.8
2	调查问卷设计与印刷	1.2
3	调查与复核费用	1.0
4	数据处理（编码、录入、处理、分析）	1.5
5	报告撰写费	1.4
6	差旅及其他杂费	0.8
合计		6.7

（九）组织计划

为保证调查实施的顺利进行，还需要对调查的组织领导、调查机构的设置、人员的选择和培训、质量控制等具体工作做出安排。

此外，当调查采用抽样方式进行时，除上述内容外，调查方案中还应包括抽样方式和方法、必要抽样数目、主要指标的精度要求及抽样估计（推算）方法等内容。

二、市场调查方案的可行性研究

在对复杂社会经济现象所进行的调查中，需要设计多种调查方案并从中选优。同时，市场调查方案的设计也往往不是一次完成的，而要经过必要的可行性研究，对方案进行试点和修改。可行性研究是科学决策的必经阶段，也是科学设计调查方案的重要步骤。对调查方案进行可行性研究的方法主要有三种：逻辑分析法、经验判断法和试点调查法。

逻辑分析法是检查所设计的调查方案的部分内容是否符合逻辑和情理。例如，要调查某城市居民的消费结构，而设计的调查指标却是居民消费结构或职工消费结构，按此设计所得到的结果就无法满足调查的要求。因为居民包括城市居民和农民，城市职工也只是城市居民中的一部分。显然，居民、城市居民和职工三者在内涵和外延上都存着一定的差别。又如，对于学龄前儿童进行文化程度调查，对于没有通电的山区进行电视广告调查，等等，都是有悖于情理的，也是缺乏实际意义的。逻辑分析法可对调查方案中的调查项目设计进行可行性研究，而无法对其他方面的设计进行判断。

经验判断法是组织一些具有丰富调查经验的人士，对设计出的调查方案加以初步研究和判断，以说明方案的可行性。例如，对个体户的从业人员数及生产经营活动情况进行调查，就不宜用普查方式，而适合采用抽样调查方式；对于棉花、茶叶等集中产区的农作物的生长情况进行调查，就适宜采用重点调查。经验判断法能够节省人力和时间，在较短时间内做出结论。但这种方法也有一定的局限性，这主要是由于人们的认识是有限的、有差异的，事物在不断发展变化，各种主客观因素都会对人们判断的准确性产生影响。

试点调查法是指对于大规模的市场调查而言，试点是整个调查方案可行性研究的重要环节。试点的目的是使调查方案更加科学和完善，而不仅是搜集资料。试点具有两个明显的特点：一是它的实战性，二是它的创新性。两者互相联系、相辅相成。试点正是通过实践把客观现象反馈到认识主体，从而起到修改、补充、丰富、完善主体认识的作用。同时，通过试点，还可为正式调查取得实践经验，并把人们对客观事物的了解推进到一个更高的层次。

试点调查应该注意以下几个问题：首先，应建立一支精干有力的调查队伍。成员应该包括有关负责人、调查方案设计者和调查骨干，这是搞好试点工作的组织保证。其次，应选择适当的、范围虽小但代表性较强的试点单位。再次，应掌握好试点的时机。最后，应做好试点的总结工作。认真分析试点的结果，找出影响调查成败的原因，并提出解决问题的方法，以充实和完善原调查方案。

第三节　市场调查抽样设计

一、抽样的定义

抽样又称取样，指从欲研究的全部样品中抽取一部分样品单位。其基本要求是要保证所抽取的样品单位对全部样品具有充分的代表性。抽样的目的是从被抽取样品单位的分析、研究结果来估计和推断全部样品特性，是科学实验、质量检验、市场调查普遍采用的一种经济有效的工作和研究方法。显然，抽样调查虽然是非全面调查，但它的目的却在于取得反映总体情况的信息资料，因而，也可起到全面调查的作用。

根据抽选样本的方法，抽样调查可以分为概率抽样和非概率抽样两类。

二、概率抽样

概率抽样是按照概率原理进行的，它要求样本的抽取具有随机性。所谓随机性，就是总体中的每一单位样品都具有同等的被抽中的可能性。或者说，总体中的每一单位样品被抽中的概率相等。概率抽样有若干种不同的形式，而每一种具体的形式有着各自不同的特点。并且，对它们的选择涉及调查研究问题的性质、良好的抽样框的获得、调查研究经费的多少、样本精确性的要求以及调查资料的收集方法等因素。下面我们就结合这些因素对常用的几种概率抽样方法逐一进行介绍。

（一）简单随机抽样

简单随机抽样又称纯随机抽样，是概率抽样的最基本形式。它是按等概率原则直接从含有 N 个元素组成的总体中抽取 n 个样本（$N>n$）。简单随机抽样是最基本的抽样方法，可分为重复抽样和不重复抽样。在重复抽样中，每次抽中的单位仍放回总体，样本中的单位可能不止一次被抽中。不重复抽样中，抽中的单位不再放回总体，样本中的单位只能抽中一次。市场调查采用不重复抽样。

简单随机抽样的具体做法有以下几种。

1. 直接抽选法

直接抽选法，即从总体中直接随机抽选样本。如从货架商品中随机抽取若干商品进行检验，从农贸市场摊位中随意选择若干摊位进行调查或访问，等等。

2. 抽签法

先将总体中的所有个体编号（号码可以从 1 到 N），并把号码写在形状、大小相同的号签上，号签可以用小球、卡片、纸条等制作，然后将这些号签放在同一个箱子里，进行均匀搅拌。抽签时，每次从中抽出 1 个号签，连续抽取 n 次，就得到一个容量为 n 的样本。抽签法简便易行，当总体的个体数不多时，适宜采用这种方法。

3. 随机数表法

随机数表法，即利用随机数表作为工具进行抽样。随机数表又称"乱数表"，是将 0 至 9 的 10 个数字随机排列成表，以备查用。其特点是，无论横行、竖行或隔行读均无规律。因此，利用此表进行抽样，可保证随机原则的实现，并简化抽样工作。其步骤是：

（1）确定总体范围，并编排单位号码；

（2）确定样本容量；

（3）抽选样本单位，即从随机数表中任一数码开始，按一定的顺序（上下左右均可）或间隔读数，选取编号范围内的数码，超出范围的数码不选，重复的数码不再选，直至达到预定的样本容量为止；

（4）排列选中的数码，并列出相应单位名称。

举例说明如何用随机数表来抽取样本。

为了检验某种产品的质量，决定从 40 件产品中抽取 10 件进行检查，在利用随机数表抽取这个样本时，可以按下面的步骤进行：

第一步，先将40件产品编号，可以编为00，01，02，…，38，39。

第二步，在随机数表中任选一个数作为开始，例如从第8行第5列数59开始。为便于说明，我们将随机数表中的第6行至第10行摘录如下：

16 22 77 94 39 49 54 43 54 82 17 37 93 23 78 87 35 20 96 43 84 26 34 91 64
84 42 17 53 31 57 24 55 06 88 77 04 74 47 67 21 76 33 50 25 83 92 12 06 76
63 01 63 78 59 16 95 55 67 19 98 10 50 71 75 12 86 73 58 07 44 39 52 38 79
33 21 12 34 29 78 64 56 07 82 52 42 07 44 38 15 51 00 13 42 99 66 02 79 54
57 60 86 32 44 09 47 27 96 54 49 17 46 09 62 90 52 84 77 27 08 02 73 43 28

第三步，从选定的数59开始向右读下去，由于59＞39，将它去掉；继续向右读，得到16，将它取出；继续下去，又得到19，10，12，07，39，38，33，21，随后的两位数字号码是12，由于它在前面已经取出，将它去掉，再继续下去，得到34。至此，10个样本号码已经取满，于是，所要抽取的样本号码是：

16　19　10　12　07　39　38　33　21　34

注：将总体中的 N 个个体编号时可以从0开始，例如 $N=100$ 时编号可以是00，01，02，…，99，这样总体中的所有个体均可用两位数字号码表示，便于运用随机数表。

当随机地选定开始读数的数后，读数的方向可以向右，也可以向左、向上、向下等。

在上面每两位、每两位地读数过程中，得到一串两位数字号码，在去掉其中不合要求和与前面重复的号码后，其中依次出现的号码可以看成是依次从总体中抽取的各个个体的号码。由于随机数表中每个位置上出现哪一个数字是等概率的，每次读到哪一个两位数字号码，即从总体中抽到哪一个个体的号码也是等概率的。因而利用随机数表抽取样本保证了各个个体被抽取的概率相等。

（二）系统抽样

系统抽样又称等距抽样或间隔抽样。它是首先将总体中各单位按一定顺序排列，根据样本容量要求确定抽选间隔，然后随机确定起点，每隔一定的间隔抽取一个单位的一种抽样方式，是纯随机抽样的变种。在系统抽样中，先将总体从 $1\sim N$ 相继编号，并计算抽样距离 $K=N/n$。式中 N 为总体单位总数，n 为样本容量。然后在 $1\sim K$ 中抽一随机数 K_1，作为样本的第一个单位；接着间隔距离 K 抽取随机数 K_2，作为样本的第二个单位；依次类推，直至抽够 n 个单位为止。

例如，要在某大学总共30000名学生中，抽取一个容量为300的学生样本。我们先将30000名学生的名单依次编上号码，然后按上述公式可求得抽样间距为：

$$K=30000/300=100$$

即每隔100名抽一名。为此，我们先选定一个数字45，以45为第一个号码，每隔100名再抽一个。这样，我们便可得到45，145，…，29945总共300个号码。我们再根据这300个号码，从总体名单中一一对应找出300名学生，这300名学生就构成本次调查的一个样本。

从上面的过程中我们不难看出，系统抽样较之于简单随机抽样来说，显然简便易行多了，尤其是当总体及样本的规模都较大时更是如此。这也正是市场调查较少采用简单随机抽样而较多采用系统抽样的原因。

值得注意的是，系统抽样的一个十分重要的前提条件，是总体中元素的排列，相对于研究的变量来说，应是随机的，即不存在某种与研究变量相关的规则分布；否则，系统抽样的结果将会产生极大的偏差。因此，我们在使用系统抽样方法时，一定要注意抽样框的编制方法。

（三）分层抽样

分层抽样又称类型抽样。它先将总体中的所有元素按某种特征或标志（如性别、年龄、职业或地域等）划分成若干类型或层次，然后再在各个类型或层次中采用简单随机抽样或系统抽样的办法抽取一个子样本，最后将这些子样本合起来构成总体的样本。

例如，在一所大学抽取学生进行调查时，我们可以先把总体分为男生和女生两大类；然后，采用简单随机抽样或系统抽样的方法，分别从男生和女生中各抽 150 名学生；这样，由这 300 名学生所构成的就是一个由分层抽样所得到的样本。当然我们还可以按年级、按系或者按专业来对总体进行分层。

在实际运用分层抽样的方法时，研究者需要考虑下列两个方面的问题。

（1）分层的标准问题。同一个总体可以按照不同的标准进行分层，或者说，根据不同的标准可以将一个总体分成不同的类别或层次。在实际抽样中通常采用的分层标准如下：

①以调查所要分析和研究的主要变量或相关的变量作为分层的标准。比如，若要调查研究居民的消费状况和消费趋向，可以以居民家庭人均收入作为分层标准；又如，要调查了解社会中不同职业的人员对社会经济改革的看法，就可以以人们的职业作为分层的标准。

②以保证各层内部同质性强和各层之间异质性强、突出总体内在结构的变量作为分层变量。比如在工厂进行调查，可以以工作性质作为分层标准，将全厂职工分为干部、工人、技术人员、勤杂人员等几类来进行抽样。

③以那些已有明显层次区分的变量作为分层变量。比如在市场调查中，性别、年龄、文化程度、职业等就经常被用做分层的标准。

（2）分层的比例问题。分层抽样中有按比例和不按比例分层两种方法。

按比例分层抽样是指按各种类型或层次中的单位数目同总体单位数目间的比例来抽取子样本的方法，即在单位多的类型或层次中所抽的子样本就大一些，在单位少的类型或层次中所抽的子样本就小一些。比如，某大学有学生 3000 人，其中有女生 1000 人。若要抽 300 人，那么，按比例的抽法就是从 2000 名男生中抽 200 名，而从 1000 名女生中抽 100 名。这样，样本中男女生之比与总体中男女生之比完全相同，为性别结构是总体中性别结构的一种缩影。

采取按比例分层抽样的方法，可以确保得到一个与总体结构完全一样的样本。但是，在有些情况下，又不宜采用这种方法。例如，有时总体中有的类型或层次的单位数目太少，若以按比例分层的方法抽样，则有的层次在样本中个案太少，不便于了解各个层次的情况，这时往往要采取不按比例抽样的方法。如上例中，我们可以在 2000 名男生中抽 150 人，在 1000 名女生中也抽 150 人。这样，样本就能很好地反映出男女生的一般状况，我们也能很好地对男女生的情况进行比较和分析。

但需要注意的是，我们采用不按比例分层抽样的方法，主要是便于对不同层次的子总体进行专门研究或进行相互比较，但若要用样本资料推断总体时，则需要先对各层的数据资料进行加权处理，即通过调整样本中各层的比例，使数据资料恢复到总体中各层实际的比例结构。

（四）整群抽样

整群抽样是从总体中随机抽取一些小的群体，然后由所抽出的若干个小群体内的所有元素构成调查的样本的方法。整群抽样与前几种抽样的最大差别在于，它的抽样单位不是单个的元素，而是成群的元素。这种小的群体可以是居民家庭、学校中的班级，也可以是工厂中的车间，还可以是城市中的居委会，等等。整群抽样中对小群体的抽取可采用简单随机抽样、系统抽样或分层抽样的方法。

举例来说，假设某大学共有 100 个班级，每个班级 30 名学生，总共有 3000 名学生。现在要抽 300 名学生作为样本进行调查。整群抽样的方法就不是直接去抽一个个的学生，而是从全校的班级中按照随机抽样的方法（或是系统抽样、分层抽样的方法）抽取 10 个班级的全部学生构成调查的样本。

许多较大规模的市场调查往往从节省经费、人力，以及从调查的可行性等方面考虑，而采用整群抽样的方法。

但是，应该看到，整群抽样所具有的简便易行、节省费用的优点，是以其样本的分布面不广、样本对总体的代表性相对较差等缺点为代价的。由于整群抽样所抽样本中的个体相对集中，而涉及的面相对缩小，故在许多情况下会导致样本的代表性不足，使得调查结果的偏差较大。

整群抽样方法的运用，尤其要与分层抽样的方法相区别。当某个总体是由若干个有着自然界限和区分的子群所组成，同时，不同子群相互之间差别很大而每个子群内部的差异不大时，则适合于分层抽样的方法；反之，当不同子群相互之间差别不大而每个子群内部的异质性程度比较大时，则特别适合于采用整群抽样的方法。

（五）多段抽样

多段抽样又称多级抽样或分段抽样，它是按抽样元素的隶属关系或层次关系，把抽样过程分为几个阶段进行。多段抽样的具体做法是：先从总体中随机抽取若干大样本组，然后再从这几个大样本组抽取几个小样本组，这样一层层抽下来，直至抽到最基本的抽样元素为止。

比如，为了调查某校学生的状况，需要从全校学生这一总体中抽取样本。我们可以把抽样过程分为下述几个阶段进行。首先，以学院为单位抽样，即以全校所有学院为抽样框，从中随机抽取一部分学院；然后在抽中的学院里，以班级为抽样单位抽样，即从全部班级中抽取若干个班级；最后，再在抽中的班级内抽取学生。需要说明的是，在上述每个阶段的抽样中，都要采用简单随机抽样或等距抽样或分层抽样的方法进行。

在运用多段抽样方法时，有一点要注意，就是要在类别和个体之间保持平衡，或者说，保持合适的比例。比如说，要抽 1000 名学生作为调查样本，那么，我们既可以抽 20 个学院，每个学院抽 50 名学生，也可以抽 10 个学院，每个学院抽 100 名学生。如何确定每一级抽样的单位数目呢？主要考虑的因素有三个方面：一是各个抽样阶段中的子总体同质性程度，二是各层子总体的人数，三是研究者的所拥有的人力和经费。一般来说，类别相对较多、每一类中个体相对较少的做法效果较好。

多段抽样适用于范围大、总体对象多的市场调查。由于它不需要总体的全部名单，各阶段的抽样单位数一般较少，因而抽样比较容易进行。但由于每级抽样时都会产生误差，故这种抽样方法的误差较大，这是它的主要不足。在同等条件下减少多段抽样误差的方法是：相对增加开头阶段的样本数而适当减少最后阶段的样本数。

（六）PPS 抽样

多段抽样中，其实暗含了一个假定，即每一个阶段抽样时，其元素的规模是相同的。比如第一阶段抽取街道时，暗含了每个街道的规模相同。第二阶段从街道抽取居委会时，也是暗含了每个居委会的规模相同。在这样的假定下，采取前述几种随机抽样的方法，最终每户居民被抽中的概率相等。但现在的问题是，现实生活中，不仅每一个街道包含的居委会数不同，而且每一个居委会中所包含的居民户数也不同，因而按照上述多段抽样的方法来抽取样本时，最终每户居民被抽中的概率实际上是不同的。

为了简单说明这种情况，我们以两阶段抽样为例：第一阶段从全市所有居委会中抽一部分居委会，第二阶段再从抽中的居委会中抽取一部分居民户。假设一个城市有 100000 户居民，分属 100 个居委会。如果要从总体中抽取 5000 户居民构成样本，我们可能会先从各居委会中随机抽取 50 个（这里暗含了每个居委会规模一样大）；然后，在所抽取的 50 个居委会中每个居委会随机抽取 100 户居民。这样，我们总共抽到 5000 户居民。

当居委会的规模大小不一时，情况就会发生变化。比如说，甲居委会比较大，有 2000 户居民；乙居委会比较小，有 500 户居民。那么，当它们在第一阶段都被抽中后，第二阶段分别从它们中抽取 100 户居民。这样，甲居委会中居民被抽取的概率为 $(50/100) \times (100/2000) = 1/40$，乙居委会的居民被抽中的概率为 $(50/100) \times (100/500) = 1/10$。乙居委会中居民被抽中的概率是甲居委会中居民的 4 倍。

在市场调查中，有一种常用的不等概率抽样方法，叫作"概率与元素的规模大小成比例的抽样"即 PPS 抽样。PPS 抽样正是为了解决上述问题而设计的。我们可以用下列公式来说明 PPS 抽样的方法。

$$每一个元素被抽中的概率 = 所抽取的群数 \times \frac{群的规模}{总体的规模} \times \frac{平均每个群中所要抽取的元素}{群的规模}$$

比如，前例中甲居委会有 2000 名居民，那么它在第一个阶段被抽中的概率是：$2000/100000 = 1/50$。而乙居委会有 500 名居民，它在第一阶段被抽中的概率是 $500/100000 = 1/200$。在第一阶段中，由于甲乙居委会规模不同，甲居委会被抽中的概率更大。在第二阶段，甲居委会每一名住户被抽中的概率为 $100/2000 = 1/20$，乙居委会每一名住户被抽中的概率为 $100/500 = 1/5$。在第二阶段中，由于甲乙居委会规模不同，甲居委会中居民被抽中的概率更小了。那么，这两个居委会中每名居民被抽中的概率分别是：

甲居委会中居民被抽中的概率＝50×(1/50)×(1/20)＝1/20

乙居委会中居民被抽中的概率＝50×(1/200)×(1/5)＝1/20

这里我们可以看到，无论一个居委会的规模是大是小，每一户居民始终都具有同样大的被抽中的概率。其实，从以上公式中可看出 PPS 抽样的方法已经排除了群的规模这一因素的影响——第一个分子与第二个分母互相约掉了——每一个元素的被选概率变成了所抽取的群数乘以从每个群中所抽取的元素数目，再除以总体的规模。这实际上就是样本规模除以总体规模。

PPS 抽样的方法可以扩展到多阶段的情形，只需在中间的每一个阶段都同样依据概率与规模成比例的原则，除了最后一个阶段以外。当然，从实践上看，由于 PPS 抽样需要知道每一个群的规模，所以做起来并不十分容易。如果我们无法知道每一个居委会的居民户数，我们就无法运用 PPS 抽样。

三、非概率抽样

在实际调查中，人们有时还采用非概率抽样的办法来选取样本。非概率抽样不是按照概率均等的原则，而是根据人们的主观经验或其他条件来抽取样本。因而，其样本的代表性往往较小，误差较大且无法估计。所以，在正式调查中，一般很少用非概率抽样，常常只是在探索性研究中采用。常用的非概率抽样有以下几种。

（一）偶遇抽样

偶遇抽样又称作方便抽样或自然抽样，指研究者根据现实情况，以自己方便的形式抽取偶然遇到的人作为调查对象，或者仅仅选择那些离得最近的、最容易找到的人作为调查对象。如为了调查某市的交通情况，研究者到离他们最近的公共汽车站，把当时正在那里等车的人选作调查对象。其他类似的偶遇抽样还有：在街头路口拦住过往行人进行调查，在图书馆阅览室对当时正在阅览的读者进行调查，在商店门口、展览大厅、电影院等公共场所向进出往来的顾客、观众进行调查，利用报纸杂志向读者进行调查，教师以他所教的班级的学生作为调查样本进行调查，等等。

（二）判断抽样

判断抽样又称立意抽样，是调查者根据研究的目标和自己主观的分析来选择和确定调查对象的方法。进行典型调查时，确定典型的方法就在一定程度上与判断抽样类似。这种抽样首先要确定抽样标准。由于标准的确定带有较大的主观性，所以，此法的运用结果如何往往与研究者的理论修养、实际经验以及对调查对象的熟悉程度有很大关系。判断抽样的主要优点在于可以充分发挥研究人员的主观能动作用，特别是当研究者对研究的总体情况比较熟悉，研究者的分析判断能力较强、研究方法与技术十分熟练、研究的经验比较丰富时，采用这种方法往往十分方便。但是由于它仍然属于一种非概率抽样，所以，其所得样本的代表性往往难以判断。在实际调查中，这种抽样多用于总体规模小、调查所涉及的范围较窄或调查时间、人力等条件有限而难以进行大规模抽样的情况。

（三）定额抽样

定额抽样又称作配额抽样，它是一种比偶遇抽样复杂一些的非概率抽样方法。进行定额抽样时，研究者要尽可能地依据那些有可能影响研究变量的各种因素来对总体分层，并找出具有各种不同特征的成员在总体中所占的比例。然后依据这种划分以及各类成员的比例去选择调查对象，使样本中的成员在上述各种因素、各种特征方面的构成和在样本的比例上尽量接近总体情形。如果把各种因素或各种特征看作不同的变数的话，那么，定额抽样实际上就是依据这些变数的组合。下面，我们以性别、年级和专业3个因素来解释这种变数的组合及其定额抽样的实施办法。

假设某高校有2000名学生，其中男生占60%，女生占40%；文科学生和理科学生各占50%；一年级、二年级、三年级、四年级学生分别占40%、30%、20%和10%。现要用定额抽样方法依上述三个变量抽取一个规模为100人的样本。依据总体的构成和样本规模，我们可得到定额表（见表2-3）。

表2-3　定额表

性别	男生（60）								女生（40）							
科目	文科（30）				理科（30）				文科（20）				理科（20）			
年级	一	二	三	四	一	二	三	四	一	二	三	四	一	二	三	四
人数	12	9	6	3	12	9	6	3	8	6	4	2	8	6	4	2

如表2-3所示，最下面一行就是样本中具有各种特征的学生数目。这一数目是依据总体中的结构分配的，它使得样本在这几个方面与总体保持一致。可以想象，如果所依据的类似特征越多，样本中成员的分类也将越细，与总体的结构也将越接近。同时我们也可以看出，每增加一个分类特征，这种分布的复杂性就会增加一层，抽样的步骤就会增加一步。

（四）雪球抽样

当我们无法了解总体情况时，可以从总体中少数成员入手，对他们进行调查，向他们询问还知道哪些符合条件的人，再去找那些人并再询问他们知道的人。如同滚雪球一样，我们可以找到越来越多具有相同性质的群体成员。如果总体不大，有时用不了几次就会接近饱和状况，即后访问的人再介绍的都是已经访问过的人。例如，要研究退休老人的生活，可以清晨到公园去结识几位散步老人，再通过他们结识其朋友，不用很久，你就可以交上一大批老年朋友。但是这种方法的误差也很大，那些不好活动、不爱去公园、不爱和别人交往、喜欢一个人在家里活动的老人，你就很难把雪球"滚"到他们那里去，而他们却代表着另外一种退休后的生活方式。

四、样本规模

样本规模又称为样本容量，指的是样本中所含个案的多少。确定样本规模也是每一项具体的市场调查所必须解决的问题之一。统计学中通常以30为界，把样本分为大样本（30以上）和小样本（30以下）。当样本规模大于30时，无论总体如何分布，其平均数的抽样分布将接近于正态分布，许多统计学的公式就可以运用，也可以用样本的资料对总体进行推论。但是，对于市场调查来说，30个样本却常常是不够的。据一些市场调查专家的看法，市场调查的样本规模不能少于100个个案。这是因为，在市场调查中，研究者不仅仅需要以样本整体为单位来计算平均数、标准差、相关系数等统计量，同时，他们更经常地需要将样本中的个案按不同的指标划分为不同的类别，进而分析不同类别之间的差别，得出不同变量之间的关系。因此，要保证所划分出的每个子类别中都有一定数量的个案，就必须扩大整个样本的规模。例如，我们要计算不同年龄的职工群体的平均收入，依据性别和年龄我们将调查对象分为青年男性、中年男性、老年男性和青年女性、中年女性、老年女性六类，再分别计算每一类个案的平均数和标准差，所需的样本规模就会成倍增加了。

（一）样本规模的计算

许多书中都给出了样本规模的计算公式。例如，简单随机抽样中推论总体平均数的样本规模计算公式为：$n=t^2\delta^2/e^2$。其中 t 为置信度所对应的临界值，δ 为总体的标准差，e 为容许的抽样误差。推论总体成熟的样本规模计算公式为：$n=t^2p(1-p)/e^2$。其中，p 为总体的成数，t 为置信度所对应的临界值，e 为容许的抽样误差。

在上述计算公式中，由于置信度是事先确定的，所以其临界值 t 可从标准正态分布表中查出；e 也是研究者根据需要事先确定的，但是总体的标准差、成数或百分比却往往是难以得到的。在计算推论总体成数（或百分比）的样本规模时，我们注意到 $p(1-p)$ 在 $p=1/2$ 时达到最大值，因此我们可取 $p=0.5$，这时公示变为 $n=t/4e^2$，从而保证了样本规模足够大。表2-4所列的样本规模就是根据上面的公式所计算出的在95%的置信度（$t=1.96$）条件下的最小样本规模（表中为计算方便，取 $t=2$）。

表2-4　95%置信度下不同抽样误差所要求的样本规模

容许的抽样误差（%）	样本规模	容许的抽样误差（%）	样本规模
1.0	10000	5.5	330
1.5	4500	6.0	277
2.0	2500	6.5	237
2.5	1600	7.0	204
3.0	1100	7.5	178
3.5	816	8.0	156
4.0	625	8.5	138
4.5	494	9.0	123
5.0	400	9.5	110
		10.0	100

（二）影响样本规模确定的因素

一般情况下，市场调查中样本规模的确定主要受到以下四个方面因素的影响：总体的规模，推断的把握性与精确性，总体的异质性程度，研究者所拥有的经费、人力和时间。

1. 总体的规模

样本规模与总体规模有关，这不难理解。一般情况下，为了保证抽样的精确度，总体规模越大，样本规模也要越大。但当总体规模大到一定程度时，样本规模则不会发生同等增大。

2. 推断的把握性与精确性

抽样的目的往往是要从样本去推论总体，影响样本规模确定的第二个因素就与这种推论的可靠性和精确性密切相关。在市场调查中，我们用置信度与置信区间这两个概念来说明样本规模与抽样的可靠性及精确性之间的关系。一般来说，在其他条件一定的情况下，置信度越高，即推论的可靠性越大，则所要求的样本规模就越大。比如，在同样的条件下，97%的置信度所要求的样本规模就比95%的置信度所需要的样本规模要大。另外，在其他条件一定的情况下，置信区间越小，即样本统计值与总体参数值之间的误差范围越小，则所要求的样本规模就越大。比如，对一个总数为20000的总体，置信度确定为95%，此时若要求置信区间为+5%，需要377个调查对象；若要求置信区间为+4%，则需要583个调查对象。

3. 总体的异质性程度

总体的异质性程度对所需样本规模的影响也十分明显。总体中成员相互之间不存在差别时，只要了解其中之一就行了。这当然是极端的情况。一般来说，要达到同样的精确性，在同质程度高的总体中抽样时，所需要的样本规模就小一些；而在异质程度高的总体中抽样时，所需要的样本规模就大一些。比如，当总体中的个体在收入上的差别比较小，或者说分布比较集中时，需要的样本规模就要小一些，这是因为所抽取的样本中人均收入值的随机波动就很小，因而抽样误差也就会很小，抽样的精度就会比较高。

4. 研究者所拥有的经费、人力和时间

除了以上几种因素外，研究者所拥有的经费、人力和时间也会对样本规模的大小产生影响。从样本的代表性、抽样的精确性考虑，样本规模当然是越大越好。但抽样所得到的样本是要用来进行调查的，样本规模越大，同时也意味着调查所需要投入的人力、物力和时间越多，意味着调查可能受到的限制和障碍也越多。因此，从调查的可行性、简便性考虑，样本规模又是越小越好。究竟选择多大规模的样本，调查者往往需要做出选择。而这种选择的一个重要砝码，就是研究者所拥有的经费、人力和时间。

总之，样本规模的确定需要综合考虑各方面因素，没有一成不变的规定，一般有以下三类，其中中型调查是实践中利用最多的。

小型调查类，样本规模在100~300之间；

中型调查类，样本规模在300~1000之间；

大型调查类，样本规模在1000~3000之间。

五、抽样误差

在抽样检查中，由于用样本指标代替全及指标所产生的误差可分为两种：一种是主观因素破坏了随机原则而产生的误差，称为系统性误差；另一种是抽样的随机性引起的偶然的代表性误差。抽样误差仅仅是指后一种由抽样的随机性而带来的偶然的代表性误差，而不是指前一种因不遵循随机性原则而造成的系统性误差。

抽样误差就是样本的统计值与总体的参数值之间的误差，它是由抽样本身的随机性所引起的误差。虽然抽样误差不可避免，但可以运用大数定律的数学公式加以精确地计算，确定它具体的数量界限，并可通过抽样设计加以控制。

（一）抽样平均误差

抽样平均误差是反映抽样误差一般水平的指标，它的实质含义是指抽样平均数（或成数）的标准差，反映了抽样指标与总体指标的平均离差程度。抽样平均误差用希腊字母 μ 表示。抽样平均误差的作用首先表现为它能够说明样本指标代表性的大小。抽样平均误差大，说明样本指标对总体指标的代表性低；反之，则高。

1. 样本平均数的平均误差

以 μ_x 表示样本平均数的平均误差，σ 表示总体的标准差。根据定义：

$$\mu_x^2 = E(\bar{x} - \bar{X})^2$$

当抽样方式为重复抽样时，样本标志值 x_1，x_2，$\cdots$，x_n 是相互独立的，样本变量 x 与总体变量 X 同分布。所以得：

$$\mu_x^2 = \frac{\sigma^2}{n}$$

它说明在重复抽样的条件下，抽样平均误差与总体标准差成正比，与样本容量的平方根成反比。

【例 2-1】 有 5 个工人的日产量分别为（单位：件）：6，8，10，12，14。用重复抽样的方法，从中随机抽取 2 个工人的日产量，用以代表这 5 个工人的总体水平。则抽样平均误差为多少？

解： 根据题意可得 $\bar{X} = \dfrac{6+8+10+12+14}{5} = 10$（件）

总体标准差 $\sigma = \dfrac{\sqrt{\sum(X - \bar{X})^2}}{\sqrt{N}} = \dfrac{\sqrt{40}}{\sqrt{5}} = \sqrt{8}$（件）

抽样平均误差 $\mu_x = \dfrac{\sigma}{\sqrt{n}} = \dfrac{\sqrt{8}}{\sqrt{2}} = 2$（件）

当抽样方式为不重复抽样时，样本标志值 x_1，x_2，$\cdots$，x_n 不是相互独立的，根据数理统计知识可知：

$$\mu_x = \sqrt{\frac{\sigma^2}{n}\left(\frac{N-n}{N-1}\right)}$$

当总体单位数 N 很大时，这个公式可近似表示为：

$$\mu_x = \sqrt{\frac{\sigma^2}{n}(1-\frac{n}{N})}$$

与重复抽样相比，不重复抽样平均误差是在重复抽样平均误差的基础上，再乘以 $\sqrt{(N-n)/(N-1)}$，而 $\sqrt{(N-n)/(N-1)}$ 总是小于 1，所以不重复抽样的平均误差也总是小于重复抽样的平均误差。如前例，若改用不重复抽样方法，则抽样平均误差为：

$$\mu_x = \sqrt{\frac{\sigma^2}{n}(\frac{N-n}{N-1})} = \sqrt{\frac{8}{2} \times \frac{5-2}{5-1}} = 1.732（件）$$

在计算抽样平均误差时，通常得不到总体标准差的数值，一般可以用样本标准差来代替总体标准差。

2. 抽样成数的平均误差

以 μ_p 表示抽样成数的平均误差，σ 表示总体的标准差。根据定义：

$$\sigma = \sqrt{P(1-P)}$$

再根据样本平均误差和总体标准差的关系，可以得到样本成数的平均误差的计算公式。

(1) 在重复抽样下

$$\mu_p = \frac{\sigma}{\sqrt{n}} = \sqrt{\frac{P(1-P)}{n}}$$

(2) 在不重复抽样下

$$\mu_p = \sqrt{\frac{\sigma^2}{n}(\frac{N-n}{N-1})} = \sqrt{\frac{P(1-P)}{n}(\frac{N-n}{N-1})}$$

当总体单位数 N 很大时，可近似地写成：

$$\mu_p = \sqrt{\frac{P(1-P)}{n}(1-\frac{n}{N})}$$

当总体成数未知时，可以用样本成数来代替。

【例 2-2】某企业生产的产品，按正常生产经验，合格率为 90%，现从 5000 件产品中抽取 50 件进行检验，求合格率的抽样平均误差。

解：根据题意，在重复抽样条件下，合格率的抽样平均误差为：

$$\mu_p = \sqrt{\frac{P(1-P)}{n}} = \sqrt{(\frac{0.9 \times 0.1}{50})}$$

在不重复抽样条件下，合格率的抽样平均误差为：

$$\mu_p = \sqrt{\frac{P(1-P)}{n}(1-\frac{n}{N})} = \sqrt{\frac{0.9 \times 0.1}{50} \times (1-\frac{50}{5000})} = 4.22\%$$

（二）抽样极限误差

抽样极限误差指在进行抽样估计时，根据研究对象的变异程度和分析任务的要求所确定的样本指标与总体指标之间可允许的最大误差范围。抽样极限误差用希腊字母"Δ"表示，Δx 表示平均数的抽样极限误差，Δp 表示成数的抽样极限误差。由于总体指标是一个确定的量，抽样指标围绕总体指标上下变动，所以抽样极限误差从正负两个方面为抽样指标与总体指标之间划定了可能的误差范围。

即：

$$X - \Delta x \leqslant x \leqslant X + \Delta x；P - \Delta p \leqslant p \leqslant P + \Delta p$$

但在区间估计中，总体指标是未知的，而抽样指标是已知的。因而抽样极限误差的实际意义是总体指标落在样本指标的误差范围内。

即：

$$x - \Delta x \leqslant X \leqslant x + \Delta x；p - \Delta p \leqslant P \leqslant p + \Delta p$$

抽样极限误差只是指定了总体指标落在抽样指标范围的一个可能的误差范围内。也就是说，总体指标可能在这个误差范围之内，也可能不在这个范围之内。那么，落在这个范围内的可能性有多大？这就要求我们在考虑了抽样误差可能范围的同时，还要研究抽样估计的可靠程度，对抽样估计的结果给予一定的概率保证。

这里扩大或缩小抽样误差范围的倍数叫概率度，用"t"表示，所谓抽样极限误差，即是 t 倍的抽样平均误差，即 $\Delta x = t\mu_x$，$\Delta p = t\mu_p$。概率度 t 与概率之间存在着数值对应关系，人们在抽样估计时，通常是用多大的概率来表达估计的可靠程度，根据概率度和概率之间的关系，知道了概率也就可以求出 t 值（见表 2-5）。概率 $\varphi(t)$ 也称为抽样推断的可靠程度或称为置信概率。

表 2-5　常见的几个 t 与概率 $\varphi(t)$ 之间的关系表

概率度 t	概率 $\varphi(t)$
1	0.6827
1.5	0.8664
1.96	0.9500
2	0.9545
3	0.9973
4	0.9999

【例 2-3】某灯泡厂在某一时期内大量生产某种型号的灯泡，现采用随机抽样调查方式，进行质量检验，其结果见表 2-6。

表 2-6　灯泡质量调查结果

耐用时间（小时）	组中值 x（小时）	灯泡数量 f（个）
800~850	825	35
850~900	875	127
900~950	925	185
950~1000	975	103
1000~1050	1025	42
1050~1100	1075	8
合计	—	500

试计算平均耐用时间的抽样平均误差，若以 99.73% 的概率可靠程度为标准，计算抽样极限误差和该厂灯泡平均耐用时间的区间范围。

解：求样本平均数得：

$$\bar{x} = \frac{\sum xf}{f} = 926.4(\text{小时})$$

样本标准差：$S = \sqrt{\dfrac{\sum (x - \bar{x})^2}{\sum f}} = 55.2(\text{小时})$

由于 N 未知，故运用重复抽样公式计算抽样平均误差：

$$u_x = \frac{\sigma}{\sqrt{n}} \approx \frac{S}{\sqrt{n}} = \frac{55.2}{500} = 2.5 \ (\text{小时})$$

因为 $\varphi(t) = t\mu_x = 3 \times 2.5 = 7.5$（小时）

该厂灯泡平均耐用时间的区间范围：

$x - \Delta x \leqslant X \leqslant x + \Delta x$

即 $926.4 - 7.5 \leqslant X \leqslant 926.4 + 7.5$

$918.9 \leqslant X \leqslant 933.9$

第四节　市场调查问卷设计

市场调查的结论来自对真实反映社会现象的资料的科学分析，而问卷设计则是在收集资料过程中具有重大影响的关键环节，同时也是整个市场调查过程的难点之一。这是因为问卷调查与实验、观察、文献等方法的一个主要区别就在于，研究所需要的资料既不是靠研究者耳闻目睹得到，也不是靠查阅文献资料获得，而是靠研究者以问卷作为工具从被调查者那里获得。所以，作为市场调查活动中一种中介物的问卷，其质量的好坏将直接影响到调查资料的真实性、适用性，影响到问卷的回收率，进而影响到整个调查的结果。另外，由于市场调查中的资料收集工作往往具有"一次性"特点，一切问题都必须在正式调查前考虑好，一旦问卷发出，就难以更改和补救。所以，问卷设计在市场调查过程中占有十分重要的地位。在本节，我们将详细地介绍问卷设计的原则、步骤、方法和具体的技术。

一、问卷的概念与结构

（一）什么是问卷

问卷是市场调查中用来收集资料的一种工具，它在形式上是一份精心设计的问题表格，用途是用来测量人们的行为、态度和社会特征的，所收集的是有关社会现象和人们社会行为的各种资料。根据市场调查中使用问卷的方法，我们把问卷划分为两种不同的类型：一种称为自填式问卷，即由调查员发给（或邮寄给）被调查者，由被调查者自己填写的问卷；另一种称为访问式问卷，即由调查员按照问卷向被调查者提问，并根据被调查者的回答进行填写的问卷。这两种类型的问卷在设计程序、设计原则、内容与结构等方面都是相同或相似的，只是在设计方法与使用方法上有一定差别。

（二）问卷的一般结构

尽管实际调查中所用的问卷各不相同，但是它们往往都包含这样几个部分：封面信、指导语、问题、答案、编码等。下面我们逐一介绍。

1．封面信

封面信，即一封致被调查者的短信。它的作用在于向被调查者介绍和说明此次调查的目的、调查单位或调查者的身份、调查的大概内容、调查对象的选取方法和对结果保密的措施等。封面信的语言要简明、中肯，篇幅宜小，短短两三百字最好。虽然封面信的篇幅短小，但在问卷调查过程中却有着特殊的作用。研究者能否让被调查者接受调查并认真地填写问卷，在很大程度上取决于封面信的质量。特别是对于采用邮寄问卷的方式进行的市场调查来说，封面信的好坏影响就更大。因为有关调查的一切情况，都得靠封面信来说明和解释。

在封面信中，我们应该说明哪些方面的内容呢？

首先，要说明调查者的身份，即说明"我是谁"。比如"我们是××市委政策研究室的工作人员，为了……"当然，调查者的身份也可以通过落款来说明，比如落款为"××市统计局物价问题调查组"。为了消除被调查者的疑虑和戒备心理，在封面信中调查者除了写清单位、组织外，最好还能附上单位的地址、电话号码和联系人的姓名等，以体现调查的正式性。

其次，要说明调查的大致内容，即"调查什么"，要注意以下两个方面：一方面，对调查内容的介绍不能欺骗被调查者，不能在封面信中说调查甲类问题，而问卷中却调查乙类问题。另一方面，对调查内容的说明，既不能含糊不清，也不能过于详细，通常的做法是用一两句话概括地说明调查内容的大致范围即可。比如，"我们正在我市居民中进行物价改革方面的调查"，或者"我们这次调查主要想了解全市人民对我市交通问题的看法"等。

再次，要说明调查的主要目的，即"为什么调查"。对于调查的目的，应尽可能说明其对于整个社会，尤其是对于包括被调查者在内的人民群众的实际意义，而不能只谈"为了进行科学研究"等。比如，"我们这次调查的目的，是要摸清我市目前市场物价的现状和存在的问题，以便为市政府制定物价改革的有关政策提供科学的依据，为进一步改善我市居民的生活服务"。

最后，要说明调查对象的选取方法和对调查结果保密的措施。对于来访和调查，一般人们总存有一定的戒心。为了消除被调查者的这种戒心，应该在封面信中简明扼要地作一些说明。比如，"我们按照科学的方法挑选了一部分居民作为全市居民的代表，您是其中的一位。本调查以不记名方式进行，并且，根据国家的统计法，我们将对统计资料保密，所有个人资料均以统计方式出现"。另外，还应该明确地说明"本次调查不用填写姓名和单位，答案无对错之分，请您不必有任何顾虑"。

在信的结尾处，一定要真诚地感谢被调查者的合作与帮助等。

下面是一份实际调查问卷的封面信。

亲爱的同学：

您好！

首先感谢您能够参加本次调查活动，请原谅打扰了您的工作和休息！

我们是中国××大学新闻与传播学院的调查员。本次调查是由中国××大学新闻与传播学院组织的一项关于大学生电影市场的调查活动，目的在于全面了解大学生看电影的基本情况及其喜好，得出具有规律性和现实意义的结论以便为今后以大学生为主要受众的电影拍摄工作提供数据及理论参考，从而提高大学生电影的质量，促进大学生电影产业的发展。

您是我们经过科学抽样选中的调查对象，此次调查不用填写姓名，答案没有正确错误之分，只需按自己的实际情况在合适的答案上打"√"，或者在"_____"中填上适当内容。

为了表示对您的谢意，我们为您准备了一份小小的礼物，作为这项调查活动的纪念。衷心感谢您的合作与支持！

2. 指导语

指导语即用来指导被调查者填答问卷的各种解释和说明。有些问卷的填答方法比较简单，指导语很少，常常只在封面信中用一两句话说明即可。比如，"请根据自己的实际情况在合适的答案号码上划圈或者在空白处直接填写"。有些指导语则集中在封面信之后，并标有"填表说明"的标题，其作用是对填表的方法、要求、注意事项等作一个总的说明。另外，有些指导语则分散在某些较复杂的调查问题后，对填答要求、方式和方法进行说明。

下面是一份市场调查的"填表说明"。

①请在每一个问题后适合自己情况的答案号码上画圈，或者在"_____"处填上适当的内容。

②若无特殊说明，每一个问题只能选择一个答案。

③填写问卷时，请不要与他人商量。

3. 问题及答案

这是问卷的主体，也是问卷设计的主要内容。问卷中的问题从形式上看，可分为开放式与封闭式两大类。所谓开放式问题就是那种只提出问题，但不为回答者提供具体答案，由回答者根据自己的情况自由填答的问题。而封闭式问题则是在提出问题的同时，还给出若干个答案，要求回答者根据实际情况进行选择。比如，"你最喜欢看哪类电视节目？"就是一个开放式问题。但是，当我们在这个问题下面列出了若干个答案，要求回答者选择其一作为回答时，就变成了封闭式问题。比如：

你最喜欢看哪类电视节目？

1. 新闻节目　2. 体育节目　3. 综艺节目　4. 电视剧　5. 电影　6. 其他节目

开放式问题的主要优点是允许回答者充分自由地发表自己的意见，因而，所得资料丰富生动。其缺点是资料难以编码和统计分析，对回答者的知识水平和文字表达能力有一定要求，填答所花费的时间和精力较多，还可能产生一些无用的资料。

封闭式问题的优点是填答方便，省时省力，资料易于作统计分析。其缺点是资料失去了自发性和表现力，回答中的一些偏误也不易发现。根据开放式问题与封闭式问题的不同特点，研究人员常常把他们用于不同的调查中。比如在探索性调查中，常常用开放式问题构成的问卷；而在大规模的描述性调查中，则主要采用以封闭式问题构成的问卷。

4. 编码及其他资料

在较大规模的统计调查中，研究者常常采用以封闭式问题为主的问卷。为了将被调查者的回答转换成数字，以便输入计算机进行处理和定量分析，往往需要对回答结果进行编码。所谓编码就是给每一个问题及其答案一个数字作为它的代码。下面就是问卷编码的一个例子。

A1　您的性别：1. 男　2. 女

A2　您的年龄：_____周岁

A3　您的文化程度：1. 小学及以下　2. 初中　3. 高中或中专　4. 大专以上

A4　您的婚姻状况：1. 未婚　2. 已婚　3. 离婚　4. 丧偶　5. 其他

上例中，问题的代码分别为 A1、A2、A3、A4，而每个问题中的每个答案也都被赋予了一个阿拉伯数字作为代号，比如 A1 中，男性被赋予了数字"1"，而女性被赋予了数字"2"；A3 中的小学及以下文化程度被赋予数字"1"，大专以上文化程度则被赋予了数字"4"。

根据问卷中问题形式的不同，代码的赋予形式也略有不同。对于填空形式的问题，比如 A2，问卷未给出选择项，由被调查者根据自己的情况直接填写，因此我们就将被调查者所填写的答案作为代码值。对于多项选择题，我们一般直接用 1、2、3、4、5 等数字作为问题答案的代码值。

编码既可以在问卷设计的同时就设计好，也可以等调查资料收集完成后再进行。前者称为预编码，后者称为后编码。在实际调查中，研究者多采用预编码形式，编码也成了问卷的一个部分。预编码除了给每个问题和答案分派数字以外，还会为调查后的资料转换和数据录入做一定的准备，即在问卷上设计好资料转换栏。资料转换栏一般放在问卷每一页的最右边，有时还可用一条竖线将它与问题及答案部分分开。

除了编码以外，有些调查问卷还需要在封面印上访问员姓名、访问日期、审核员姓名、被调查者住地等有关资料。

二、问卷设计的原则

在实际动手设计问卷之前，我们的头脑中应该牢记下面的几条基本原则。这些原则虽然并不直接涉及问卷设计的具体方法和技术，但在某种意义上说，它的重要性也许并不亚于具体方法的介绍。

（一）要明确问卷设计的出发点

问卷作为调查者用来收集资料的工具，对其进行设计时，自然要考虑调查者的需要，这一点是毋庸置疑的。也就是说，问卷设计要紧紧围绕所研究的问题和所要测量的变量来进行，要尽可能做到所收集的正是所需要的资料，既不漏掉一些必需的资料，也不包含一些无关的资料。但是，如果只从调查者的需要来考虑，而不考虑被调查者的实际情况，那么所设计的问卷往往会存在一些不妥的地方。比如，有些问卷问题数目非常多，有些问卷问题设计过于复杂，有些问题需要被调查者进行难度较大的回忆和计算，等等。这些情况都说明问卷设计者在设计时没有从被调查者的角度进行考虑。

我们知道，市场调查实质上是调查者通过问卷向被调查者了解情况的过程，这一过程可以简单表示为：调查者—问卷—被调查者。"调查者—问卷"这一环节，指的是调查者按照研究的目的和意图设计出问卷。如果仅从这一点考虑，问卷设计的出发点当然就是调查者，即设计问卷时要一切围绕着调查者的需要。但是，问题还有另外的一半。在"问卷—被调查者"这一环节中，问卷则由众多被调查者主宰。尤其应该认识到，我们所调查的对象是具体的人，不同质量、不同形式的问卷，对被调查者提出的要求和产生的影响也各不相同。因此，要使我们的调查取得好的效果，设计问卷时不能只把注意力放在编制什么问题上，还要注意问卷调查过程中人的因素。要多为回答者着想，多从回答者的角度考虑，尽量为他们填答问卷提供方便，减少困难和麻烦。

（二）明确阻碍问卷调查的各种因素

由于问卷调查需要被调查者密切合作，因此，在设计问卷时，必须对那些在问卷调查过程中可能出现的阻碍因素有清楚的认识。阻碍被调查者合作的因素主要有两个大的方面。

1．主观上的障碍

主观上的障碍即被调查者因在心理上和思想上对问卷产生的各种不良反应所形成的障碍。比如，当问卷内容太多，问卷表太厚，或者问卷中需要花时间思考、回忆、计算的问题太多时，回答者就容易产生畏难情绪；当问卷中的问题涉及个人隐私等敏感的内容时，回答者就容易产生种种顾虑；当问卷的封面信对调查的目的、内容、意义解释不够时，回答者就可能对问卷调查不重视，缺乏积极合作的责任感；而当问卷内容脱离被调查者的生活实际，或者所用的语言与被调查者的文化背景不协调，或者问卷形式设计得呆板、杂乱时，被调查者就可能对问卷调查毫无兴趣，置之不理，甚至将问卷表弃如废纸。

2．客观上的障碍

客观上的障碍即由被调查者自身的能力、条件等方面的限制所形成的障碍。比如阅读能力带来的限制。一个被调查者起码要能看得懂问卷才能做出回答，如果问卷的格式较复杂、问题较抽象或者语言不通俗易懂，那么，有些文化程度较低的被调查者就很难看懂问卷的内容和要求。又如理解能力的限制。无论是对于问题的内容还是对于填写问卷的方法，常常会有一些被调查者理解不了，因而，对他们来说，问卷调查就是不可行的。还有记忆能力、计算能力所带来的限制。在问卷中，研究者常常询问有关被调查者过去的经历或生活的问题，也常常询问诸如每年的收入、每月的生活费用、每天用于某件事的时间等问题，这些问题常常要求被调查者进行一定的回忆、思考和计算。然而，并不是每个人对自己所经历过的各种事情都能回忆得起来，也并不是每个人都能按调查者的要求进行计算的。如果我们不设身处地为被调查者考虑，那么一些被调查者就会由于上述种种客观条件的限制而放弃答卷，从而减少了调查问卷的回收率，影响到调查质量。

（三）明确与问卷设计紧密相关的各种因素

一份问卷的设计工作远远不只是列出一组问题，还涉及许多在问卷上看不到的因素，并受这些因素的影响和制约。这些因素包括调查的目的、调查的内容、样本的性质、问卷的使用方式等。

1. 调查的目的

对于任何一项问卷设计工作来说，调查的目的就是其灵魂，因为它决定着问卷的内容和形式。如果调查只是为了了解被调查对象的一般情况，那么，问卷设计就应该主要围绕着被调查对象各个方面的基本事实来进行。如果其目的不是一般的描述，而是要做出解释和说明，那么，问卷设计就要紧紧围绕着研究假设和关键变量来进行，问卷中必须问什么、不必问什么都将严格受到研究假设的制约。

2. 调查的内容

调查的内容也是影响问卷设计工作的一个主要因素。对于那些回答者比较熟悉的调查内容、容易引起回答者参与兴趣的调查内容、不会对被调查者产生心理压力的调查内容来说，问卷设计的工作就相对容易一些。这时，问卷的内容可相对详细、深入，提问可以比较直接，问题的数目可以适当多一点。但当回答者不熟悉调查的内容时，或者调查内容比较枯燥，不易引起他们的兴趣时，特别是涉及一些敏感的内容时，问卷设计工作就要困难一些。这时，问卷中的问题相对来说就只能问得概略一些、浅显一些、间接一些，问题的数量也应少一些，而问卷的封面信和指导语就得比较详细，措辞也得更加小心。

3. 样本的性质

样本的性质即样本的构成情况，对问卷设计工作同样有着较大的影响。构成调查样本的被调查者是些什么样的人，他们的职业、文化程度、性别、年龄的分布状况如何，相互之间的差异大小，等等，都是设计者应该有所了解的。因为即使是同样的调查目的和同样的调查内容，用于工人样本中的问卷和用于大学生样本中的问卷在设计上的要求也是不尽相同的。用于工人样本的问卷，其语言应该更通俗、简单和口语化一些，问题的数量也应少一些；而用于大学生的问卷，语言就可以书面化一些，问题可以复杂一些，数量也可以多一些。

4. 问卷的使用方式

问卷设计还要充分考虑到问卷的使用方式和资料的分析方式，因为不同的使用和分析方式对问卷有着不同的要求。若对资料主要进行定性分析，那么就应以开放式问题为主；反之，若进行定量分析，则应以封闭式问题为主。对于自填式问卷来说，设计应该尽量简单明了，便于阅读，便于理解，便于填写；若是访问问卷，则可相对复杂一些；用于邮寄方式进行调查的问卷，要特别注意封面信的设计。

除上述各种因素外，当然还不能忽视调查经费多少、调查人员多少、调查时间长短等对问卷设计工作的限制。

三、问卷设计的步骤

（一）探索性工作

要设计一份调查问卷，第一步工作并不是马上动手去列出调查的问题，而是要先做一定的探索性工作，即先摸摸底，熟悉和了解一些基本的情况，以便对各种问题的提法和可能的回答有一个初步的认识。做这种探索工作的常见方式是设计者围绕所要调查的问题，随意地与各种调查对象交谈，并留心观察他们的特征、行为和态度。通过交谈，常常可以避免在设计问卷时出现许多含糊的问题，也可以避免设计出不符合客观实际的答案来。这是因为，当我们在交谈中提出的问题含糊不清时，回答者必然会提出疑问。而熟悉和了解各种类型的调查对象对某一问题所给予的具体回答，可为设计者根据实际情况恰当地设计出这一问题的各种答案奠定基础。

（二）设计问卷初稿

经过了探索性工作后，我们就可以动手设计问卷初稿了。设计问卷初稿的具体做法有两种：一是卡片法，二是框图法。

卡片法的第一步是根据探索性工作所得到的印象和认识，把每一个问题写在一张卡片上。第二步是根据卡片上问题的主要内容，将卡片分成若干堆，即把询问相同事物的问题卡片放在一起。第三步是在每一堆中，按合适的询问顺序将卡片前后排序。第四步是根据问卷整体的逻辑结构排出各堆的前后顺序，使卡片联成一个整体。第五步是从回答者阅读和填答问题是否方便、是否会形成心理压力等角度，反复检查问题前后顺序及连贯性，对不当之处逐一调整和补充。最后把调整好的问题卡片依次写到纸上，形成问卷初稿。

框图法和卡片法不同，它的第一步是根据研究假设和所需资料的内容，在纸上画出整个问卷的各个部分及前后顺序的框图。第二步是具体地写出每一个部分中的问题及答案，并安排好这些问题相互间的顺序。第三步是根据回答者阅读和填写问卷是否方便等方面，对所有问题进行检查、调整和补充。最后将调整的结果重新抄在另一张纸上，形成问卷初稿。

这两种方法的差别在于：前者是从具体问题开始，然后到部分，最后到整体；而后者相反，先从总体结构开始，然后到部分，最后到具体问题。由于前者采用卡片形式，故很容易着手进行，尤其是在调整问题的前后顺序和修改问题方面，卡片法十分方便。但同时又由于每一问题散见在一张张卡片上，故往往难以从整体上进行安排、调整和修改。为了采用二者的长处，避免二者的不足，可以将两种方式结合进行。先根据调查内容的结构，在纸上画出问卷总体的各个部分及其前后顺序；然后将每一部分的内容编成一个个具体的问题，写在一张张小卡片上；最后，调整问题的顺序，并将整理好的问题卡片打印出来，形成问卷初稿。

（三）试用

问卷初稿设计好后，不能直接将它用于正式调查，而必须对问卷初稿进行试用和修改。试用这一步在问卷设计的过程中至关重要，对于大型调查来说更是不能不做。试用问卷初稿的具体方法有两种：一种叫客观检验法，另一种叫主观评价法。

（1）客观检验法的具体做法是，将问卷初稿打印若干份，然后采取非随机抽样的方法选取一个小样本，用这些问卷初稿对他们进行调查。最后认真检查和分析试调查的结果，从中发现问题和缺陷并进行修改。

（2）主观评价法的具体做法是，将设计好的问卷初稿抄写或复印若干份，分别送给该研究领域的专家、研究人员以及典型的被调查者，请他们直接阅读和分析问卷初稿，并根据他们的经验和认识对问卷进行评论，指出不妥之处。比如，我们准备进行一项有关城市交通问题的市场调查，当设计好调查问卷后，我们采用主观评价法对问卷进行试用，可以将复印的问卷初稿分别送到城市交通管理部门的有关人员、公共汽车公司的销售人员、公安局的交通民警等人手中，请他们从各自的角度对问卷中的问题进行检查和评论，提出他们的具体意见。

（四）修改定稿并印制

根据上述方法找出问卷初稿中所存在的问题后，逐一对问卷初稿中的毛病进行认真的分析和修改，最后才能定稿。在对修改后的问卷进行印制的过程中，同样要十分小心和仔细。无论是版面安排上的不妥，还是文字上、符号上的错误，都将直接影响到最终的调查结果。只有经过了试用和修改，并对校样反复检查后，才能把问卷送去印刷，并用于正式调查中。

四、问卷题型和答案的设计

（一）问题的形式

1. 填空题

填空题即在问题后画一短横线，让被调查者直接在空白处填写。

例 1：您的年龄多大？ _____ 周岁

例 2：您有几个孩子？ _____ 个

填空题一般适用于对于被调查者来讲简单易填写的问题，通常只需填写数字。

2. 单项选择题

单项选择题即给出两个以上的选项，被调查者根据自己的情况选择一个选项作为回答。这是各种市场调查问卷中采用得最多的一种问题形式，其答案特别适合于进行频数统计和交互分析。在设计上，这种问题形式的关键之处是要保证答案的穷尽性和互斥性。在具体表达方式上，单项选择题又有几种不同类型，如下例所示。

例 3：您的文化程度：（请在合适答案号码上打"√"）

1. 小学及以下　2. 初中　3. 高中或中专　4. 大专以上

例 4：您的婚姻状况：（请在合适答案号码上打"√"）

1. 未婚　2. 已婚　3. 离婚　4. 丧偶　5. 其他

3. 多项限选题

与单项选择题不同，被调查者可以从题目给出的多个选项中，根据自己的情况选出题目要求数目的选项作为自己的答案，如下例所示。

例 5：您最喜欢看哪些电视节目？（请从下列答案中选择三项并在括号内打"√"）

1. 新闻节目（　）　2. 电视节目（　）　3. 体育节目（　）

4. 广告节目（　）　5. 教育节目（　）　6. 娱乐节目（　）

7. 少儿节目（　）　8. 其他节目_____

多项限选式的优点是，在有些情况下它比多项选一的方式更能反映被调查者的实际情况，因为在很多方面人们实际上是存在着不止一种选择的。需要注意的是，多项限选题的问题编码已不是 1 个，而是 3 个。对这种问题的答案，我们可以作频数统计，以比较不同答案被选择的比例。但是我们却无法从这种形式的问题回答中看出被调查者选择的顺序，即当统计结果显示选择答案 1 和答案 3 的比例均为 25% 时，我们只能得出这两个动机在被调查者中是同等重要的结论，而无法区分和比较它们之间实际存在的程度差别。

4. 多项排序题

这种方式可以说是针对多项限选题的不足而出现的一种问题类型，在一定程度上可以看成是多项单选题和多项限选题的一种结合。它一方面要求被调查者在所给出的多个答案中选择两个以上（但有限）的答案，另一方面又要求被调查者对他所选择的这些答案进行排序。

例 6：您认为作为一名企业领导最重要的三条素质是什么？（请将答案号码填入下表）

第一重要	第二重要	第三重要

1. 大公无私　2. 坚持原则　3. 敢想敢干　4. 以身作则

5. 思想敏锐　6. 业务熟练　7. 团结群众　8. 其他_____

多项排序题的结果可以根据 3 个变量分别进行统计，若要将此表的 3 项回答结果合并成类似单选那样的单一结果进行统计分析，则需要对答案进行加权平均。具体做法是：给第一重要栏的结果加权 3，给第二重要栏的结果加权 2，给第三重要栏的结果加权 1。将每一答案的各种频率分别乘以加权值，然后相加并除以 6，就得到该答案的相对频率 p，再用这一相对频率进行统计分析。

5. 多项任选题

多项任选题是在所提供的答案中，被调查者可以任意选择各种不同数目答案的一种问题形式。

例7：在以下各种家用物品中，您家有哪些？（请在您家有的物品答案上打"√"）
1. 电视机 2. 影碟机 3. 空调 4. 洗衣机 5. 冰箱
6. 计算机 7. 挂烫机 8. 热水器

需要注意的是，这种形式的问题实际上已不再是"一个"问题了，它在某种意义上已经变成了"多个"类似的问题，即针对每一个具体答案而提出的多个问题。因此，在对问题进行编码的时候，不能像多项选题那样只给一个码，而是要将每一个答案都看成一个变量，都给一个编码。这样，此例中的"变量"就有8个，编码时也就要给8个码了。

6. 矩阵式

矩阵式即将同一类型的若干个问题集中在一起，构成一个问题的表达方式。

例8：你觉得下列现象在你们公司是否严重？（请在每一行适当的方框内打"√"）

	很严重	比较严重	不太严重	不严重	不知道
1. 迟到	□	□	□	□	□
2. 早退	□	□	□	□	□
3. 请假	□	□	□	□	□
4. 旷工	□	□	□	□	□

这种矩阵式的优点是节省问卷的篇幅，同时由于同类问题集中在一起，回答方式也相同，因此也节省了回答者阅读和填写的时间。但要注意的是，一定要对这样的问题给出专门的填写说明或填答指导，以免有的回答者不会填写。

7. 表格式

表格式其实是矩阵式的一种变体，其特点和形式都与矩阵式十分相似。比如，与上述矩阵式问题对应的表格式问题就是：

例9：你觉得下列现象在你们公司是否严重？（请在每一行适当的格中打"√"）

现象	很严重	比较严重	不太严重	不严重	不知道
1. 迟到					
2. 早退					
3. 请假					
4. 旷工					

表格式的问题除了具有矩阵式的特点外，还显得更为整齐、醒目。但应当注意的是，这两种形式虽然具有简单集中的优点，但也容易使人产生呆板、单调的感觉，在一

份问卷中这两种形式的问题不宜用得太多。

8．相倚问题

在问卷设计中，常常会遇到这样的情况：有些问题只适用于样本中的一部分调查对象。比如，"你有几个孩子"这一问题，就只适合于那些已结婚的调查对象；"你对电视剧《蜗居》中的海藻这一人物如何评价"这一问题，就只适合于那些看过电视剧《蜗居》的调查对象。因此，为了使我们设计的问卷适合每一个调查对象，我们在设计时必须采取相倚问题（或称为后续性问题）的办法。所谓相倚问题，指的是在前后两个（或多个）相连的问题中，被调查者是否应当回答后一个（或后几个）问题，要由他对前一个问题的回答结果来决定。前一个问题称作"过滤性问题"，后一个问题则称作"相倚问题"。

例 10：请问你是否使用过该洗发产品。
①否→请跳过问题 2~5 题，直接从第 6 题回答
②是

（二）答案的设计

由于市场调查中的大多数问卷主要由封闭式问题构成，而答案又是封闭式问题非常重要的一部分，因此，答案设计的好坏就直接影响到调查的成功与否。关于答案的设计，除了要与所提的问题协调一致以外，特别要注意做到使答案具有穷尽性和互斥性。

答案的穷尽性，指的是答案包括了所有可能的情况。比如说例 11 问题的答案就是穷尽性的。答案的互斥性指的是答案互相之间不能交叉重叠或相互包含，即对于每个回答者来说，最多只能有一个答案适合他的情况。如果一个回答者可同时选择属于某一个问题的两个或更多的答案，那么这一问题的答案就一定不是互斥的。如例 11 的答案就是穷尽且互斥的，被调查者不是男性就是女性，这两个答案包含了所有的情况，且相互排斥。而例 12 的答案则既不是穷尽的又不是互斥的，答案没有罗列尽所有的职业，而且"专业人员"与"教师"和"医生""商业人员"与"售货员"和"收银员"都是不互斥的，而且被调查者可能有多重身份。

例 11：您的性别是（请选一项打"√"）
1．男　　2．女
例 12：您的职业是什么？（请选一项打"√"）
1．工人　2．农民　3．干部　4．商业人士　5．医生
6．教师　7．售货员　8．收银员　9．专业人员

五、问卷设计的注意事项

（一）问题的语言及提问方式

语言是问卷设计的基本材料，要设计出含义清楚、简明易懂的问题，必须注意问题的语言。问题措辞的基本原则是简短、明确、通俗、易懂。在问卷设计中，对问题的语言表达和提问方式有下列常用的规则。

第一，问题的语言要尽量简单。无论是设计问题还是设计答案，所用语言的第一标准应该是简单。要尽可能使用简单明了、通俗易懂的语言，而不要使用一些复杂的、抽象的概念以及专业术语，比如"核心家庭""社会分层""政治体制""开拓精神"等。

第二，问题的陈述要尽可能简短。问题的陈述越长，就越容易产生含糊不清的地方，回答者的理解就越有可能不一致；而问题越短小，产生这种含糊不清的可能性就越小。有的社会学家提出，短问题是最好的问题。因此我们在陈述问题时，最好不要用长句子，要使问题尽可能清晰、简短，使回答者能很快看完，很容易看懂，一看就明白。

第三，问题要避免带有双重或多重含义。双重（或多重）含义指的是在一个问题中，同时询问了两件（或几件）事情，或者说，在一句话中同时问了两个（或几个）问题。比如，问题"您的父母退休了吗"就是一个带有双重含义的问题，实际上同时询问了"您的父亲退休了吗"和"您的母亲退休了吗"这两件事情。由于一题两问，就使得那些父母中只有一个退休的被调查者无法回答。

第四，问题不能带有倾向性，即问题的提法和语言不能使被调查者感到应该填什么，或者感到调查者希望他填什么。也就是说，问题的提法不能对回答者产生某种诱导性，应保持中立的提问方式，使用中性的语言。比如，同样是询问人们是否抽烟，问题"你抽烟吗"和问题"你不抽烟，是吗"就有所不同。前者是人们日常生活中习惯的问法，而后者则带有一种希望被调查者回答"是的，我不抽烟"的倾向。此外，在问题中引用或列举某些权威的话，或者运用贬义或褒义的词语，都会使问题带有倾向性，都会对回答者形成诱导。

第五，不要用否定形式提问。在日常生活中，除了某些特殊情况外，人们往往习惯于肯定形式的提问，而不习惯于否定形式的提问。比如说，习惯于"您是否赞成物价进行改革"而不习惯于"您是否赞成物价不进行改革"。当以否定形式提出问题时，由于人们不习惯，因而许多人常常容易漏掉问题中的"不"字，并在这种理解的基础上来进行回答，这样就恰恰与他们的意愿相反了。而这种误答的情形在问卷结果中常常又难以发现。因此，在问卷设计中不要用否定式提问。

第六，不要直接询问敏感性问题。当问及某些个人隐私或人们对顶头上司的看法这样一些问题时，人们往往具有一种本能的自我防卫心理。因此，如果直接提问，则将会引起很高的拒答率。所以对这些问题最好采取某种间接询问的形式，并且语言要特别委婉。

（二）问题的数量与顺序

一份问卷应该包括多少个问题，要依据调查的内容，样本的性质，分析的方法，拥有的人力、财力、时间等各种因素来决定，没有固定的标准。但一般来说，问题不宜太多，问卷不宜太长，通常以回答者在 20 分钟以内完成为宜，最多不超过 30 分钟。问卷太长往往会引起被调查者心理上的厌倦情绪或畏难情绪，影响问卷的回答质量和回收率。当然，若是研究的经费和人员相当充足，能够采取结构式访问的方式进行，并付给每一位被调查者一份报酬或赠送一点纪念品，问卷本身的质量又比较高，调查的内容又是回答者熟悉的、关心的、感兴趣的事物的话，那么，问卷长一点也无妨。反之，当调查的内容是回答者不熟悉、不关心、没有兴趣的事物，采用的是自填式问卷的方式，研究者的经费又相当有限，除了两句感谢的话以外，不可能给被调查者更多的东西，而只可能占用被调查者的休息和娱乐时间，那么，此时的问卷一定不能长，一定要尽可能简短。

问卷中问题的前后顺序及相互间的联系，既会影响到被调查者对问题的回答结果，又会影响到调查的顺利进行。如何安排问卷中问题的次序呢？一般来说，有下列常用的规则。

第一，把简单易答的问题放在前面，把复杂难答的问题放在后面。问卷最开头的几个问题一定要相当简单，回答起来一定要非常容易。这样可以给回答者一种轻松的、方便的感觉，以便于他们继续填答下去。如果一开始填写，回答者就感到很费力，很难填写，那么就会影响他们的情绪和积极性。

第二，把能引起被调查者兴趣的问题放在前面，把容易引起他们紧张或产生顾虑的问题放在后面。如果开头的一批问题能够吸引被调查者的注意力，引起他们对填答问卷的兴趣，那么调查便可能较顺利地进行。相反，如果开头部分的问题比较敏感，一开始就直接触及人们的心灵深处，触及有关伦理、道德、政治态度、个人私生活等方面的问题，那么，往往很容易导致被调查者产生强烈的自我防卫心理。回答者的这种自我防卫心理将会引起他们对问卷调查的反感，有碍他们对调查的合作，阻碍调查的顺利进行。

第三，把被调查者熟悉的问题放在前面，把他们感到生疏的问题放在后面。这是因为，任何人对自己熟悉的事物总能谈些看法，说出些所以然来；而对不熟悉的事物，则往往难以开口，说不出什么来。如果以被调查者熟悉的内容开头，就不至于使调查一开始就卡住而无法进行。

第四，一般先问行为方面的问题，再问态度、意见、看法方面的问题。这是由于行为方面的问题涉及的只是客观的、具体的事实，因此往往比较容易回答。而态度、意见、看法方面的问题则主要涉及回答者的主观因素，多为回答者思想上的东西、内心深处的东西、更不易在陌生人面前表露的东西。如果一开始就问这方面的问题，常常引起被调查者心理上的戒备情绪和反感情绪，就会出现较高的拒答率。

第五，个人背景资料一般放在结尾，但有时也可以放在开头。这是因为个人背景资料虽然也是事实性的，也十分容易回答，但由于它们是除回答者姓名以外的其他主要个人特征（比如年龄、性别、文化程度、婚姻状况、职业等），也属较敏感的内容，所以不宜放在开头，而适合放在末尾。但是，由于个人背景资料通常都是市场调查中最常用、最主要的自变量，如果一份资料缺少这些变量，实际上也就成了废卷。因此，只要调查的内容不涉及比较敏感的问题，并在封面信中做出较好的说明和解释，这一部分问题也可以放在问卷的开头。

第六，若有开放式问题，则应放在问卷的最后面。这是因为回答开放式问题要比回答封闭式问题需要更多的思考和书写，无论是把它放在问卷开头，还是放在问卷的中部，它都会影响回答者填完问卷的信心和情绪。而将它放在问卷的结尾处时，由于仅剩这一两个问题了，绝大多数回答者是能够完完整整地填答完它的。退一步说，即使被调查者不愿意填答开放式问题，放弃了回答，也不会影响到前面的问题和答案。

本章小结

市场调查方案是指在正式调查之前，根据市场调查的目的和要求，对调查的各个方面和各个阶段所做的通盘考虑和安排。市场调查方案是否科学、可行，关系到整个市场调查工作的成败。

市场调查的目的一般都可以归结为三种：探索、描述和解释。

市场调查中所研究的对象称为分析单位。在市场调查中，主要有四种类型的分析单位，这就是个人、群体、组织、社区。

抽样又称取样，指从欲研究的全部样品中抽取一部分样品单位，从被抽取样品单位的分析、研究结果来估计和推断全部样品特性。根据抽选样本的方法，抽样调查可以分为概率抽样和非概率抽样两类。

样本规模又称为样本容量，指的是样本中所含个案的多少。抽样误差就是样本的统计值与总体的参数值之间的误差，它是由于抽样本身的随机性所引起的误差。抽样误差主要取决于总体的分布方差和抽样规模。

问卷是市场调查中用来收集资料的一种工具，它在形式上是一份精心设计的问题表格，用途是测量人们的行为、态度和社会特征的，所收集的是有关社会现象和人们社会行为的各种资料。根据市场调查中使用问卷的方法，我们把问卷划分为两种不同的类型：自填式问卷和访问式问卷。问卷一般包含以下部分：封面信、指导语、问题、答案、编码等。

思考与练习

一、单项选择题

1. 下面哪项不是市场调查的内容？（　　　）

A. 产品销售 　　　　　　　　　　B. 市场竞争

C. 消费者需求 　　　　　　　　　D. 社会保险

2. 市场调查的最后一个步骤是（　　　）。

A. 形成调查报告 　　　　　　　　B. 辨别所需信息的类型

C. 数据处理 　　　　　　　　　　D. 设计市场调查方案

3. 如在对调查问题了解甚少的情况下，最好的做法是从（　　　）调查开始。

A. 描述性 　　　　　　　　　　　B. 因果性

C. 探索性 　　　　　　　　　　　D. 一般性

4. 某商店了解到该店68%的顾客主要是年龄在18～45岁的妇女，并经常带着家人、朋友一起来购物。这种（　　　）调查提供了重要的决策信息，使商店决定重视直接向妇女开展促销活动。

A. 探索性 　　　　　　　　　　　B. 因果性

C. 描述性 　　　　　　　　　　　D. 一般性

5. 抽样误差的大小（　　　）。

A. 既可以避免，也可以控制 　　　B. 既无法避免，也无法控制

C. 可以避免，但无法控制　　　D. 无法避免，但可以控制

6. 减少抽样调查误差的首要问题是（　　）。

A. 合理抽取调查样本　　　　　B. 恰当地确定样本数目

C. 加强抽样调查的组织工作　　D. 提高调查工作质量

7. 先易后难符合问卷设计的（　　）。

A. 目的性原则　　　　　　　　B. 可接受性原则

C. 顺序性原则　　　　　　　　D. 简明性原则

二、简答题

1. 试述探索性调查、描述性调查、解释性调查三者的特点及其关系。

2. 概率抽样和非概率抽样分别有哪些方法？PPS抽样的原理和操作方法分别是什么？

3. 影响样本规模确定的因素有哪些？样本规模与抽样误差的关系是什么？

4. 问卷设计中，对问题的语言表达和提问的方式有哪些常用的规则？

5. 安排问卷中问题的顺序时，应按照什么样的规则？并说明理由。

三、计算题

1. 对迪士尼乐园的调查表明，有60%的顾客喜欢玩滑行铁道。若要调查顾客对一种新式滑行铁道的态度，并要求误差不超过2%，置信度为95%，那么需要多大的样本容量？

2. 某工厂有1500个工人，用简单随机不重复抽样的方法抽出50个工人作为样本，调查其工资水平，资料如下：

月平均工资（元）	750	850	950	1050	1150	1250	1350	1450
工人数（人）	4	6	9	10	8	6	4	3

要求：

(1) 计算样本平均数和抽样平均误差；

(2) 以95.45%的可靠性估计该厂工人的月平均工资和工资总额的区间。

四、案例分析

海尔在美国成功的奥妙

1999年4月30日，美国南卡罗来纳州中部的一个人口为8000人的小镇坎姆登举行了海尔投资3000万美元的海尔生产中心的奠基仪式。一年多以后，第一台带有"美国制造"标签的海尔冰箱从漂亮的生产线走下来，海尔从此开始了在美国制造冰箱的历史。海尔成了中国第一家在美国制造和销售产品的公司。

美国家电市场名牌荟萃，竞争激烈，几乎是所有世界名牌的竞技场，而且在美国本土，家用电器也早已是处于成熟期的产品。通用（GE）、惠而浦（Whirlpool）和美泰克（Maytag）这三大美国电器生产商虎视眈眈，自然不会坐视不管，一场商业激战在所难免。那么，海尔靠什么来同这些美国著名企业叫板呢？

1. 消费者的需求能力

1998年、1999年中国出口美国的冰箱分别为4718万美元、6081万美元，其中海尔冰箱分别占1700多万美元、3100多万美元。据统计，在美国建一个冰箱厂的盈亏平衡点是28万台，海尔现在的冰箱出口量已经远远超过这个数字。

据统计，2002年在美国180 L以下的小冰箱市场中，海尔已占到50％的市场份额，但海尔大规格冰箱长期因远隔重洋而无法批量进军美国市场。项目见效后，海尔公司在美国市场的产品结构将更加合理，市场占有率将进一步提高。

2. 消费者的需求结构

目前，在美国200 L以上的大型冰箱被GE、惠尔浦等企业垄断；160 L以下的冰箱销量较少，GE等厂商认为这是一个需求量不大的产品，没有投入多少精力去开发市场，然而海尔发现美国的家庭人口正在变少，小型冰箱将会越来越受欢迎，独身者和留学生就很喜欢用小型冰箱。

3. 消费者群体的定位

海尔在调研中发现老一代美国人习惯于用像GE这样的老品牌，而年轻人对家电还没有形成任何习惯性的购买行为；因为他们刚有自己的公寓或者正在建立自己的第一个家，准备买自己的第一个电冰箱。

根据调查分析，海尔认为小型冰箱在美国市场的需求潜力很大，决定在美国市场开发从60 L到160 L的各种类型的小型冰箱。

从海尔最初向美国出口冰箱到现在的短短几年时间里，海尔冰箱已成功在美国市场建立了自己的品牌。2003年，零售巨人沃尔玛连锁店开始销售海尔的两种小型电冰箱和两种小型冷柜，并同海尔签订了购买100000台冰箱的协议。海尔在美国最受欢迎的产品是学生宿舍和办公场所使用的小型电冰箱。目前，这类产品的市场占有率是该型号冰箱的25％，在赢得新的连锁店客户之后可望增至40％。海尔在卧室冷柜方面也取得了成功，该产品在美国同类型号中的市场占有率为1/3。海尔的窗式空调机也有广阔的市场前景，该产品已占美国市场的3％。

讨论题：

1. 海尔在美国成功的奥妙是什么？

2. 一项市场调查的具体方案应当包括哪几方面的内容？试根据材料设计出海尔市场调查的方案。

3. 问卷设计的内容和原则分别是什么？请为材料中海尔的市场调查设计一份问卷。

第三章　市场调查资料收集方法

观察的效力

《美国文摘》曾经报道，恩维罗塞尔市场调查公司有个叫帕科·昂得希尔的人，是著名的商业密探。在进行调查时，他一般会坐在商店的对面，静静地观察来来往往的行人，与此同时，他的同事也正在商店里进行着调查工作，他们负责跟踪在商品架前徘徊的顾客，调查的主要目的是找出商店生意好坏的原因，了解顾客走出商店以后如何行动以及为什么许多顾客在对商品进行长时间挑选后还是失望地离开。通过他们细致地观察和工作，许多商店在日常经营过程中做出了多项实际的改进措施。

有一家音像商店由于地处学校附近，大量青少年经常光顾，但音像店的销售额并不理想。通过恩维罗塞尔市场调查公司调查，才发现这家商店把产品放置过高，个子矮的孩子们往往拿不到，从而影响了销售。昂得希尔指出应把商品降低18英寸（约46厘米）放置，结果该音像店的销售量大大增加。

还有家叫伍尔沃思的公司发现商店的后半部分商品的销售额远远低于其他部分，经过改变商品摆放顺序还是会出现同样的统计结果。昂得希尔通过观察、拍摄现场揭开了这个谜：在销售高峰期，现金收款机前顾客排着长长的队伍，一直延伸到商店的另一端，妨碍了顾客从商店的前面走到后面。针对这一情况，商店专门安排了结账区，结果使商店后半部分的销售额迅速增长。

资料收集是市场调查中最复杂、最辛苦，同时也是最吸引人的工作。研究者在调查设计阶段所进行的各种思考、所做出的各种决策、所制订的各种方案，都将在实际的资料收集过程中得到检验和实施。资料收集工作的质量将直接影响市场调查的结果。在本章，我们将对各种收集资料的方法进行介绍。

第一节　二手资料调查法

很多调研课题不是无人涉猎的，大都有先前学者做过相同或相关的研究。二手资料调查法又称文献调查法，是指调查者按照调查目的收集整理各种现成的资料，如年鉴、报告、文件、期刊、文集、数据库和报表等，从中获取调查所需的信息。它与实地调查法、观察法等收集原始资料的方法是相互依存、相互补充的。

一、二手资料的收集途径

市场调查中收集的二手资料，与从事科学研究的文献咨询一样，要清楚二手资料来自什么地方，在哪里能够获得二手资料。一般来说，市场研究的二手资料有两个重要的来源：内部资料和外部资料。内部资料主要是指企业内部的各种业务、统计财务及其他有关资料，外部资料主要是指企业外单位所持有的资料。

（一）内部资料

内部资料主要是反映企业经营活动的多种记录，包括企业内部的各种业务、统计财务及其他有关资料等，包括如下内容。

业务资料：包括与企业业务经营活动有关的资料，如客户订货单、进货单、合同文本、发票、销售记录等，通过对业务资料的分析，可以掌握本企业生产和经营商品的供应情况、用户的需求变化情况等。

统计资料：包括多类统计报表，企业生产、销售、库存等各种数据资料，各类统计分析资料，等等。这是研究企业经营活动数量特征及规律的重要依据，也是进行市场调查、预测和决策的基础。

财务资料：包括企业财务部门提供的各种财务、会计核算和分析资料，如成本、价格、经营利润等。这些资料可以用来考核企业经济效益，确定企业的发展前景。

企业积累的其他资料：包括各种调查报告、总结、顾客意见与建议、简报、录像等。这些资料可作为市场调查研究的参考。

（二）外部资料

外部资料，是指公共机构提供的已出版和未出版的资料。这些机构可能是政府的，也可能是非政府的。它们提供资料有的属于政府部门的一项工作，有的是为了营利，还有的是为了提高机构的声誉。企业的调查人员要想及时获得有用的资料，一定要熟悉这些机构以及它们所能提供的资料种类。对于企业的生产、营销活动有密切联系的机构以及该机构的工作人员也要处理好关系，以便获得有价值的资料。外部资料主要包括以下内容。

（1）统计部门及各级政府主管部门公布的有关资料。这些资料包括统计公报、统计年鉴等公布的信息资料，也包括计委、财政、工商税务、银行等公布的市场信息。这些信息的综合性强、辐射面广、权威准确。

（2）各种市场调查机构提供的市场信息。这些信息资料齐全、灵敏度高、针对性强。为了满足各类用户的不同需要，这些机构通常还提供资料的代购、咨询、检索和定向服务。这些信息是获取市场信息的主要渠道。

（3）各种媒体提供的文献资料。它包括报纸、杂志、电台、电视台、网络等发布的市场信息，比如电台为适应市场经济发展需要，相继开设了市场信息、经济世界等以市场信息为导向的栏目；银行的经济调查、商业评论期刊等。这些信息速度快、成本低、信息量大、内容广泛，有一些信息具有一定的专业性和行业性。调查者不仅可以直接获取公布的信息，也可以直接与相关组织接触进而获得未公布的信息。

（4）企业名录。它是市场调查员的主要信息来源之一，由当地的工商行政管理部门汇总提供公司的详情，既有供应商的，也有购买商的，并且它们是准备样本框架的一般来源。企业名录也提供公司的简况描述，可分为普通名录和特殊名录。普通名录包括可以从任何一个图书馆或互联网上找到的中国企业名录、中国电信电话黄页等，除了这些普通名录，多数行业有它们自己的特殊名录，它可能有一份列好的供应商和购买商的名单。

（5）公司报表。市场调查人员可以利用各个公司的公司报表来帮助估计市场规模和份额，公司报表包括组织详情、公司营业额和公司利润等。我国上市公司的公司报表在指定的网站和公开出版物上可以找到。

（6）图书馆存档的商情资料、技术发展资料，研究机构的各种调查报告、研究论文集。

（7）各类专业组织的调查报告、统计数字、分析报告等。

（8）有关生产、经营机构提供的商品目录、广告说明书、专利资料及商品价目表等。

（9）国内外各种博览会、展销会、订货会等促销会发放的文件资料，各种国际组织、外国使馆、商会提供的国际市场信息。这些信息一般都是收集免费信息的来源，包括来自公司的产品说明书和报告、报表等。

企业外部资料还可来自互联网和在线数据库。互联网是全球的网络相互连接，有两个重要来源：有对某一方面问题感兴趣的人组成的用户群体，利用在线数据库可以容易地搜索到存放在全世界各地服务器上的文章、报告与资料。现在借助互联网可以很方便、快捷地进入数据库。

二、二手资料收集信息的步骤

（一）辨别所需的信息

根据调研目的来辨别所需的信息类型，选择符合调查需要的资料。辨别资料的标准如下：

（1）内容：资料内容是否符合调查需要。

（2）水平：资料的专业深度是否符合调查要求。

（3）重点：资料针对性是否符合要求。

（4）准确：资料是否真实可信。

（5）方便：资料能否迅速省钱的获得。

（二）寻找信息源

辨别出所需信息后，具体的查找工作就可以开始了。调查员应当尽可能有效地使用各种检索工具，以减少查找时间，提高信息价值。

（三）收集二手资料

在确定了各种资料来源后，调查人员要开始收集所需资料，并记录清楚这些资料的详细来源，以便在以后核对资料的正确性时有迹可循。

（四）资料评估筛选

调查人员应将收集来的资料进行分类整理，进而排除不可靠、不必要的资料。

评估筛选资料应注意：切题性，资料是否和调研目的相适合；准确性，避免内容夸张及歪曲；专题性，是否有深度和实质性内容；时间性，资料越新价值越高，太久的没价值；成本，收集资料所花时间和费用不能太高。对重要资料，应追寻其原始资料来源。

（五）资料调整归类

文献资料来源广泛，出现不连贯、矛盾、偏差十分常见，故要进行调整、衔接和融合。可制作统计表将分组、汇总的数据填到固定格式的表格中去，使之一目了然，亦可将统计表的数据用直方图、饼图等表示，比统计表更直观。

（六）撰写资料报告

按资料显示出的趋势及重要内容，做成调研结论和具有前瞻性的建议；将结论按重要程度排列；力求简明切题，避免不必要的内容；仔细核对有关数字及统计资料，务必准确。

（1）题目、摘要、引言等：包括调研目的、日期、为谁制作、撰写人等。

（2）调研目的：说明调研动机、调研要点及所要解答的问题。

（3）调研结论：包括来自资料研究的结果、评价，对调研问题的结论、可行建议、重大调研发现及对策。

（4）附录：包括资料来源、使用的统计方法等。

三、二手资料的用途

通过二手资料获得的信息可以为实地调查提供基础性资料。具体如下：

（1）通过二手资料收集，可以初步了解调查对象的性质、范围、内容和重点等，并能提供实地调查无法或难以取得的市场环境等方面的宏观资料，便于进一步开展和组织实地调查，取得良好的效果。

（2）二手资料还可以用来证实各种调查假设，即可通过对以往类似调查资料的研究来指导实地调查的设计，将二手资料与实地调查资料进行对比，鉴别和证实实地调查结果的准确性和可靠性。

（3）利用二手资料并经实地调查可以推算所需掌握的数据资料，可以帮助探讨现象发生的各种原因并进行说明。在企业市场调查费用过高的情况下，如果在开展实地调查活动前，通过二手资料收集对整体形式有较充分的认识，提出一些假设，并分析现象发生的各种因素，确定实地调查数量、种类、方式、重点等，可大大降低实地调查的费用，尤其是分析的细节市场很多，二手资料收集可提供很多基础资料，以便从中选择最有希望的市场。

（4）提供弄清楚问题所必需的背景资料以及市场动态状况，为企业发展提供依据。通过对企业统计资料的收集和整理，了解企业诸如财务结构、生产状况、技术水平、职工状况、市场情况等信息。通过对有关资料的收集，分析竞争对手情况、技术发展趋势、管理理论的发展、市场供需状态等，可为企业制定总体发展战略提供基础依据。

二手资料和实地调查相比更省时、省力，组织工作也比较好做，尤其是在建立企业内部及外部文案市场调查体系的情况下，具有较强的机动性和灵活性，随时能根据企业经营管理的需要收集、整理分析各种市场信息，为决策者和管理者提供有关市场的调查报告。

总之，二手资料的采集具有费用低、速度快的特点，但是二手资料也存在着时间性，即信息可能已经过时以及质量不可知、可靠性不足的缺点。

第二节　自填问卷法

自填问卷法指的是调查员将问卷表提供给被调查者，由被调查者自己阅读和填答，然后再由调查员收回资料的收集方法。这种方法可以说是现代市场调查中最常用的一种资料收集方法。

一、个别发送法

个别发送法是自填问卷法这一大类中最常用的一种。它的具体做法是研究者将问卷印制好以后，派调查员依据所抽取的样本，将问卷逐个发送到被调查者手中，同时讲明调查的意义和要求，请他们合作填答，并约定收取的时间、地点和方式。如约定三天后仍由调查员上门收取，或三天内填答者自行投入设在某处的回收箱内等。当然，在有些情况下，比如调查的内容不涉及敏感的问题或上下级关系时，也可以由某种行政组织系统代为发放和回收。

举例来说，假设我们进行一项城市居民生活质量的市场调查。如果采用个别发送法，就可以派调查员根据所抽样本中被调查户的地址，逐一登门将问卷发送到符合要求的被调查者手中，请被调查者当场填答，并由调查员当场收回；或者让调查员将问卷留下，约定时间（比如三天后）再由调查员登门取回。又如，进行一项大学生择业倾向的市场调查，我们可以派调查员将问卷发送到样本中每一位大学生手中，请他们当场填答后收回，或者请他们在三天内将问卷填答好，自行投入学校各个学生食堂门口专门为此次调查设立的"问卷回收箱"内。

个别发送法既不像邮寄自填法那样与被调查者完全不见面，又不像结构式访问那样，与每一个被调查者都交谈相当长的一段时间，而是介于二者之间，较好地处理了调查的质量与数量之间的关系。个别发送法在操作上的这种特点使它具有以上两类方法的许多优点，同时，又避免了两类方法中的许多不足。比如，它比较节省时间、经费和人力；调查员可以向被调查者进行解释和说明；可以保证比较高的回收率；调查具有一定的匿名性；可以减少调查员所带来的某些偏差；被调查者有比较充分的时间对问卷进行阅读和思考，还可以在方便的时候进行填答；等等。

当然，个别发送法同样存在一些不足，比如调查的范围依然受到一定的限制，不如邮寄填答法那么广泛；问卷的填答质量依然不能完全得到保证；等等。

二、网络填答法

网络填答法是在网上发布问卷，被调查对象通过网络填写问卷完成调查。根据所采用的技术，网上问卷调查一般有两种：一种是站点法，即将问卷放在网络站点上，由访问者自愿填写并提交。另一种是通过 E-mail 将问卷发送给被调查者，被调查者收到问卷后，填写问卷，点击"提交"，问卷答案则回到指定的邮箱。被调查者在填写问卷时甚至不用上网，他们可以将电子邮件下载下来，在发送结果时上线提交即可。电子邮件调查有局限性：问卷的交互性很差，并且处理会很麻烦，每份问卷的答案都是以邮件形式发回，必须重新导入数据库进行处理。网络填答法在当今网络发达的时代比较常用，多用于市场调查和舆论调查。

网络填答法作为新兴的问卷调查法之一，优点非常突出。首先，它可以在更广的范围内，对更多受众进行信息收集的工作。网络调查是开放的，任何上网者都可以进行填写，而且在所填信息经过统计软件初步自动处理后，可以马上查看阶段性的调查结果。其次，它所需成本很低。实施网络调查时，只需要一台能上网的计算机即可，通过站点发布电子调查问卷，由上网者自愿填写，然后通过统计分析软件进行信息整理和分析。另外，网上调查在信息采集过程中并不需要派出调查人员，不受距离限制，不需要印刷调查问卷，节省了大量的人力和财力耗费。最后，实施网络调查时，被调查者可以及时就问卷的有关问题提出自己的看法和建议，可减少因问卷设计不合理而导致的调查结论偏差，被调查者能在了解问卷后发表自己的看法。同时，网络填写是自愿的，但由于填写者一般对调查内容有一定兴趣，回答问题相对认真些，因此，问卷填写信息的可靠性较强，有助于保证调查结论的客观性。

但是，网络填答法也存在着不可避免的缺陷。首先，网络填答法的潜在被调查者只能是上网的群体，不上网的群体就被直接排除在外了，这也就影响了调查样本选择的科学性。其次，网络调查的价值也受人们填答意愿的限制。网上调查的匿名性虽有助于问卷调查的应答率，但由于缺乏对调查对象信息的了解，从调查者获得的信息可靠性和准确性就会下降。网络填答最大的隐患在于个人信息的保护，很多被调查者由于担心个人信息被滥用而不愿参与网络填答。

三、集中填答法

在条件允许的情况下，我们也可以采取集中填答法来收集调查资料。集中填答法的具体做法是：先通过某种形式将被调查者集中起来，每人发一份问卷；接着由研究者统一讲解调查的主要目的、要求、问卷的填答方法等事项；然后请被调查者当场填答问卷；填答完毕后再统一将问卷收回。收回问卷可以采用投入问卷回收箱的办法，以消除集中填答所带来的某些心理顾虑。

例如，当我们在某些企事业单位、学校等地方对企事业单位的职工、学校的学生进行问卷调查时，就可以采用这种方法。我们可以先同调查单位的领导联系，以取得他们的支持和帮助。通过他们将所抽取的调查对象集中起来（或分批集中起来），最好集中在会议室、教室等既方便填答问卷又可不受外界干扰的地方。然后将调查问卷发给每一个被调查者，在研究者对调查的目的、意义、要求等进行简单说明的基础上，由被调查者当场填答问卷。研究者可解答被调查者在填答问卷过程中所遇到的问题和疑问。被调查者填答完问卷后，自行将问卷投入事先放在会议室或教室门口的问卷箱中，也可将问卷放在桌上，由调查员统一收取。

集中填答法除了具备一些与个别发送法和邮寄填答法相似的优点以外，它在某些方面的优点似乎比上述两种方法还要明显和突出。

第一，它比个别发送法更节省调查时间、人力和费用。

第二，由于有调查员在场进行解释和说明，并可以解答被调查者的疑问，因而被调查者错答和误答的现象将大大减少，而问卷的回收率也会更高。

集中填答法最主要的局限，在于许多市场调查的调查样本根本不可能集中。而一旦被调查者不能集中，这种方法的优点自然也就不复存在。同时，将众多的被调查者集中在一起，有时会形成某种不利于个人表达特定看法的"团体压力"，这也是我们在运用集中填答法时需要注意的一个方面。

第三节　访问调查法

访问调查法按照事先设计的、有一定结构的访问问卷进行访问，是一种高度控制的访问方法。由于结构式访问的进行在很大程度上依赖于访问问卷，因而，我们也可以把它看成是以访问的形式进行的问卷调查。根据访问员与被访者是否见面，访问调查法又可以分为当面访问和电话访问。

一、当面访问法

当面访问的基本做法是：研究者先选择和培训一组访问员，由这组调查员携带着访问问卷分赴各个调查地点，按照调查方案和调查计划的要求，与所选择的被调查者进行访问和交谈，并按照问卷的格式和要求记录被调查者的各种回答。在访问中，调查员严格依据调查问卷提出问题，并严格按照问卷中问题的顺序来提问；调查员不能随意改变问题的顺序和提法，也不能随意对问题做出解释。答案的记录也完全按问卷的要求和规定进行。

当面访问的方法与自填法中的个别发送法最为接近，它们都要求调查员逐个找到被调查者。所不同的是，个别发送法只需调查员向被调查者稍做解释，并将问卷送交给被调查者即可，至于问卷的填答工作，则完全是被调查者的事；而当面访问法需要调查员亲自依据问卷向被调查员进行提问，并亲自记录被调查者的回答。

（一）当面访问法的优点

（1）能够对调查过程加以控制，从而提高调查结果的可靠程度。这也是其最大的优点。这是因为：一方面，由于调查员当面提出问题，当面听取回答，可以减少被调查者由于对问题理解不清或误解所造成的误答；另一方面，由于调查员当面提问，被调查者当场回答，避免了自填式问卷调查中常常出现的由他人代填或由几个人共同商量着填答的情况。同时，这种当面提问、当面回答的方式也在一定程度上减少了被调查者出现欺骗性回答的机会，增加了调查结果的真实性。

（2）这种访问法具有远高于自填问卷法的回答率。在介绍自填问卷法时，我们曾说过，自填问卷法的回收率常常难以保证，这是它的一大缺点。而当面访问法是由调查员来配合完成每一份问卷的，所以，它的回收率往往可以得到很好的保证，一般都远高于自填问卷法的回收率。

（3）它可以对调查资料的效度与信度进行评估。这是因为调查员在询问和记录的同时，可以对被调查者的表情、态度和行为，甚至对某些家庭状况进行观察，从而帮助分辨和判断被调查者回答的真实性程度。

（二）当面访问法的弱点

当面访问法虽在上述几方面优于自填问卷法，但它也具有一些不如自填问卷法的弱点。

（1）当面访问法的调查费用大大高于自填式问卷调查。由于当面访问法必须派出一批调查员，而调查员事先必须进行培训。调查员的培训费用和差旅费用远比自填问卷所需费用高。

（2）当面访问法所花费的时间也大大长于自填式问卷调查。由于自填问卷调查可以在很短的时间内对多个被调查者同时进行，而当面访问法则必须一个个地对被调查者进行访问，因此，它所需要的时间显然要多得多。

（3）由于上述两方面的弱点所影响，采用当面访问法收集调查资料时，其调查的范围和规模往往受到很大局限。如果没有充足的经费和人力，或者没有足够的时间，访问的人数就不可能很多，调查的范围也不可能很大。

（4）对于某些较敏感问题的调查，采用当面访问法的效果也往往比不上自填式问卷调查。这是因为自填式问卷调查具有很好的匿名性，可以减轻被调查者的心理压力和思想顾虑。但当面访问法由于有调查员在场，并且是当面提问、当面回答，这样，很多被调查者的思想压力就可能很大，顾虑也可能比较多。所有这些，显然会直接影响到他们回答问题的态度和所提供的答案的真实性及可靠性。

小案例：

楚汉大酒店的经营之道

楚汉大酒店坐落在南方某个省会城市的繁华地段，是一家投资几千万元的新建大酒店，开业初期生意很不景气。公司经理为了寻找症结，分别从大中型企业、大专院校、机关团体、街道居民中邀请代表参加座谈会，并亲自走访了东西南北四区的部分居民，还在旅游景点拦截了一些外地游客进行调查。结果发现，本酒店没有停车场，顾客来往很不方便；本市居民及外地游客对本酒店的知晓率很低，更谈不上满意度；本酒店与其他酒店相比，经营特色是什么，大部分居民也不清楚。为此酒店做出了兴建停车场、在电视上做广告、开展公益及社区赞助活动，并突出经营特色，开展多样化服务等决策。决策实施后，酒店的生意日渐火红。

二、电话访问法

电话访问法是指调查员通过打电话的方式与被调查者联系，并在电话中对被调查者进行调查访问的方法。这种访问法是随着社会现代化的发展，特别是随着普通居民中电话的普及率越来越高而逐步发展起来的。日常生活中，我们经常会接到通信业务、保险业务或其他销售业务的回访电话。

进行电话访问需要有一套"计算机辅助电话访问系统"的支持。这套系统既有计算机、电话等硬件，也有专门用于进行电话访问的特定的软件。通常一套系统有十几台至几十台连接成局域网络的计算机，每台计算机连接有一根直拨电话线，所有计算机都与一台主机相连接。通过主机可以管理、监控每一台访问用计算机的工作情况。

电话访问的一般方法：首先，根据调查目的要求设计好电话访问的问卷表，并将问卷表按照"计算机辅助电话访问系统"的格式录入计算机；其次，在系统中设计好随机抽取电话号码的计算机程序；再次，挑选和培训一组电话访问调查员，这是电话访问中十分关键的一环；最后，访问员实际开展电话访问。

计算机辅助电话访问的最典型的工作方式：访问员坐在计算机前，头戴耳麦，面对计算机屏幕上显示的调查问卷，向电话另一端的被访者提出问题，并将被访者的回答直接录入计算机；研究人员在主机上监控和管理所有访问员的访问进展情况，及时解决各种特殊问题。当电话访问结束后，所有被调查对象的数据都已录入了计算机，在机器汇总后可以直接用 SPSS 统计软件进行统计分析。

尽管电话访问与当面访问在许多方面都比较相似，但两者之间也有一些明显的差别。当面访问中，调查员不仅可以听取被调查者的回答，还可以观察到被调查者的表情、动作，以判断被调查者所提供的资料的正确性和真实性，而在电话访问中，调查员则必须完全依靠自己的听力来判断这一切。因此，可以说，电话访问的调查员应具有更强的仅靠听觉来分辨事物和情况的能力，因此调查员的语调、口气对被调查者的影响作用则大大加强。

电话访问中对调查员的挑选可以从打电话开始，即让被挑选者通过电话与研究者联系，回答研究者的提问。研究者则从电话中的声音、音调、音量、速度、口音、吐字等方面，以及由此所表现出的性格特点等因素，进行衡量和挑选。

对电话调查员的培训重点在于训练调查员如何在电话中与各种陌生人交谈，如何应付访问中出现的各种意外情况，如何尽快地解决电话访问过程中可能出现的各种问题。若有条件，可用录音机、电话机和对讲机等设备配合训练。

电话调查的主要优点是十分迅速。一个样本为几百人的调查，采用电话访问的方式进行，一天时间的访问就可以完成，而且所得资料也已经输入计算机，成为 SPSS 格式的数据，可以马上动手进行统计分析。同时，电话访问的方式相对简便易行，也比较省钱。特别是对于内容比较简单的调查，电话访问的效果更好。当被调查者是某些专业人员时，电话访问也往往更为合适。此外，电话访问还有一个很大的优点，这就是十分便于对调查员进行监督和控制，使得电话访问的质量比当面访问更容易得到保证。

当然，电话调查也存在一些不足的地方。其主要问题之一是被调查者的选取及代表性方面的困难。我们很难获得所调查总体的联系方式，所以在运用电话访问的方法时，研究者一定要对总体及样本的情况有清楚的认识，尽可能做到抽样的科学性与代表性。另外，电话访问调查的时间不能太长，通常情况下控制在 10 分钟以内比较合适，这从客观上制约了电话访问这种方式所收集的资料的范围和深度。另外，电话访问相比当面访问更容易遭到被调查者的拒绝。

第四节　观察法

观察法是指研究者根据一定的研究目的、研究提纲或观察表，利用自己的眼睛、耳朵等感官和辅助工具去感知和观察被研究对象，从而获得资料的一种方法。科学的观察具有目的性和计划性、系统性和可重复性。常见的观察方法有核对清单法、级别量表法、记叙性描述法等。由于人的感觉器官具有一定的局限性，观察者往往要借助于各种现代化的仪器和手段，如照相机、录音机、显微录像机等来辅助观察。

一、观察法的适用

观察法适用于问题研究的资料采集，例如商店的人流量调查、户外广告的效果研究、产品的质量调查、广告调查等。下面仅举出有代表性的几种。

（一）市场商品需求和商品购买者的特征情况

在商品的销售现场、展销会、试销会等处直接观察消费者喜爱的品种牌号、花色、款式、包装、价格等，进行记录分析，可以掌握大量真实的第一手资料。观察商品购买者的特征情况，即了解各种商品购买者的年龄、性别、外在形象、人数等，可借用行为观察仪（一种利用照相机或电视机的观察仪器），用以记录消费者进入现场后的目光、行走、表情以及购买等行为，使用仪器观察的资料不仅详尽、准确，还可避免人员观察的诸多不便。通过资料分析，可以掌握市场商品需求的趋向。

（二）经营状况和竞争环境情况

通过对各种类型企业的观察，了解整个市场的经营情况，竞争品牌的数量、价格、销售网点；通过零售企业的商品陈列、橱窗布置，售货员态度和行为方式、接待顾客的频率和忙闲、服务态度，顾客流量以及外部装潢等的观察、比较，获取比较真实、全面的资料。

（三）库存情况

商品库存是企业营销的保证，也是影响企业经济效益的重要环节。对库存商品直接盘点计数，并观察库存商品的情况，检查仓库中储存的品牌、数量等情况，了解不同位置的商品库存数量及其结构是否合理，并观察商品库存的残次及变化等情况，以便直接掌握商品库存的精确数字和结构的真实资料。

（四）商品的质量调查

它对生产现场和使用现场进行观察，了解商品生产过程和商品质量以及商品性能、操作技巧和维修等情况。产品的质量关系到企业的生命，要严把质量关，确保企业产品的质量，并到生产现场实地了解商品性能，这样才能根据真实的第一手资料做出正确的判断和决策。

（五）调查的情况

对各种广告媒体效果观察可通过消费者对不同广告的注意程度、记忆和理解度、知名度和视听率来推断广告心理效果的大小；还可观察广告费占销售费用的比率大小来说明广告效果的大小。广告费占销售费用的比率越小，广告效果越大；反之，越小。还可借用听力计来记录人们收听、收看广播电视节目的时间、频率、波长等；用眼神记录器来观察人们注视广告时眼睛的运动，来测量人们对广告的偏好。

二、观察法的方式

观察法的方式一般有两种：直接观察法和间接观察法。

（一）直接观察法

直接观察法是指调查者置身于被调查者中间，开展调查，记录市场中发生的事情真相及前景，取得更全面的市场资料和信息。在进行这类调查过程中要注意，一般不要让被调查者了解自己的身份。另外，要始终保持客观的态度，避免主观意志影响调查结果。具体包括如下内容。

1. 顾客观察法

顾客观察法是指在各种市场中，观察者作为一个旁观者，冷静地观察现场发生的各种情况。这种观察方式要求观察者选择一个适当的位置，能够把自己隐藏起来或使自己的观察工作不会引起受观察者的注意，以免受观察者觉得有人在观察自己而破坏观察的自然状态。顾客观察法经常要求配备各种记录仪器，如录音摄像器材、记数仪器、记数表格等，以减轻调查者记录的负担和提高资料的可信度，如对顾客的客流量、顾客购物的偏好、顾客对商品价格的反映、顾客购物的路径、顾客留意商品时间的长短、顾客产生冲动购物的次数、顾客付款是否方便等方面的调查。为了使调查更深入，有时往往辅之以商场中堵截访问的方法。

2. 环境观察法

环境观察法，有时也称为"伪装购物法"或"神秘购物法"，就是以普通顾客的身份对调查对象的所有环境因素进行观察以获取调查资料的方法。观察者作为一个参与者参与到现场的活动之中，身临其境地进行观察，如充当售货员观察顾客的购买行为。这种观察方式要求观察人员具有很强的注意分配能力和良好的记忆力，以保证注意到现场发生的各种情况，并且能够在观察之后回忆记录下来。这种方法是让接受过专门训练的"神秘顾客"作为普通的消费者进入其调查的环境，其任务一般是观察其购物的环境和了解服务质量，如颜色、布局、货架摆放、通道的宽窄、装饰等因素，以分析是否符合此调查对象的实际需求和达到上级有关部门的需求。

"神秘顾客"作为普通消费者进入调查的市场环境，可买也可不买商品，买了也可退货，退了货可以再买。通过这些"普通消费者"的消费行为，详细记录下他们购物或接受服务时发生的一切情况，然后填写一份仔细拟定的调查表。这种方法对于已由以价格竞争为主的竞争渐渐转变为以服务为主的竞争的现代企业来说，是实施监督控制及贯彻服务标准的一种有效方法。

（二）间接观察法

间接观察法就是通过对现场遗留下来的实物或痕迹进行观察以了解或推断过去的市场行为。基于种种原因，很多场合并不适合于或不需要调查人员亲临现场则可采取机器观察的方法，即根据调查的要求、目的，在调查场所设置摄像机、红外线探测器、IC卡智能机等设备自动采集有关信息。这种方法具有操作简便、节约人工、使用时间长的优点，但有应用范围小、一次性投资大的缺陷。如国外流行的食品橱窗观察法，即调查人员通过察看食品橱窗，记下顾客所购买的食品品牌、数量和品种，来收集家庭食品的购买和消费资料。这种方法对一些家庭日常用品的消费调查非常重要。再如对家庭丢掉的垃圾等痕迹的调查，也是较为重要的间接观察方法。

三、观察法的观察内容

观察法因研究的问题不同，所观察的内容也略有不同，但观察的内容不外乎以下四个方面：观察的情境、观察的人物、观察人物的行为、观察的频率和持续期。

（一）观察的情境

人物的活动、事件的发生都与情境有很大的关系，有些事件或活动恰好是在特定的情境下才会发生，因此首先要重视对情境的观察。

（二）观察的人物

在各种各样的市场活动中，人是行为的主体，任何事件的发生都离不开人，所以对人物的观察是观察者最主要的工作。观察人物时，要注意观察他们的身份、年龄、性别、外表形象、人数、人与人之间的相互关系等。

（三）观察人物的行为

观察人物的各种行为活动，包括语言、表情、姿态、动作、动作过程，以及如何引起行动的趋向、行动目标、行动的性质、行动的内容细节等。

（四）观察的频率和持续期

观察的频率和持续期即观察事件发生或人物及其动作重复出现的时间、频率、延续时间等。

四、观察法的记录方法

市场调查中观察并不仅限于通过人的视觉，而是要通过人的五种感觉器官进行"观察"（如表 3-1 所示）。可以说，这里的"观察"包括了人对外界的所有感觉能力。一般来说，观察的主要特征是对事物的外在表现和人可感觉的行为进行了解，对于人而言，用观察法所能了解的多是与心理活动有关的、因心理活动而引起的人的可感觉的行为。

表 3-1　感觉和观察工具

感觉	人的器官	在市场调查中的作用	辅助手段
视觉	眼睛	行为观察（广告牌效果检验）	望远镜、显微镜、照相机、电影、电视
听觉	耳朵	谈话观察（顾客的言谈）	助听器、录音机、噪声测量仪
触觉	手指、手掌	表面检验（纹路、结构、皮肤）	触式测试仪、盲视仪、金相仪
味觉	舌、口腔	品味	化学分析仪、味料专用分析仪
嗅觉	鼻	食品、香料检验	香料分析仪

除了以上所介绍的与人感觉器官相关的感觉和观察工具，在使用观察法进行调查时，良好的记录技术可以及时记下转瞬即逝的宝贵信息，加快调查工作的进程，便于资料的整理及分析。记录的技术方法主要包括以下四种。

（一）观察卡片

观察卡片（或观察表）的结构与调查问卷的结构基本相同。在制作观察卡片之前，首先根据观察主题，列出所有观察项目，剔除掉那些非重点的项目，列出每个项目中可能出现的各种情况，其次通过小规模的观察来检验卡片的针对性、合理性和有效性，以修改卡片。修改完毕后，最后定稿复印，制成观察用的卡片。

（二）速记

这是用一套简便易写的线段、圈点等符号系统来代表文字进行记录的方法。在文字记录中，也可用符号代表在观察中可能出现的各种情况。在记录时，只需根据出现的情况记下相应的符号，或在事先写好的符号上打钩即可，不需要再用文字叙述，避免了因忙乱而出错，也加快了记录速度。

（三）记忆

这是采取事后追忆的方式进行记录，通常用于调查时间紧迫或不宜现场记录的情况。在调查敏感性问题时，靠事后追忆记录也可以减轻被调查者的顾虑。但由于人的大脑不可能准确、全面地储存信息，因此，事后应及时根据记忆记录，防止遗忘重要信息。

（四）机械记录

这是指在调查中运用录音、录像、照相等各种专用仪器进行的记录。这种记录方法能详尽记录所观察的事实，但容易引起被观察者的顾虑，使调查结果失去真实性。

五、观察法的优缺点

通过观察要调查的对象与背景可以收集到最新资料，例如，某航空公司的调查员可以在机场、航空办事处和旅行社附近"散步"，听取旅客是如何谈论各家航空公司的。观察法的优点是调查人员能够观察到待定场合被调查者的确切行为，它能够排除在调查中可能存在的偏见；调查者不正面接触被调查对象，在被调查者未意识到自己被观察的情况下获取的信息，结果比较直接、真实、自然、客观。正因为如此，采用观察法进行调查时，一般竭力避免让被调查对象意识到自身在被观察；否则，观察就失去了意义。因此，观察法比较多地用于店铺调查以及客流量、顾客行为的调查。

（一）优点

具体来讲，观察法的优点包括以下两点。

1. 直接

观察法最大的优点是直接，它可以在同一时间内直接收集到事物和人的实际表现行为。有时被询问的对象可能自己根本就没有意识到忘记了曾经有过对某些调查来说十分重要的对象，如在橱窗前逗留时间的长短、看一幅广告的时间有多长等。这些只有借助于观察法才能获得较精确的结果，用观察法不会存在事后调查常有的那种有细节被遗忘的缺陷。

2. 真实、客观

观察法收集信息不仅与被调查人的主观看法和他参与的自愿程度无关，也与环境对被调查人的影响毫无关系。在多数情况下，观察法是完全真实客观的，无须征得被调查对象的同意，而且观察法对调查对象的合作要求是非常低的，甚至根本不需要。从原则上来说，观察法与条件无关，可是事实上并非所有的观察都不需要得到被调查对象的同意。而在询问调查中，被调查对象的语言表达是经过加工的，不管在哪儿，由于被调查对象的周围存在着有形或无形的压力，被调查对象产生顾虑，这往往会使调查的结论产生偏差。与之相比，观察法则可以比询问法更客观和有说服力。

（二）缺点

观察法的调查成本较大，时间也较长，观察法只能观察表面现象，无法了解深层次的情况，不能够评价顾客是否带有某种特定的情感因素，而且，调查者无法知道人们的社会经济地位或家庭情况。也就是说，通过观察法，调查员无法知道顾客的经济地位等个人状况。具体来讲，观察法的缺点如下。

1. 调查结果受观察人员的素质影响

运用观察法进行调查时，对调查人员的培训非常重要。因为观察人员在进行观察的时候，得到的视觉印象自然而然地要被观察人员筛选、塑造、解释、判断、分析才能得出，特别是对心理的视觉，要求调查员必须懂得心理学，要培养调查员具有敏锐的观察力、良好的记忆力和现代化设备的使用能力。例如，一位顾客、一个商场巡视员和一个柜组的负责人站在一起，他们同时在商场的中央向首饰柜台看一眼，这三个人各自的"看"可能和其他人的"看"完全不一样。

2．结果本身的说服力有限

观察法的调查结果的说服力有限，不能说明观察到这种行为的原因。如果观察一个家庭使用洗发露的情况，看到的只是一瓶"海飞丝"牌洗发露，而对这是家庭主妇自己买的，还是商店或厂家做广告送的都不得而知，那么所见现象本身并不能说明问题。

3．无法了解内在信息

有些东西是不能通过观察而了解的，不能够评价顾客是否带有某种特定的情感因素，比如人的观念、感觉、动机或知识水平等的内在信息，无法了解内在信息及家庭的消费行为。

4．观察结果难于量化统计

在观察过程中无法确定调查对象的统计特征，以及人们的社会经济地位或家庭情况，如调查者的年龄、婚姻状况、就业状况、职业种类、受教育程度、家庭规模和收入状况等，有些特征即使能从外表推测出来，其可靠性也很低，难于进行量化统计分析。

5．观察过程受时间限制

观察必须随着行为的发生而进行。因此，观察的过程该从什么时候开始无法事先预定，有时为了看到所需行为的发生，观察人员不得不等很长的时间。

另外还有一些不利的方面，包括有些观察结果会受观察人员的主观影响，观察人员的观察能力是有限的，观察环境不能任意重现，有时因受时间限制难以对于要说明的行为特征进行详细的观察等。

第五节　实验法

实验法也称试验调查法，是实验者有目的、有意识地通过改变某些社会环境的实践活动来认识实验对象的本质及其发展变化规律的方法。它是一种最重要的直接调查方法，也是一种最复杂、最高级的调查方法。实验法是有一定结构的，即不仅有明确的实验目的，而且有较严格的实验方案设计和控制，其实验结果既可以用于定量分析，也可以用于定性分析。

实验法的基本原理：实验者假定某些自变量会导致某些因变量的变化，并以验证这种因果关系假设作为实验的主要目标。在实验开始时，先对因变量进行测量（前测），再引入自变量实施激发，然后选择其后的某一个时点对因变量进行再测（后测），比较前后两次测量的结果就可以对原理论假设完全证实或部分证实或证伪。

一、实验法的类型

实验法按照不同的标准，可作多种不同的分类。

（一）按照实验的组织方式不同，实验法可分为对照组实验和单一组实验

1. 对照组实验

对照组实验，也叫平行组实验，是指既有实验组又有对照组的一种实验方法。实验组即实验单位，对照组是同实验组进行对比的单位。两组在范围、特征等方面基本相同。在对照组实验中，要同时对两个观察客体（试点客体和控制客体）做前测与后测，并比较其结果以检验理论假设。例如，要检验"管理是提高生产率的要素"这一假设，以某工厂某车间为实验组，实行新的管理方法，以另一个与此相似的车间为对照组，维持旧的管理方法，在一段时间的首尾，同时对两个车间做前测与后测，再比较其结果，得出结论。

2. 单一组实验

单一组实验也叫连续实验，是对单一实验对象在不同的时间里进行前测与后测，比较其结果以检验假设的一种实验方法。在这种实验中，不存在与实验组平行的对照组（控制组）。同一组在引入自变量之前相当于实验中的对照组，在引入自变量之后则是实验中的实验组。检验假设所依据的不是平行的控制组与实验组的两种测量结果，而是同一个实验对象在自变量作用前和作用后的两种测量结果。

（二）按照实验的环境不同，实验法可分为实验室实验和现场实验

实验室实验是在人工特别设置的环境下进行的实验调查。

现场实验是在自然的、现实的环境下进行的实验调查。实验者只能部分地控制实验环境的变化，实验对象除了受到引入自变量的实验激发外，还会受到其他外来因素的影响。

实验室实验和现场实验相比，前者实验结果的准确率要远远高于后者。但是社会领域的实验调查，仍然大多采取现场实验的方法，这是因为实验室实验的成本高，操作复杂，而且样本规模十分有限，所以难以广泛应用。

（三）按照实验的目的不同，实验法可分为研究性实验和应用性实验

1. 研究性实验

研究性实验是以揭示实验对象的本质及其发展规律为主要目的的实验方法，主要用于对某一领域理论的检验与探讨。如对某种经济学、社会学、法学、教育学理论等进行证实或证伪的实验调查，就属于这一类。

2. 应用性实验

应用性实验则是以解决实际工作当中存在的某些问题为主要目的的实验方法。如对农村联产承包责任制、企业股份制的实验调查，就属于这一类。

（四）按照实验者和实验对象对于实验激发是否知情，实验法可分为单盲实验和双盲实验

1. 单盲实验

单盲实验是不让实验对象知道自己正在接受实验，由实验者实施实验激发和实验检

测。目前多数实验都是这类实验。

2. 双盲实验

双盲实验是不让实验对象和实验者双方知道正在进行实验，而由第三者实施实验激发和实验检测。

之所以有单盲实验和双盲实验，是为了避免两种情况：一是实验对象出于对实验激发的欢迎或反感而有意迎合或故意不配合实验者，二是实验者和实验对象出于对实验结果的某种心理预期而影响实验检测结果的真实性和准确性。

此外，按照调查的内容不同，实验法还可分为心理实验调查、教育实验调查、经济实验调查、法律实验调查、军事实验调查等。

二、实验法的实施步骤

实验法的实施程序与其他方法大致相同，分为准备工作、具体实施和资料处理三个阶段。

（一）准备阶段

准备阶段的工作主要有以下几项：

（1）确定实验课题及实验目的。一般做法是在有了初步的构想后，通过查阅文献和有关访谈，对初步构想的价值和可行性进行一些探索性研究，最终明确实验的主题、大致的内容范围和所要达到的目标。

（2）提出理论假设。一般做法是仔细寻找出实验的主题和内容范围所涉及的各种变量，将它们分类，并认真分析它们之间的关系，建立各种变量之间的因果模型。

（3）选取实验对象。选取的根据是实验的主题和变量间因果模型的需要，选取的方法既可以是随机抽样，也可以是主观指派。

（4）选择实验方式和方法。根据实验的要求和可能，决定究竟采用哪种实验类型，如何分组，怎样控制实验过程，如何进行检测，等等。

制订实验方案。将已确定的实验主题、内容范围、理论假设、实验对象及实验方式方法等整理成文字，说明实验的时间安排、地点和场所、实验进程、实验和测量工具等，并形成系统的、条理分明的实验方案。

（二）实施阶段

实施阶段的工作主要有以下几项：

（1）前测。用一定的方法对实验对象的各种因变量做详细的测量，并做详细记录。如果是有对照组的实验，事先要做到能够控制实验环境和条件，以保证实验组与对照组的状态基本一致。

（2）引入或改变自变量，对实验组进行实验激发。在激发的过程中，要仔细观察，认真做好观察记录。

（3）后测。在经过一段时间后，选择适当时机对实验对象的各种因变量做再次详细的测量，并做详细记录。

（三）资料处理阶段

资料处理阶段的工作主要有以下几项：

（1）整理分析资料。对全部观测资料进行统计分析，并对原假设进行检验，形成实验结果，据此提出理论解释和推断。

（2）撰写实验报告。

三、实验设计

根据实验的目的和对象的不同，调查者会采取不同的实验类型，从而会进行不同的实验设计。下面简单地介绍一些常用的实验设计。

（一）单一实验组设计

单一实验组设计也叫单组前后测实验设计，就是只选择一批实验对象作为实验组，而不设对照组，通过实验活动前后实验对象的变化来得出实验结论。它的操作模式：①选择实验对象组成实验组；②对实验对象进行前测；③引入自变量进行改变实验对象因变量的实验激发；④实验后对实验对象进行后测；⑤得出实验结论。

（二）经典实验设计

经典实验设计也叫两组前后测实验设计，就是选择一批实验对象作为实验组，同时选择一批与实验对象处于相同环境、条件相同或相似的对象作为对照组；然后，只对实验组给予实验激发，而对对照组却听其自然；最后，对实验组和对照组前后检测的变化进行对比研究，得出实验结论。

（三）两组无前测实验设计

两组无前测实验设计就是对实验组和对照组都不进行前测，实验组引入自变量实施实验激发和进行后测，对照组则只进行后测。通过对实验组和对照组后测结果的对比研究，得出实验结论。

（四）多组实验设计和多因素实验设计

1. 多组实验设计

为了既能同时排除外部因素和前测干扰的影响，又能保证实验结论的客观性和准确性，人们还编制出了多组实验设计，一般是设置两个实验组、两个对照组，其中各有一组无前测，又各有一组无实验激发，通过对各组检测结果的交叉比较，得出实验结论。

2. 多因素实验设计

因为社会事物往往不是一因一果，而是多因多果、互为因果，将这种错综复杂的关系简化为单一的因果关系，就难以从系统上和整体上把握社会事物的特征。为此，人们又编制出了各种多因素实验设计。

多因素实验设计是检验多个自变量（或一个自变量的多种取值）与因变量的因果关系的设计。它一般设置一个对照组、三个或三个以上实验组。依照具体实施方法的不同，它又分为多种类型。

（1）因子设计。它是检验两个以上的自变量对因变量的影响和自变量之间交互作用对因变量的影响的设计。

（2）重复测量设计。它是检验多个自变量对不同实验对象进行激发后的差异的设计。

（3）拉丁方格设计。它是检验多个自变量的引入顺序对因变量的影响的设计。

除了以上介绍的主要实验设计类型外，还可以根据实验者、实验对象、实验环境、实验激发的不同，做出其他多种设计。总的来说，实验设计中实验对象排列组合的数量越多，实验结论的系统性、完整性、客观性、准确性就越高。但是，实验设计越复杂，实验对象和实验环境的匹配就越困难，实验过程、实验检测、统计分析就越烦琐，实验的资金成本和时间成本就越高。因此，实验者不应凡实验必用多因素实验设计，而应根据实验目的和自身条件，选择最恰当的实验方式，在一般情况下，仍以采用简单的实验设计为宜。

四、运用实验法中需要注意的问题

实验法作为最高级、最复杂的市场调查方法，在实施过程中，有一些不同于其他调查方法的需要特别注意的问题，主要有实验者、实验对象和实验环境的选择，实验过程的控制，提高实验的信度和效度，等等。其中需要着重理解和把握的是实验过程的控制这一问题。

实验调查能否成功，在很大程度上取决于能否有效地控制实验过程。实验过程的控制主要就是对各类变量的控制。它包括两个方面：一是对引入自变量的控制，二是对无关变量的控制。

对引入自变量的控制主要是在实验激发的过程中，严格执行设计方案，有计划地、系统地安排实验激发的环境和程度，使它们有序地作用于因变量。这个问题不难理解。难的是对无关变量的控制。

无关变量也就是非实验因素，主要来自实验者、实验对象和实验环境三个方面。对无关变量的控制，就是要从这三个方面着手，努力排除或减少非实验因素对实验过程的干扰。

（1）在实验者方面，首先是不能把无关变量引入实验激发中来。例如，在企业搞管理制度改革的实验，不能把实行股份制等所有制改革的内容也掺进来；在农村搞产业结构调整的实验，不能混入减轻农民负担的内容，否则就无法验证改革的真实效果。其次是必须公平地对待实验对象，保持实验方法的稳定性和一致性。对不同的实验对象，实验激发的方式、强度、范围等要一致，检测的方法、工具、标准等要一致，统计分析的方法、依据、标准要一致。例如，在学校某年级进行教改效果的检测，对不同班级的学生必须使用同一张试卷，否则检测就没有任何意义。

（2）在实验对象方面，主要是解决前测干扰影响和故意不配合的问题。除了要加强与实验对象的沟通，努力使他们做到对实验活动理解、支持和实事求是以外，还应尽量使他们在测量时觉察不到实验的真实意图。为此，可以在一些自然环境中采用一些不太敏感的方式进行测试。例如，在工人培训时把实验测试混入培训考试之中；教师把实验测试伪装成平时小测验，在课堂上似乎很随意地布置下去，等等。另外，还要注意到实验过程中实验对象本身自然变化对实验的影响，例如工作变动、生病或死亡、社会经验的增加、知识水平的提高、技术的熟练等。

（3）与实验无关的社会环境因素对实验过程的干扰最多也最复杂，对它们的控制难度较大，通常是根据具体情况选择适合的方法，主要有：

①排除法，即将一切可以排除的非实验因素彻底排除在实验过程之外。例如，搞水产养殖经营实验，可以在所有江河湖海进行，但有些江河往往会因为气候出现时而水多时而水少甚至无水的情况，因此实验者只选择海洋和大湖作为实验对象和实验环境。于是，就可以彻底排除"水资源"这个非实验因素对实验过程的影响。

②纳入法，即把无法排除的某些非实验因素尽可能纳入实验过程，作为实验激发的一个变量。例如，进行农村产业结构调整的实验，地理位置本来是一个非实验因素，但在实验过程中又无法排除地理位置对产业结构调整的影响。在这种情况下，就可以采取纳入法，就城市近郊、远郊和边远地区等不同地理位置的农村如何进行产业结构调整，分别进行实验。这样，地理位置因素就成了可以控制的实验激发的一个变量，不再对实验结果形成干扰。

③平衡法，即将无法排除的某些非实验因素，在每一个实验对象中都控制在一致的、平均的水平上。例如，对于探讨企业管理与经济效益的因果关系的实验来说，生产成本是一个非实验因素，但它又直接影响到企业的经济效益。为此，就可以使用平衡法，在测算各个实验对象（企业）的实验结果（经济效益）时，假设它们的生产成本都是一样的。这样，就等于排除了原材料价格的变动对实验过程的干扰。

④统计分析法，即对实验过程中无法排除的非实验因素尽可能定量化，在实验结果中用统计分析的方法计算出它们影响实验的具体程度。例如，在关于劳动工资制度改革与劳动生产率之间因果关系的实验中，设备更新是一个非实验因素，但在检测劳动生产率的变化时，它又是一个无法排除的因素。对此，就可以用统计分析的方法计算出设备更新使劳动生产率提高的具体数值，在实验结果中予以扣除，这就等于排除了这种非实验因素对实验过程的影响。

总之，通过以上控制手段，虽然不能说可以彻底排除所有非实验因素对实验过程的干扰，但实验结论的客观性、准确性能够大大提高，则是可以肯定的。

本章小结

二手资料调查法又称文献调查法，是指调查者按照调查目的收集整理各种现成的资料，如年鉴、报告、文件、期刊、文集、数据库和报表等，从中获取调查所需的信息。一般来说，市场研究的二手资料有两个重要的来源：内部资料和外部资料。内部资料主要是指企业内部的各种业务、统计财务及其他有关资料，外部资料主要是指企业外单位所持有的资料。

自填问卷法指的是调查员将问卷表提供给被调查者，由被调查者自己阅读和填答，然后再由调查员收回问卷的资料收集方法。自填问卷法一般包括个别发送法、网络填答法和集中填答法。

访问调查法按照事先设计的、有一定结构的访问问卷进行访问，是一种高度控制的访问方法。根据访问员与被访者是否见面，访问调查法又可以分为当面访问和电话访问。

观察法是指研究者根据一定的研究目的、研究提纲或观察表，用自己的感官和辅助工具去观察被研究对象，从而获得资料的一种方法。

实验法是实验者有目的、有意识地通过改变某些社会环境的实践活动来认识实验对象的本质及其发展变化规律的方法。

思考与练习

一、单项选择题

1. 在访问法中，哪种方法获得信息量最大？（　　）

A. 面谈调查　　　　　　　　　　B. 邮寄调查

C. 电话调查　　　　　　　　　　D. 网络调查

2. 在某些国家某些信息来源中得到的数据资料往往已过时数年，不能作为企业决策的主要依据，这是（　　）的要求。

A. 真实性　　　　　　　　　　　B. 时效性

C. 经济性　　　　　　　　　　　D. 可比性

3. 可以提出许多不同的问题和很复杂的问题的访问调查是（　　）。

A. 电话调查　　　　　　　　　　B. 邮寄调查

C. 面试调查　　　　　　　　　　D. 网络调查

4. 下列调查方法中能够探索不明确的因果关系的是（　　）。

A. 邮寄调查法　　　　　　　　　B. 观察法

C. 实验法　　　　　　　　　　　D. 网络调查法

二、多项选择题

1. 电话调查的缺点是（　　）。

A. 成本高　　　　　　　　　　　B. 回收率低

C. 时间长　　　　　　　　　　　D. 不宜深入探讨

2. 下列关于网络调查特点不正确的说法是（　　）。

A. 及时性　　　　　　　　　　　B. 强迫性

C. 交互性　　　　　　　　　　　D. 主观性

3. 观察法的局限性表现在（　　）。

A. 可靠性低　　　　　　　　　　B. 适应性不强

C. 受时空限制　　　　　　　　　D. 受主管因素影响大

三、简答题

1. 二手资料调查法中内部资料和外部资料分别包括哪些？二手资料调查法的优缺点分别是什么？

2. 试比较个别发送法、网络填答法和集中填答法各自的优缺点，并说明在实际应用中应注意什么。请将上一章课后设计的问卷分别用个别发送法和网络填答法进行资料收集。

3. 观察法的观察内容和记录方法分别是什么？
4. 实验法的基本原理和实施步骤分别是什么？
5. 请选择合适的资料收集方法，完成上一章你所设计的市场调查课题的资料收集。

四、案例分析

日本环球时装公司的市场调查

日本服装业之首的环球时装公司，由20世纪60年代创业时的零售企业发展成为日本有代表性的大型企业，靠的主要是第一手"活情报"。他们在日本全国81个城市顾客集中的车站、繁华街道开设侦探性专营店，陈列公司所有产品，给顾客以综合印象，售货员的主要任务是观察顾客的采购动向；事业部每周安排一天时间全员出动，3人一组、5人一群，分散到各地调查，有的甚至到竞争对手的商店观察顾客情绪，向售货员了解情况，找店主聊天，调查结束后，当晚回到公司进行讨论，分析顾客消费动向，提出改进工作的新措施。全国经销该公司时装的专营店和兼营店均制有顾客登记卡，详细地记载了每一个顾客的年龄、性别、体重、身高、体型、肤色、发色、兴趣、嗜好、健康状况及使用什么化妆品等详细情况。这些卡片通过信息网络储存在公司信息中心，只要根据卡片就能判断顾客眼下想买什么时装，今后有可能添置什么时装。

讨论：

1. 环球时装公司采用了什么调查方法？
2. 这种调查方法的优缺点是什么？

第四章 市场调查信息处理

微波炉与电磁炉的畅销与滞销

早在十几年前，上海的一家大企业决定上马新型电器厨具。他们首先购买了50台家用微波炉和电磁炉，然后在一个展销会上进行试销，结果全部产品在3天内销售一空。考虑到展销会的顾客缺乏代表性，于是他们又购买了100台各种款式的微波炉和电磁炉，决定在上海南京路的两个商店进行试销，并且提前3天在《解放日报》《文汇报》上登了广告。结果半夜就有人排队待购，半天时间全部产品都销售出去了。

他们很高兴，但是厂长仍不放心。他让企业内部的有关部门做一个市场调查，据该部门的负责人说，他们走访了近万户居民，据市场调查的数据统计，有80%的居民有购买电磁炉和微波炉的意愿。

他们想：上海有1000多万户居民，加上各种不方便使用明火的地方，各种边远地区的、不方便做饭的小单位和各种值班人员，总之对于电磁炉和微波炉的需求量应该是巨大的。如果加上辐射的地区如江苏、浙江等省份，对微波炉和电磁炉的需求量将是一个令人惊喜的数据。于是，他们下决心引进新型的生产线，立即上马进行生产。

可是，当他们的第二个生产线投产的时候，产品已经滞销，企业全面亏损。厂长很不服气，他亲自到已经访问过的居民家中核对调查情况。结果是：所拜访的居民都承认有人来问过他们关于是否有意向购买微波炉和电磁炉的事，而且他们当时都认为自己想买。但是他们后来却都没有买。问其原因，居民的回答就各种各样了。有的说，原来指望儿子给钱，可是现在儿子不给钱买了；有的说没有想到现在收入没有那么好；有的说单位给安装了煤气等。不管厂长如何生气，微波炉和电磁炉的生产线只好停产。

调查或试验收集来的原始资料，往往是零乱的，无规律性可循，资料整理是进一步市场分析的基础。市场调查人员通过一定的调查方法向被调查者调查，收集到大量原始的信息资料，只有经过整理、分析，才能揭示市场经济现象的内在联系和本质，为企业经营决策提供依据。

第一节　市场调查信息处理概述

一、调查信息处理的必要性

调查资料的整理，就是根据调查目的，运用科学方法，对调查所得的各类信息资料进行审查、检验和分类汇总，使之系统化和条理化，从而以集中、简明的方式反映调查对象总体情况的工作过程。

（一）调查资料整理的基本原则

为保证质量，在资料整理过程中，应坚持以下原则。

1. 真实性

真实性是资料整理最根本的要求。所谓真实性，是指调查资料必须是从真实的市场调查中得到的，而不能是弄虚作假、主观臆测甚至杜撰的。只有真实的资料才能够客观地反映社会现象，指引我们得到正确的结论。错误的资料则会误导视听，导致我们对社会认识的偏失，不真实的资料比没有资料更可怕。

2. 准确性

准确性是指整理所得的资料的事实必须准确，尤其是统计数据必须做到严谨。如果整理出来的数据含糊不清，模棱两可，甚至互相矛盾，那么肯定不能得出科学的结论。

3. 完整性

完整性是指资料应当尽可能全面、完整，以便真实地反映社会调查对象的全貌。如果资料残缺不全，就有可能犯以偏概全的错误，甚至失去研究价值。

4. 新颖性

新颖性是指在整理资料时，要尽可能从新的角度来审视资料、组合资料，尽量避免按照陈旧的思路考虑问题，更不能简单地重复别人的老路。

5. 系统性

系统性是指整理后的资料应尽可能条理化、系统化。整理后的资料和未加工整理的资料相比，最直观的特点就是整理后的资料条理清晰，一目了然。

6. 统一性

统一性是指在整理资料时，对各项指标的统计应当有统一的解释，对于各个数值，其计算方法、精度要求、计量单位等，也应该是统一的。就像对山峰的高度，我们是使用"米"这个统一的单位，从"海平面"这个统一的基础标准出发来衡量的。社会调查也是一样，必须有一个统一的基准和尺度，才能使得各项数据具有可比性。

7. 有用性

有用性是指整理后的资料必须是能够充分说明调查课题的、有用的资料。假如调查资料对调查目的而言，完全没有用处或用处不大，那么资料再丰富、再真实，也是无效的。

8. 简明性

简明性是指在真实、准确、统一、完整的基础上，整理后的调查资料应当尽可能简洁、明了，力求用最短的篇幅达到系统化、条理化的要求，以集中的方式反映调查对象的总体情况。我们要尽可能把复杂的事情简单化。

（二）调查资料整理的必要性

（1）调查资料的整理是市场调研与预测中十分重要的环节。通过市场调查取得的原始资料都是从各个被调查单位收集来的、零散的、不系统的资料，只是表明各被调查单位的情况，反映事物的表面现象，不能说明被研究总体的全貌和内在联系。而且收集的资料难免出现虚假、差错、短缺、冗余等现象，只有经过加工整理，才能使调查资料条理化、简明化，以确保调查资料的正确性和可靠性。

（2）调查资料的整理，可以大大提高调查资料的使用价值。市场调查资料的整理过程是一个去芜存精、去伪存真、由此及彼、由表及里、综合提高的过程。它能有效提高信息资料的浓缩度、清晰度和准确性，从而大大提高调查资料的使用价值。

（3）调查资料的整理也是保存调查资料的客观要求。市场调查得到的原始信息资料，不仅是当时企业做出决策的客观依据，而且对今后研究同类市场经济活动现象具有重要的参考价值。因此，每次市场调查后都应认真整理调查的原始信息资料，以便于今后长期保存和研究。

调查资料的整理对市场调查人员来说，也是一个对市场现象认识、深化的过程。如果说，实地调查阶段是认识市场现象的感性阶段，那么，整理资料阶段就是认识市场现象的理性阶段。只有经过调查资料的整理，才能发现市场现象的变化规律。

二、调查信息处理的一般程序及方法

从工作程序上看，资料整理具有承前启后的作用，是市场调查的收获阶段。在这个阶段，要对经过反复审查、核对、补充并验收合格后的调查信息进行资料录入和统计分析。由于资料来源不同，其整理方法也略有不同。调查资料按来源不同，一般分为原始资料（调查问卷）和二手资料。

（一）调查问卷的整理

资料整理首先从调查问卷的回收与登记开始。同时，为确保调查资料准确、真实、完整，还必须对资料进行严格的审核，以确定无效问卷和不满意问卷，并处理不满意问卷。资料审核以后就可以进行资料录入，分组研究，汇制统计表和统计图。

1. 调查问卷的回收与登记

实地调查之后，应及时进行调查问卷的回收与登记工作。在回收过程中，应加强责任制，确保问卷的完整性和安全性，做好问卷的登记和编号工作。一般应事先专门设计登记表格，具体内容包括：①调查地区及编号，调查员姓名及编号；②市场调查实施时间，问卷交付日期；③问卷编号；④实发问卷数、上交问卷数、未答或拒答问卷数、丢失问卷数等。

回收的问卷应分别按调查人员和地区（或单位）放置，醒目标明编号或注明调查人员和地区、单位，以方便整理和查找。如果回收数量没有满足样本数量，应在正式整理之前及时补充调查。

2. 调查问卷的审核

资料的审查工作，一部分是实地审查，就是在调查的过程中边收集资料边进行审核；一部分是系统审查，就是在资料收集完毕后集中进行审核，而通常是以后者为主。审查主要是对数字资料的完整性和准确性进行检验，以确保更加准确的研究结果。对于文字资料的审查，主要是解决其真实性、准确性和适用性问题，即主要是仔细推敲和详尽考察资料是否真实可靠和准确适用。真实性审查也称信度审查，即判断资料本身是不是真的以及它是否真实可靠地反映了调查对象的客观情况。只有当所获得的资料是真实的、完整的，调查才是有意义的。适用性审查就是考察资料是否适合于对有关问题的分析与解释，主要包括：资料的分量是否适中，资料的深度与广度是否满足需要，资料是否集中、紧凑、完整等。

3. 资料分组

为了解各种事物或现象的数量特征，考察总体中各种事物或现象的构成情况，我们需要把调查的数据按照一定的标志划分为不同的组成部分，这就是调查资料的分组。一般有以下三个步骤：

（1）选择分组标志。分组标志就是分组的标准或者依据。根据调查目的和调查对象的差异等因素，可以有多种多样的分组标志。

（2）确定分组界限。分组界限是指划分组与组之间的边界。确定分组界限包括组数、组距、组限、组中值等内容。组数是指分组之后组的个数；组距是指各组中最大值与最小值之间的差距；组限是指各组两端的界点；组中值是指中间量，一般情况下，组中值可以作为该组的代表值。

（3）编制变量数列。在统计中我们把各个标志的具体表现叫作变量。编制变量数列，实际上就是把各数值归入适当的组内。

4. 汇总

汇总就是根据调查研究目的，把分组后的数据汇集到有关表格中，并进行计算和统计，便以集中、系统地反映调查对象总体的数量特征。数据的汇总可以分为手工汇总和机械汇总。前者适用于数量较少、答案不易统一的资料；后者则运用于数量较大、答案比较整齐的资料。

现阶段计算机汇总已成为机械汇总的代名词。为减少录入误差，提高数据资料整理的效率，人们发明了许许多多专门用于资料整理的电脑软件，如 Excel、SPSS、SAS 等。

5. 制作调查统计图表

经过汇总后的数据资料，一般要通过表格或图形直观地表现出来，最常见的方式就是调查统计表和调查统计图。

（1）调查统计表是以二维的表格，表示变量间关系的一种形式。它的优点在于系统、完整、简明和集中。从广义上讲，调查过程中的调查表、汇总表、整理表、分析表以及公布调查统计资料所用的表，都可以归入调查统计表的范畴。我们这里所讲的调查统计表是指其狭义定义，即仅仅指记载汇总结果和公布调查统计资料的表格。按照调查统计表是否分组或分组的程度，调查统计表可以分为简单表、分组表和复合表。

（2）调查统计图是表现数字资料对比关系的一种重要形式。它的主要优点是形象、生动、直观，具有较强的吸引力和说服力。不过，统计图更侧重于反映总体中各个部分之间的比较，但是在对某一个体指标数据的表现上，并没有什么优势。在一般情况下，甚至并不将个体的市场调查统计数值反映出来。调查统计图的形式是多种多样的，就最常见的形式来说，可以分为几何图、象形图和统计地图三大类。

6．基础数据分析

对市场调查信息进行一些基本的数据分析，以更清晰明了地反映调查成果，更有助于后续的分析与预测。

（二）二手资料的整理

（1）确认收集目标。

二手资料数量巨大，须预先根据市场调查的目的确定二手资料的收集目标和范围，以减少工作量和事后的分析难度。

（2）确定资料的来源。

根据目标确定可能的资料来源。细分目标，根据可能的来源进行目录、索引及其他可供使用的工具进行收集。

（3）收集资料。

（4）评估二手资料。

对于收集来的二手资料要按照一定的标准进行评估，以保证二手资料的真实性和有效性。

（5）整理分析资料（二次筛选）。

第二节　市场调查信息的审核

一、市场调查信息审核的意义

市场调查信息审核是市场调查信息整理的基础，通过对市场调查获取的各种资料（原始资料和整理资料）进行审查核实，可以避免调查信息的遗漏、错误或重复，保证调查信息准确、真实、完整和一致。

（1）大型市场调查的调研项目多、数字多、信息量大，为了保证信息前后一致，不出现逻辑的、登记的、计算的错误，十分有必要进行资料的审查，贯彻信息的一致性、客观性和有效性。

（2）在资料整理之前进行市场调查资料审核，可以提高工作效率，避免重复劳动。如果信息资料不经过审核而直接进行资料整理，一旦发现有错误信息，前面所做的信息整理工作将前功尽弃，既费时、费力、增加成本，又不利于对信息的及时补充。

（3）有利于提高信息资料的质量。在汇总整理之前就已经进行了审核，检查无误，对有误的信息已经做了恰当的修正，在此基础上进行的信息汇总，只要汇总质量可以保证，则最终的数据质量也是可以保证的。

二、市场调查信息审核的内容

（一）完整性审核

审核市场调查资料的完整性就是检查应报送的单位有无遗漏，报送的资料是否齐全。如果有遗漏，应及时查明原因加以补报。审核应该被调查的单位是否都已调查，问卷或调查表内的各项目是否都填写齐全。如果发现没有答案的问题，可能是被调查者不能回答或不愿回答，也可能是调查人员的疏忽所致，则应立即询问，填补空白问题。如果问卷中出现"不知道"的答案所占比重过大，就会影响调查资料的完整性，应采取适当措施处理并加以说明。

（二）准确性审核

准确性审核主要是看调查资料是否符合原设计的要求，资料所涉及的指标、计量单位、计算公式等是否与调查相匹配以及是否有效用。剔除不可靠的资料，使资料更加准确。调查资料还要清楚易懂，即如果所记录的回答字迹模糊，或者除调查员以外谁都不明白，则应返回问卷，让调查员校正或撰写清楚。

（三）协调性审核

协调性审核就是检查各调查资料之间是否连贯、是否前后一致、是否对立、是否有明显差异。例如，某被调查者在前面说她在前一天晚上看见某电视广告，后面又说自己前一天晚上没看电视。这就需要调查人员深入调查，探询原因，或剔除，或调整资料，使之真实、准确。

（四）及时性审核

及时性审核主要是看各被调查单位是否都按规定日期填写和送出，填写的资料是不是最新资料。现代市场的活动节奏愈来愈快，只有代表市场活动最新状态的市场信息才是使用价值最高的信息。切勿将失效、过时的信息引入决策中。此外，要剔除不必要的资料，把重要的资料筛选出来。

三、市场调查信息审核的主要方法

（一）经验判断

经验判断就是根据已有经验，判断数据的真实性、准确性。例如，如果被调查者的年龄填为 132 岁，根据经验判断，年龄填写肯定有误。又如，某小杂货店营业面积 300 m^2，根据经验，一个小商店这样的营业面积肯定与事实不符。

（二）逻辑检查

逻辑检查就是根据调查项目之间的内在联系和实际情况，分析标志、数据之间是否符合逻辑，各个项目之间有无相互矛盾的地方。例如，某被调查者的年龄填为 13 岁，而婚姻状况却填"已婚"，其中必有一项是错误的。又如某消费者前面说"不知道"某调味品，后面却说"每天都在使用"，显然前后矛盾。再比如"年龄 20 岁而工龄已经15 年"就属于明显的逻辑错误，要弄清情况，核准后予以纠正。

（三）计算审核

计算审核就是对数据资料的计算技术和有关指标之间的相互关系进行审查，主要看各数据在计算方法和计算结果上是否有误，数据的计量单位有无与规定不符的地方等。常用的计算检查方法有加总法、对比法、平衡法等。例如，在家庭的收支结构调查中，家庭总收入远小于总支出与储蓄之和，这种情况肯定是有错误的。

（四）抽样审查

抽样审查就是从全部调查资料中抽取一部分资料进行抽样检验，用以推断全部调查资料的准确程度，并修正调查结果的方法。

四、市场调查信息审核的基本步骤

市场调查信息审核的目的是甄别出符合研究要求的有效数据，剔除无效数据的干扰和影响，为进一步的整理分析打好基础，提高分析结果的准确性。以最常见的问卷调查的系统审核为例，审核的主要步骤是：

（1）先制定出审核的规则。

（2）根据审核规则将所有问卷分类：可以接受的有效问卷、明显要作废或不能接受的无效问卷、有问题问卷。将无效的或不能接受的问卷剔除。

无效问卷主要指以下几种：

①缺损的问卷，即有一页或多页丢失或无法辨认的问卷。

②回答不完全的问卷，即有相当多的问题没有填写答案或关键问题回答不全。

③答案基本没有什么变化的问卷。例如，在 7 级的态度量表中，不管是正向的看法还是反向的看法，被调查者的回答全是 4。

④被调查者没有理解问卷的内容而错答问题，或没有遵循访问要求回答问题。例如，要求跳答的问题没有按要求去做，单选题却选择多个答案等。

⑤在截止日期之后回收的问卷。

⑥由不符合调查对象要求的人填写的问卷。例如，在一项药品市场调查中，调查对象是患有某种疾病并曾经进行过治疗的人，因此没有患有此项疾病或患有此项疾病但没有治疗过的人填答的问卷都属于无效问卷。

⑦前后矛盾或有明显错误的问卷。例如，年龄为 20 岁，工龄为 30 年。

（3）处理有问题的问卷。

对于检查出来的无法令人满意的问卷，常用的处理方法为退回实地重新调查、视为缺失数据和放弃不用。

①退回实地重新调查。

该方法适用于规模较小、被调查者容易找到的情形。但是，调查时间、调查地点和调查方式可能发生变化，从而影响二次调查的数据结果。

②视为缺失数据。

一般是在无法退回问卷时，把不满意的答案作为缺失值来处理。这种方法主要适用于：A. 有不满意答案的问卷数较少；B. 整份问卷中不满意答案的比例很小；C. 有不满意答案的变量不是关键变量。

③放弃不用。

该方法就是将包含不满意答案的整个问卷作废。这种方法主要适用于：A. 有不满意答案的问卷比例很小；B. 样本量很大；C. 对关键变量的回答是缺失的；D. 准备放弃的问卷中不满意答案的比例较大；E. 不满意的问卷与满意的问卷没有明显的差别。但是要注意，如果不满意的问卷与满意的问卷在整体上存在差异（比如被调查者在人口特征、关键变量等方面的分布存在显著差异），或者判断一份问卷是否满意存在主观性，简单放弃有不满意回答的问卷则可能会产生系统偏差。因此，如果调研者决定放弃一些问卷，则应当在报告中说明放弃的问卷数量以及判别这些问卷的程序。

第三节　市场调查资料的录入与整理

市场调查所得到的原始资料是杂乱无章的，这些资料使调查者无法观察到现象的本质，因此必须对这些原始资料进行加工整理，使现象的本质和规律清晰地呈现出来。不同的研究目的需要使用不同的数据整理方法，这些方法可以概括为以下几个方面的内容。

一、排序与分类汇总

（一）排序

排序是按照某个或某些指标的一定顺序对数据进行重新排列。一般来说，录入数据清单的数据是无序的，不能反映现象的本质与规律，为了使用方便，通常要将其进行排序以使数据按要求排列。

（二）分类汇总

分类汇总是按照某个排序指标，对其本身或其他指标进行计数、求和、求平均等汇总。

二、市场调查资料的统计分组

（一）统计分组的定义

市场调查资料的统计分组，就是根据调查目的和客观现象总体的内在特点，按照一定的标志，将调查总体划分为若干个性质不同但又有联系的组成部分的资料整理方法。

其目的就是把性质相同的单位合在一起，使得同质总体中的具有不同性质的单位分开，保持各组内资料的同质性和不同组之间资料的差异性。通过分组，能够突出组与组之间的差异而抽象掉组内各单位之间的差异，使数据变得条理化，便于进一步分析研究调查对象的数量表现与数量关系，进而正确认识调查对象的本质及其规律性。

（二）统计分组的作用

市场调查资料的整理是市场调查的继续，又是分析及预测的前提和基础；而整理的核心任务就是统计分组。所以，调查资料的统计分组在统计分析中占有重要地位，其基本作用主要有以下几个方面：

（1）可以划分市场现象的类型；

（2）可以揭示市场现象的内部结构和比例关系；

（3）可以分析现象之间的相互依存关系；

（4）可以反映事物的数量特征和发展规律。

（三）分组标志的选择

正确选择分组标志是资料分组成败的关键，也是调查研究获得正确结论的前提。在选择分组标志时须考虑以下三个方面的内容：

（1）根据调查目的选择分组标志。同一调查总体由于调查目的不同，采用的分组标志也不同。例如，对某地区所有消费者这一调查总体，根据调查目的的不同，可以分别采用性别、年龄或职业等标志作为分组标志。根据不同的调查目的，选择合适的分组标志，才能使分组资料更好地满足调查的需要。

（2）选择能够反映现象本质特征的分组标志。有时能够反映某一研究目的的标志有多个，应尽可能选取反映现象最具本质区别的关键性标志作为分组标志。譬如，研究居民购买能力，居民家庭人均收入水平就比居民工资水平更能反映居民购买能力的真实情况，是应该选取的关键性标志。

（3）结合现象所处的历史条件和经济状况，从多角度选择分组标志。事物都在不断地发展变化，在不同阶段表现出不同的性质和特征，分组时必须用动态的观点选择分组标志。这一点在研究历史资料、进行时间序列分析和预测中需要特别注意。例如，调查企业规模，过去一般以职工人数作为分组标志，随着机械化、自动化水平的提高，这种分类方法已经不科学，一般使用生产能力和固定资产作为分组标志。而调查乡镇企业的生产规模时，由于多是劳动密集型企业，生产的产品不固定，生产能力很难计算，因此，以职工人数作为分组标志简便易行。此外，在将调查资料与历史资料进行对比时，应注意可比性问题，必须选择与历史资料可比的分组标志。

需要指出的是，有些现象由于其复杂性，采用单个分组标志不能满足要求，必须采用两个或两个以上的分组标志。如对企业规模的划分，就需要采用资产总额和年销售额双重标志进行分组。有时，根据研究目的的不同和分析的需要，也需要选择两个或两个以上的分组标志。

（四）统计分组的原则

（1）科学性，突出组间差异，抽象组内差异。例如，对大学生月生活费支出情况进行分组研究，选择家庭收入水平、城乡、性别作为分组标志都可以从不同角度说明问题；但如果选择年龄作为分组标志，则不符合科学性原则。

（2）分组的组数应适当，以便能够真实反映数据的差异。组数太少，可能掩盖重要的信息；组数太多，又起不到分组的作用。

（3）完备性和互斥性。各组之间应是互相排斥的，且包含了所有的情形。在特定的分组标志下，总体中的任何一个单位只能归属于唯一的组，同时，全部分组必须容纳所有总体单位，不存在有任何一个单位找不到合适的组可归，即每个单位均能且只能归属于唯一的组。譬如，劳动者按文化程度分组，若只分为小学、中学和大学三组，则未上过小学的及大学以上文化程度的劳动者就无组可归。这种分组就未做到"穷尽"。把鞋分为男鞋、女鞋、童鞋三类，就不符合"互斥"原则，因为童鞋也有男鞋与女鞋之分。

三、频数分布与累计频数分布

（一）频数分布的概念

在资料分组的基础上，将总体的所有单位按组归类整理，并按一定顺序排列，形成总体中各个单位在各组间的分布，称为频数分布（也称次数分布）。分布在各组的总体单位数叫频数，又称次数；各组次数与总次数之比叫比率，又称频率。频数分布表可以表明各组间的单位数在总体中所出现的次数或所占比重，从而描述总体的内部结构，揭示总体中的关键因素与本质特征。频数分布是对资料分组结果的表达，是进一步统计分析的重要基础。

（二）累计频数分布

将变量数列各组的次数和比率依分组顺序逐组累计相加而成累计频数分布，它表明总体在某一标志值的某一水平以上或以下总共所包含的总体次数和比率。累计频数有向上累计和向下累计两种计算方法。

1. 向上累计

向上累计是将各组次数和比率，由变量值低的组向变量值高的组逐组累计。向上累计，表明各组上限以下总共所包含的总体次数和比率有多少。

2. 向下累计

向下累计是将各组次数和比率，由变量值高的组向变量值低的组逐组累计。向下累计，表明各组下限以上总共所包含的总体次数和比率有多少。

（三）变量频数分布的编制

定类数据按照其各个类别的含义进行汇总，计算出相应的频数和频率；定序数据进一步要求各分组按顺序排列，还可计算累积频数和累积频率；定距数据用一个变量值表示一个组（单项分组）或用变量值变动的一个区间表示一组（组距分组）。单项分组适用于离散型变量且变量的取值不多的情况，组距分组适用于连续型变量或虽为离散型变量但取值很多的情况。下面以组距分组为例说明变量频数分布的编制。

（1）排序，确定全距。

（2）确定组距和组数。

每个组的最大值为上限 L，最小值为下限 U，每个组的上限与下限间的距离称为组距 i。全部变量的最大值与最小值的距离称为全距 R。按一定组距分组的数目为组数 m（一般情况下可分 5～7 组）。可以先确定组数 $m=1+3.322\lg N$，再确定组距 $i=R/m$；也可先确定组距（5 或 10 的倍数），再确定组数。

注意：以上是假定现象的变动比较均衡，所以采取的是等距分组（每个组的组距都相等）。如果现象的变动不均衡，则宜采用异距分组。异距分组时，各组频数的分布受组距大小不同的影响，各组绝对频数的多少不能反映频数分布的实际状况，无法直接对比分析，需要用频数密度（频数密度＝频数/组距）来对比分析。

（3）确定组限和组中值。

①组限：每个组的区间端点数值称组限，小的端点称为下限，大的端点称为上限。

组距分组按照组限情况不同分为开口组和闭口组。既有上限又有下限的分组叫闭口组，有上限没下限或有下限没上限的分组叫开口组。有时为了避免出现空白组，同时又能使个别变量值离差较大的单位不至于无组可归，往往在首末两组使用"××以下"和"××以上"的不确定组限形式的开口组，如"60 分以下"和"90 分以上"。闭口组的组距＝上限－下限，开口组的组距＝相邻闭口组的组距。注意：这一原则只适用于确定开口组的组距，在实际汇总时，所有"60 分以下"的成绩都要归入这一组，不受组距限制。

组距分组按照各分组中组限是否重合分为间断组距分组和连续组距分组。间断组距分组的各组组限不重合，适合于离散型变量的数据分组。由于连续变量的数值是连续不断的，相邻两值之间可取无限数值，因此相邻组的组限必须重合，即连续型变量的数据分组必须采用连续组距分组。连续组距分组的各组组限重合，为满足"互斥原则"，就应遵循"上组限不在内"原则，即各组上限不包括在本组内，把到达上限值的单位数计入下一组内。

②组中值。组距频数分布掩盖了分布在各组内单位的实际变量值，为了反映分布在各组中个体单位变量值的一般水平，往往用组中值作为各组变量值的代表值。组中值是各组的中点数值。计算公式为：

$$闭口组组中值＝（上限＋下限）÷2$$

用组中值来代表组内变量值的一般水平有一个假定的前提：各单位的变量值在本组内呈均匀分布或在组中值两侧呈对称分布。一般情况下完全具备这一前提是不可能的，但在划分各组组限时，必须考虑使各组内变量值的分布尽可能满足这一要求，以减少用组中值代表各组变量值一般水平时所造成的误差。

对"开口组"的组距和组中值的确定，一般是以相邻组的组距为准计算的。

$$缺下限的开口组组中值＝上限－相邻组组距÷2$$
$$缺上限的开口组组中值＝下限＋相邻组组距÷2$$

（4）计算各组的频数和频率，最后的结果用次数分布表显示。

【例 4－1】某保险公司 40 名营销人员月销售额（万元）如下，编制次数分布表。

65	72	66	57	90	86	83	68	75	76
84	66	59	67	70	79	51	81	54	78
78	86	94	64	77	74	76	96	62	84
98	85	71	93	84	65	72	89	75	88

第一步，排序并确定全距。先将 40 个数据从低到高排列，找出最大值 98 和最小值 51，这个数列的全距为 47。

51	54	57	59	62	64	65	65	66	66
67	68	70	71	72	72	74	75	75	76
76	77	78	78	79	81	83	84	84	84
85	86	86	88	89	90	93	94	96	98

第二步，根据经验规则确定组距为 10，再根据组数与组距的关系确定组数为 5 组。

第三步，根据所定组数和组距，确定组限。第一组下限定为 50，上限则为 60；第二组下限就是第一组上限，第二组上限为 70；依此类推，第五组下限是 90，其上限则为 100。

第四步，进行汇总整理，即将各个变量值归入相应的组中。比如 94 归入第五组（90～100），83 归入第四组（80～90），依此类推。最后的结果用次数分布表显示，如表 4-1 所示。

表 4-1 某保险公司营销人员月销售额分组表

日产零件数量（件）	工人数（人）	比重（％）
50～60	4	10.0
60～70	8	20.0
70～80	13	32.5
80～90	10	25.0
90～100	5	12.5
合计	40	100.0

第五步，将汇总整理结果用适当的图形加以描述。对变量数列一般采用直方图形式表示。

四、绘制统计图表

（一）统计表

统计表是统计分析的重要工具，不仅能更清楚地、有条理地显示数据资料，并能直观反映统计分布特征。

从外表形式上看，统计表包括总标题（统计表名称，简要说明全表的基本内容）、横行标题（各组名称，表示统计研究的对象）、纵栏标题、数字资料四个部分。从内容上看，又可分为主词和宾词两部分。统计表中被说明的事物（统计研究的对象）称为统计表的主词，置于表的左侧。统计表中用来说明主词的统计指标（纵栏标题连同数字资料）称为统计表的宾词，置于表的右侧，如图 4-1 所示。

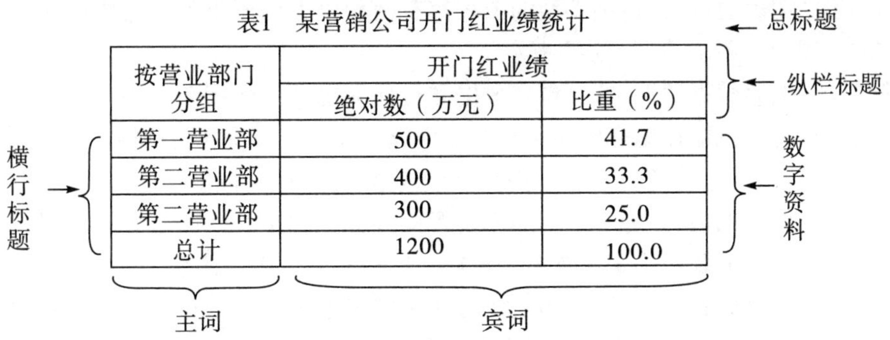

表1　某营销公司开门红业绩统计

图 4-1　统计表的结构

统计表的设计应尽可能做到简洁、明确、实用，便于使用者进行比较、分析及阅读。设计时应遵循以下规则：

（1）统计表的各类标题应简明扼要，并确切反映与概括资料的主要内容及所属时间和空间。

（2）纵横各栏的排列要特别注意表述资料的逻辑性。主词各行和宾词各栏，一般先列各个项目，后列总体。若无必要列出全部项目时，就先列总体，后列其中一部分重要项目，并且内容不宜罗列太多和过于庞杂。

（3）表中数字填写要整齐，上下位数要对齐，同一纵栏中有效位数要一致。如遇相同数字必须全部重写，不能用"同上"或"同左"代替；某栏数字不存在或不需要填入时，用"——"表示；如遇暂时缺少的资料，留成空白；无法取得的资料，用"…"表示。

（4）表的栏目较多时，可编号说明其相互关系。一般主词栏用"甲、乙、丙"等文字标明，宾词栏用数字"1、2、3"等标明。

（5）当表中的指标计量单位都相同时，可在表的右上方标明。若有几个计量单位时，横行的计量单位可专设"计量单位"一栏；纵栏的计量单位可与纵栏标题写在一起，用小括号标明。

（6）统计表的表式为开口式，即表的左右两端不画线，上下两端通常用粗线或双线，其余为细线。表内如有两个或两个以上不同的内容，也要用粗线或双线隔开。

（7）统计表下方应附说明和注释，注明资料来源，必要时注明制表人、审表人及填表日期等。

（二）统计图

各种各样的统计图可以形象、直观地表明数据的分布形态与发展变化的趋势。Excel 提供"图表向导"工具，帮助创建适合于数据信息和分析目的的各种图表。

1. 绘制图表的基本步骤

（1）使用"图表向导"工具制作图表之前，选定数据所在的单元格，如果希望数据的行列标题显示在图表中，则选定区域还应包括含有标题的单元格。

（2）单击"插入"菜单中的"图表"选项，按照"图表向导"中 4 个步骤的指令进行操作。

第一步"图表类型":每种类型的图表都有两种以上的子类型,选中所需要的图形以及它的子图形,单击"下一步"按钮。

第二步"图表数据源":选定包含数据和行列标志的工作表单元格,即便工作表包含多个行列标志,也能在图表中显示它们。生成图表时,应将各行列标志包含到选定区域中。若预览图表看上去很合适,则表示所选数据区正确,单击"下一步"按钮。

第三步"图表选项":为选定的图表设置某些标准选项。修改这些设置时,随时查看预览图表可以帮助我们确定设置是否合适,单击"下一步"按钮。

第四步"图表位置":可以将图表放置在工作表上,或者单独置于一张新的图表工作表上,在这一步中,我们为图表工作表命名,或者选择现有工作表的名称,单击"完成"按钮。

2. 饼图与环形图

饼图也称圆形图,是用圆形及圆内扇形的面积来表示数值大小的图形,主要用于表示总体中各组成部分所占的比例,对于研究结构性问题十分有用,主要适用于定类数据。绘制饼图时,用总体中各组成部分所占的百分比乘以 $360°$ 来确定各个扇形的圆心角。

【例 4-2】某广告公司的最新一次问卷调查显示,对消费者购物有影响的媒体广告分别是:报纸广告占 13.61%,电视广告占 49.26%,购物场所的广告占 12.62%,广播占 2.48%,街头广告占 2.72%,其他占 12.38%,6.93% 的人购物不受广告的影响。试用饼图描述这一调查结果。

(1)打开 Excel 新文件后,输入数据并将该工作表命名为"媒体广告对购物的影响"。插入图表前首先选择图表源数据 A2:B8 单元格,如图 4-2 所示。

	A	B
1	媒体广告对购物的影响	
2	报纸	13.61%
3	电视	49.26%
4	购物场所广告	12.62%
5	广播	2.48%
6	街头广告	2.72%
7	其他	12.38%
8	没有影响	6.93%
9	总计	100.00%

图 4-2 "图表源数据"选择

(2)打开 Excel "插入"菜单,并单击"插入"菜单中的"图表"选项,Excel 会启动图表向导,弹出"插入图表"对话框,如图 4-3 所示。

图 4-3　插入图表对话框

（3）在"图表类型"中选择"饼图"，并在"子类型图表"中选择"三维饼图"，如图 4-4 所示。

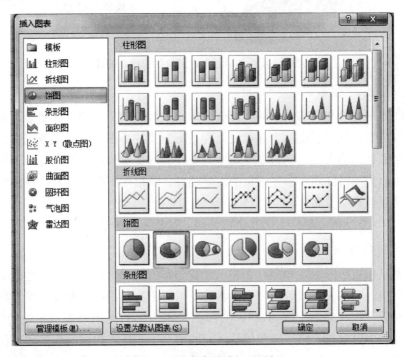

图 4-4　图表类型选择对话框

（4）单击"确定"按钮得到效果图，如图4-5所示。

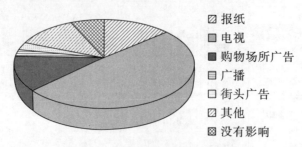

图4-5　媒体广告对购物的影响

环形图与圆形图类似，但又有区别。环形图由多个圆环组成，中间有一个"空洞"，每一个环表示一个总体，总体中的每一部分数据用环中的一段表示，适用于多个总体的结构比例对比研究，如图4-6所示。

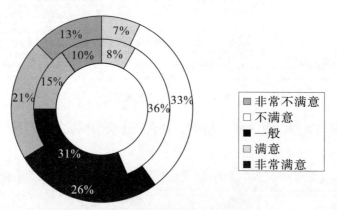

图4-6　甲、乙两城市家庭对住房状况的评价

3. 条形图与柱形图

条形图是用宽度相同的条形的高度或长短来表示频数分布的统计图形。条形图可以横置也可以纵置，纵置时也称为柱形图。在条形图或柱形图中，各长条或柱的宽度与各长条间的距离彼此均等，条的长度或高度与所代表的变量值成比例，可用于不同现象的比较，也可以采用时间顺序描述现象的发展趋势。条形图不仅可以表达频数分布，而且还可以表达累计频数分布。

Excel中，条形图的制作方法和饼图类似，这里不再赘述。

4. 直方图与折线图

直方图是用矩形的宽度和高度来表示频数分布的图形，在平面直角坐标中，以横轴表示数据分组，纵轴表示频数或频率，各分组以组距为宽，以频数或频率为高（异距分布中，以频数密度或频率密度为高）。实际上是用矩形的面积来表示各组的频数分布。在给定工作表中数据单元格区域和接收区间的情况下，计算数据的频数和累积频数。

直方图与条形图不同，条形图是用条形的长度（横置时）表示各类别频数的多少，其宽度（表示类别）则是固定的；直方图是用面积表示各组频数的多少，矩形的高度表示每一组的频数或频率密度，宽度则表示各组的组距，其高度与宽度均有意义；直方图的各矩形通常是连续排列，条形图则是分开排列；条形图主要用于展示分类数据，直方图则主要用于展示连续数值型数据。

折线图也称频数多边形图，是在直方图的基础上，把直方图顶部的中点（组中值）用直线连接起来，即得折线图。需要注意，折线图的两个终点要与横轴相交，具体的做法是将第一个矩形的顶部中点通过左竖边中点（即该组频数一半的位置）连接到横轴，最后一个矩形顶部中点与其右竖边中点连接到横轴。折线图可以反映频数的分布趋势。

第四节　市场调查信息的分析

调查资料是反映客观事物的，却不能直接显现一定的规律，需要进一步分析总结，寻找客观事物发展的规律。要达到调查研究的目的，探索事物的规律和本质，必须把定量分析与定性分析相结合。

一、统计分析

统计分析是指运用一定的数据处理技术对事物数量特征的分析，从量的方面分析事物之间的相互关系和相互作用，从而揭示出事物的特征及其规律性的分析方法。只有从数量方面认识客观事物的发生、发展、变化的性质和特征，才能真正达到对事物客观规律的掌握。

随着统计学的发展以及计算机的发展和广泛应用，统计分析方法也不断地发展。本节主要介绍常用的统计分析方法。

（一）集中趋势分析

集中趋势反映同质总体各单位某一数量在具体时间、地点、条件下达到的一般水平。对调查信息的集中趋势进行分析是准确描述总体数量特征的重要内容。常见的有平均数、众数、中位数等。

1. 平均数

平均数是数列中全部数据的一般水平，是数据规律性的一个基本特征值，反映了一些数据必然性的特点。利用平均数，可以将处在不同空间和不同时间的现象进行对比，反映现象一般水平的变化趋势或规律，分析现象间的相互关系等。

平均数包括算术平均数、调和平均数和几何平均数。

（1）算术平均数（均值）：用一组数据中所有值之和除以该组数据的个数，即总体标志总量除以总体单位总量所得的平均数，用符号 $\overline{X}$ 表示。

①简单算术平均数。依据未分组的原始数据，将总体各单位标志值简单加总求和，除以总体单位数，所得结果为简单算术平均数。设有 n 个数据：x_1，x_2，$\cdots$，x_n，则这 n 个数据的算术平均数为：

$$\overline{x} = \frac{x_1 + x_2 + \cdots + x_n}{n} = \frac{\sum x_i}{n}$$

【例 4-3】某民族服装公司 2012 年每月销售记录如表 4-2 所示。

表 4-2 某民族服装公司 2012 年每月销售记录   (单位：万元)

1月	2月	3月	4月	5月	6月	7月	8月	9月	10月	11月	12月
83	91	79	88	89	90	83	85	87	88	89	90

$$\bar{x} = \frac{83+91+79+88+89+90+83+85+87+88+89+90}{12} = 86.83（万元）$$

该民族服装公司 2012 年月平均销售额为 86.83 万元，表明了该公司 2012 年全年的平均销售水平，既可与上年进行比较分析，也能为下一年度的经营活动或销售计划制订等工作提供数据准备。

②加权算术平均数。原始数据经过分组，编成分配数列，将各组标志值（或组中值）乘以相应的各组单位数，求出各组标志总量，然后加总求得总体标志总量，再除以各组单位数之和（总体单位数），所得结果为加权算术平均数。其计算公式为：

$$\bar{x} = \frac{x_1 f_1 + x_2 f_2 + \cdots + x_n f_n}{f_1 + f_2 + \cdots + f_n} = \frac{\sum x_i f_i}{\sum f_i}$$

式中，f_i 为各组单位数（标志值出现的次数）。

加权算术平均数的大小，不仅取决于各组标志值 x 的大小，同时还取决于各组的频数 f。若总体中各组的标志值 x 一经确定，各组频数 f 的大小将对平均数的大小产生作用。频数较大组的标志值对平均数的影响大些；反之，频数较小组的标志值对平均数的影响则较小。由于各组频数的大小对各组标志值在计算平均数时的影响具有权衡轻重的作用，故将各组频数 f 称为权数。

A. 根据单项式变量数列计算。

【例 4-4】某市场部有职工 10 名，按工资标准分组，如表 4-3 所示，试计算该市场部的职工平均工资。

表 4-3 某市场部职工工资及计算表

按工资标准分组 x_i（元）	各组职工人数 f_i（人）	各组工资额 $x_i f_i$（元）
5600	1	5600
6200	2	12400
7600	4	30400
8600	2	17200
9600	1	9600
合计	10	75200

$$\bar{x} = \frac{\sum xf}{\sum f} = \frac{5600 \times 1 + 6200 \times 2 + 7600 \times 4 + 8600 \times 2 + 9600 \times 3}{1 + 2 + 4 + 2 + 1} = 7520（元）$$

该市场部的职工平均工资为 7520 元。

B. 根据组距式变量数列计算。需先算出组距式数列各组的组中值，以各组组中值作为该组标志值的代表，再计算加权算术平均数。

【例 4-5】根据某电脑公司在各市场上销售量的分组数据（如表 4-4 所示），计算电脑销售量的均值。

表 4-4　某电脑公司在各市场上销售量的分组数据

按销售量分组（台）	组中值 x_i（台）	市场个数 f_i	各组销售量 $x_i f_i$（台）
140~150	145	4	580
150~160	155	9	1395
160~170	165	16	2640
170~180	175	27	4725
180~190	185	20	3700
190~200	195	17	3315
200~210	205	10	2050
210~220	215	8	1720
220~230	225	4	900
230~240	235	5	1175
合计	—	$\sum f_i = 120$	$\sum x_i f_i = 22200$

解：首先计算出各组的组中值，然后利用加权算术平均形式来计算职工平均销售量

$$\bar{x} = \frac{\sum x f_i}{\sum f_i} = \frac{22200}{120} = 185（台）$$

应该指出，以各组组中值作为该组标志值的代表具有一定的假定性，即假定各单位标志值在组内是均匀分布的，但实际上是不可能的。所以，用组中值计算出来的算术平均数总会存在一定的误差，组距越大，误差越大。如果是具有开口组的数列，一般假定用相邻组组距代替计算组中值，这样计算出来的算术平均数就更存在假定性，其结果只是一个接近实际平均数的近似值。

（2）调和平均数（倒数平均数）：各个变量值倒数的算术平均数的倒数。其与算术平均数的实际意义相同，只是掌握资料不同，缺乏总体单位数资料，而是已知各组标志总量。由于已知资料不同，调和平均数也有简单调和平均数和加权调和平均数两种。

【例 4-6】根据某出版社职工售书量（如表 4-5 所示）计算人均售书量。

表 4-5　某出版社职工售书量

按售书量分组 x_i（万册）	各组售书总量 m_i（万册）	各组职工人数 m_i/x_i（人）
800	6400	85
900	9000	10

按售书量分组 x_i（万册）	各组售书总量 m_i（万册）	各组职工人数 m_i/x_i（人）
1000	18000	18
1100	11000	10
1200	4800	4
合计	$\sum m_i = 49200$	$\sum \dfrac{m_i}{x_i} = \sum f_i = 50$

$$人均售书量\ \bar{x} = \frac{\sum m_i}{\sum \dfrac{m_i}{x_i}} = \frac{49200}{50} = 984（万册）$$

可以看出，调和平均数实质上是算术平均数的一种变形，只是计算形式上的不同，其经济内容是一致的，都是反映总体标志总量与总体单位总量的比值。

（3）几何平均数：n 个变量值乘积的 n 次方根。其适用于各标志值的连乘积等于总体标志总量的现象，常用于计算平均比率或平均速度。由于已知资料不同，几何平均也有简单几何平均和加权几何平均两种方法。简单几何平均公式为：

$$G = \sqrt[n]{X_1 X_2 \cdots X_n}$$

加权几何平均公式为：

$$G = \sqrt{x_1^{f_1} \cdot x_2^{f_2} \cdot \cdots \cdot x_n^{f_n}} = \sqrt[\sum f]{\prod x^f}$$

应用注意：

①变量值是相对数据，如比率或发展速度。

②变量值不得为 0 或负数。

③变量值的连乘积等于总比率或总速度。

【例 4-7】某产品有四道流水作业的加工工序。设某厂 5 月份四道工序的产品合格率分别为 90%、95%、92% 和 90%，求该厂产品的平均合格率。

解：由于四道工序为流水作业，故产品的总合格率为四道工序合格率的连乘积：90%×95%×92%×90%，符合几何平均法的应用条件。因此，该厂产品的平均合格率为：

$$G = \sqrt[n]{x_1 x_2 \cdots x_n} = \sqrt[4]{90\% \times 95\% \times 92\% \times 90\%}$$

【例 4-8】投资银行某笔投资的年利率是按复利计算的，若将过去 25 年的年利率资料整理为如表 4-6 所示的变量，求 25 年的平均利率。

表 4-6 投资年利率分组表

年利率（%）	本利率（%）	年数 f
3	103	1
4	104	4
8	108	8

年利率（%）	本利率（%）	年数 f
10	110	10
15	115	2
合计	—	25

用几何平均法求 25 年的平均本利率

$$G = \sqrt[25]{1.03^1 \times 1.04^4 \times 1.08^8 \times 1.10^{10} \times 1.15^2}$$

$$= \sqrt[25]{7.6504}$$

$$= 1.0848$$

$$= 108.48\%$$

即 25 年的平均年利率为 8.48%。

2. 众数

众数是指在一总体中出现次数最多的标志值，用符号 M_o 表示。众数属于位置平均数，不受标志值大小的影响，完全取决于标志值出现的次数，克服了平均数指标会受极端值影响的缺陷。

由众数的概念可以看出众数存在的条件：总体的单位数较多且各标志值的次数分布又有明显的集中趋势。如果总体单位数很少，即使次数分布较集中，计算出的众数意义也不大；如果总体单位数较多，但各单位标志值的次数分布比较均匀，在总体中无明显的集中趋势，则无所谓众数。有的数列只有一个众数，有的数列可能存在多个众数。

在市场调查得到的统计数据中，众数是能够反映大多数数据的代表值，可以在实际工作中抓住事物的主要问题，有针对性地解决问题。众数通过其频数的多少来反映研究总体频数分配的集中状况，在没有必要或不可能计算平均数时，可利用众数说明问题。众数与算术平均数结合分析，可使分析更全面。在市场调查实践中，只需掌握最普遍、最常见的标志值就能说明现象的某一水平时就用众数。

众数的确定：对于未分组资料和单项式数列，直接观察，次数最多的变量值即为众数。对于等距式组距数列，首先观察确定众数所在组，然后由下列公式近似计算：

$$M_o = L + \frac{\Delta_1}{\Delta_1 + \Delta_2} \times i \quad （下限公式）$$

$$M_o = U - \frac{\Delta_2}{\Delta_1 + \Delta_2} \times i \quad （上限公式）$$

式中，L 为众数组的下限，U 为众数组的上限，Δ_1 为众数组次数与前一组次数之差，Δ_2 为众数组次数与后一组次数之差，i 为众数组的组距。

对于异距分组数列，众数的位置不好确定。

【例 4-9】根据某地区的人均月收入调查数据（如表 4-7 所示）确定其众数。

表 4-7　某地区的人均月收入调查数据

收入组别	人均收入	频数（人）
1	2000 元以下	23
2	2000~4000 元	43
3	4000~6000 元	68
4	6000~8000 元	32
5	8000~10000 元	24
6	10000 元以上	10
合　计	—	200

其众数的近似值为：

$$M_o = L + \frac{\Delta_1}{(\Delta_1 + \Delta_2)} \times i$$

$$= 4000 + (68-43) \div [(68-43)+(68-32)] \times 2000$$

$$= 4819.67 （元）$$

3. 中位数

中位数是将各单位标志值按大小升序或者降序排列后位于中间位置的那个标志值，用 M_e 表示。在数列中，中位数把全部标志值分成两部分，一半标志值比它大，一半标志值比它小，而且两部分标志值的个数相等。

中位数的数值不受极端值的影响，也能表明总体标志值的集中趋势，代表现象的一般水平。对于分配不对称的数据，中位数比平均值更适合当集中趋势的代表值。对某些不具有数字特征或不能用数字测定的现象，可用中位数表示其一般水平。但是，当资料呈 U 形分布或有缺口时就失去了代表性。

中位数的确定：

（1）未分组数据的中位数。

将变量值按升序或降序排列，找中间位置的变量值。如果项数是奇数，则按 $(n+1)/2$ 的公式计算即得中位数的位置；如果项数是偶数，则取中间位置的两个数据的算术平均数作为中位数。

【例 4-10】某项对消费者每月去大型超市购物次数的调查，15 个被调查者每月去大型超市的次数按顺序排列是 0，1，1，2，3，3，3，3，3，4，4，4，4，5，5，则

$$中位数的位置 = \frac{15+1}{2} = 8$$

即排在第 8 位的消费者每月去大型超市购物次数为中位数，中位数为 3。

（2）单项数列的中位数。

计算各组的累计频数（向上累计或向下累计），根据累积频数 $\frac{\sum f}{2}$ 确定中位数的位置。

（3）组距数列的中位数。

向上累计时，用下限公式 $M_e = L + \dfrac{\dfrac{\sum f}{2} - S_{m-1}}{f_m} \times i$；

向下累计时，用上限公式 $M_e = U - \dfrac{\dfrac{\sum f}{2} - S_{m+1}}{f_m} \times i$。

式中，L 为中位数所在组的下限，U 为中位数所在组的上限，f_m 为中位数所在组的次数，i 为中位数所在组的组距，S_{m-1} 为中位数所在组下限以前各组的累计次数，S_{m+1} 为中位数所在组上限以后各组的累计次数。

【例 4-11】 某市职工家庭人均收入资料如表 4-8 所示，试计算中位数。

表 4-8 某市职工家庭人均收入

每人平均月收入（元）	职工户数（户）	职工户数累计	
		向上累计	向下累计
10~20	100	100	2130
20~30	300	400	2030
30~40	1200	1600	1730
40~50	200	1800	530
50~60	150	1950	330
60~70	100	2050	180
70~80	50	2100	80
80~90	30	2130	30
合计	2130		

解：根据表中资料可知中位数位置为 $\dfrac{\sum f}{2} = \dfrac{2130}{2} = 1065$。

说明中位数应当在累计次数为 1065 的组内，从表中可以看出，中位数在 30~40 元的组内。

用下限公式计算为：

$$M_e = L + \dfrac{\dfrac{\sum f}{2} - S_{m-1}}{f_m} \times i = 30 + \dfrac{1065 - 400}{1200} \times 10 = 35.54 \text{（元）}$$

用上限公式计算：

$$M_e = U - \dfrac{\dfrac{\sum f}{2} - S_{m+1}}{f_m} \times i = 40 - \dfrac{1065 - 530}{1200} \times 10 = 35.54 \text{（元）}$$

即中位数为 35.54 元。

（二）离中趋势分析

要全面深刻认识调查信息的规律性，在集中趋势分析之后，还需计算分析数据的离中趋势，以反映各单位标志值之间的差异程度。数据的离中程度越大，说明反映变量集中趋势的平均指标代表性越差；离中程度越小，说明平均指标代表性越强；两者成反比。如果离中程度等于零，说明所有变量值没有差异，平均数具有绝对的代表性。数据的离散程度通常由全距、标准差及标准差系数等反映。

1. 全距

全距也称极差，是总体各单位标志值的最大值与最小值之差，即数列中两个极端数值之差，一般用 R 表示。它只受最大值和最小值的影响，不能反映中间数据变化的影响，是一个粗略测量离散程度的指标。

$$全距(R)＝最大值－最小值$$

如果统计资料经过整理，并形成组距分布数列，则全距的近似值为：

$$全距(R)＝最高组的上限－最低组的下限$$

若存在开口组，则：

$$最高组的上限＝最高组的下限＋相邻组组距$$

$$最低组的下限＝最低组的上限－相邻组组距$$

一般而言，全距数值越小，反映变量值分布越集中，平均数的代表性越大；全距数值越大，反映变量值分布越分散，平均数的代表性越小。

2. 标准差

标准差也称均方差，是各变量值与其算术平均数的离差平方的算术平均数的算术平方根，用符号 σ 代表，表示各变量值对算术平均数的平均距离，是测定数据离散程度最重要的指标，其数值大小与平均数代表性的大小成反比。

（1）未分组数据采用简单平均法计算标准差。

$$\sigma = \sqrt{\frac{\sum (x_i \cdot \bar{x})^2}{n}}$$

（2）在分组情况下，采用加权平均法来计算标准差。

$$\sigma = \sqrt{\frac{\sum (x_i - \bar{x})^2 f_i}{\sum f_i}}$$

【例4-12】某广告公司职工工资状况如表4-9，计算职工工资的标准差。

表4-9 某企业职工工资标准差计算表

按日工资额分组（元）	组中值 x_i（元）	职工人数 f_i（人）	工资总额 $x_i f_i$	离差	离差平方	离差平方×权数
50～60	55	40	2200	−35	1225	49000
60～70	65	90	5850	−25	625	56250
70～80	75	200	15000	−15	225	45000

按日工资额分组（元）	组中值 x_i（元）	职工人数 f_i（人）	工资总额 $x_i f_i$	离差	离差平方	离差平方×权数
80～90	85	300	25500	−5	25	75000
90～100	95	550	52250	5	25	13750
100～110	105	360	27300	15	225	58500
110～120	115	60	6900	25	625	37500
合计	—	1500	135000	—	—	335000

解：先利用加权算术平均法计算职工平均工资：

$$\bar{x} = \frac{\sum x_i \cdot f_i}{\sum f_i} = \frac{135000}{1500} = 90 \text{（元）}$$

然后计算职工工资的标准差：

$$\sigma = \sqrt{\frac{\sum (x_i - \bar{x})^2 f_i}{\sum f_i}} = \sqrt{\frac{33500}{1500}} = 14.9 \text{（元）}$$

3. 标准差系数

标准差虽能反映变量值的离散程度，但用它来比较平均数的代表性是有限的，只有在平均数相等的条件下才能直接比较。因为标准差是用绝对数表示的，不仅受各单位标志值离散程度的影响，而且受不同数列平均水平的影响。为了比较不同水平的同类现象或不同现象平均数的代表性，就必须用平均数去除标准差，即标准差系数，以消除标准差受平均水平的影响。

标准差系数是标准差与算术平均数的比值，通常用百分数表示。其计算公式为：

$$V_\sigma = \frac{\sigma}{x} \times 100\%$$

【例4-13】有两组不同营销水平员工的月售书量（万册）资料：

甲：60，65，70，75，80

乙：2，5，7，9，12

可以计算得出：

$\bar{x}_甲 = 70$ 万册，$\sigma_甲 = 7.07$ 万册

$\bar{x}_乙 = 7$ 万册，$\sigma_乙 = 3.41$ 万册

若根据 $\sigma_甲 > \sigma_乙$ 而断言，甲组离散程度大于乙组，或乙组的平均数代表性高于甲组，都是不妥的。因为这两组的水平悬殊，应计算其标准差系数来比较。

$$V_{\sigma_甲} = \frac{\sigma_甲}{x} \times 100\% = \frac{7.07}{70} \times 100\% = 10.1\%$$

$$V_{\sigma_乙} = \frac{\sigma_乙}{x} \times 100\% = \frac{3.41}{7} \times 100\% = 48.7\%$$

结果表明，并非甲组离散程度大于乙组，而是乙组大于甲组，或者说，乙组的平均

月售书量的代表性低于甲组。

（三）常用统计分析软件

从数据录入工作开始，市场调查的后续工作就需要借助计算机软件帮助执行，它们的运用可大大提高数据处理与分析的效率。目前国际上流行的常用统计分析软件有Excel、SPSS、SAS等。

1. Excel

Excel是美国Microsoft公司开发的电子表格软件，不仅具有强大的电子表格处理功能，而且带有丰富的统计函数功能，可以进行数据计算、排序、检索、筛选、管理等数据处理；还具有自动绘制数据统计图表功能，带有一个包括描述统计和推断统计在内的统计数据分析方法的分析工具宏，通过菜单管理形式直接进行各种统计数据的处理分析，能用最直观的方式给出分析结果的统计量。

2. SPSS

SPSS社会科学统计软件包，由美国斯坦福大学的3名研究生于20世纪60年代末研制开发成功，广泛应用于自然科学、技术科学、社会科学的各个领域。

SPSS的基本功能包括数据管理、统计分析、图表分析、输出管理等。SPSS统计分析过程包括描述统计、均值比较、一般线性模型、相关分析、回归分析、对数线性模型、聚类分析、数据简化、生存分析、时间序列分析、多重响应等几大类，每类中又分好几个统计过程，而且每个过程中又允许用户选择不同的方法及参数。SPSS也有专门的绘图系统，可以根据数据绘制各种图形。

3. SAS

SAS统计分析系统是由北卡罗来纳大学的两位生物统计学研究生于1976年推出，用于决策支持的大型集成信息系统。SAS是目前世界上数据管理和统计分析功能最为强大的统计软件，被誉为国际上的标准软件系统，堪称统计软件界的巨无霸。SAS系统中提供的主要分析功能包括统计分析、经济计量分析、时间序列分析、决策分析、财务分析和全面质量管理工具等。

二、定性分析

（一）定性分析的意义

定性分析法是对构成事物"质"的方面的有关因素进行理论分析和科学阐述的一种方法。市场调查资料的定性分析并不是一个完全独立的阶段，它与统计分析有着密切的联系。

首先，定性分析是定量分析的基础和前提，对统计分析起指导作用。调查研究是探索事物的内在规律，定性分析是探索事物的内在本质，定量分析是本质的量的表现，所以只有表现质的量才是具有认识意义的量。定性分析之后才能明确分析的目的、具体要分析哪些项目。比如，对某项资料进行分组之前，就包含了大量的定性分析成分。

其次，定性分析是对定量分析结果的解读，因为统计资料和数据本身并不能告诉人们市场现象是什么，而对任何一组市场资料的解释方法都不止一个，定性分析的任务是对这些可能的解释，通过分析和检验，指出其特定的含义，揭示统计指标的意义，寻求市场现象的因果关系或相互联系的特点。仍以分组为例，某次分组后的结果并没有得到预期效果，或没有发现什么规律性，但这并不意味着该现象就没有规律性，应该换几种分组的方式检查一下。

再次，定性分析能够克服定量分析的局限性，有助于保证定量分析的科学性。许多社会经济现象和社会经济行为是无法完全用数理统计或概率论来加以科学解释的，所以要靠定性分析来弥补定量分析的不足。

最后，综合把握定量分析结果必须结合定性分析进行综合性的总体分析。不仅分析其本身的特征，而且分析研究对象对周围其他因素的影响，并估计有没有其他调查因素对研究因素的影响。

（二）定性分析的主要方法

对资料进行系统、全面和深入细致的科学分析，是调查研究活动中的一个重要环节，对资料进行定性分析是一个非常丰富、复杂的辩证思维的过程。下面介绍主要的几种定性分析方法。

1. 比较分析法

比较分析法是把两个或两类事物相对比以确定其异同的逻辑方法。存在于事物中的异同点是进行比较分析的客观基础。比较分析法一般从以下几方面进行。

（1）纵向比较。

纵向比较分析也叫动态分析，是通过对有关研究对象自身发展过程不同阶段的状况加以对照，确认对象与参照物之间的异同关系，从而把握现象本质。一般是对调查对象的历史各期数据进行分析。

（2）横向比较。

横向比较分析是对处于不同空间位置的两个事物进行对照，确认对象与参照物之间的异同关系，从而把握现象本质。

（3）类比比较。

类比比较分析是对两个具有某些相同属性的事物进行对照，确认两者在其他属性方面的不同点。

2. 头脑风暴法

头脑风暴法是一种相对简单的方法。它鼓励提出任何种类的分析意见，同时禁止对各种意见的任何批评。该方法可以创造性地发挥人的潜力，常被用到定性的决策会议中。

3. 归纳和演绎法

归纳和演绎法是各门科学中普遍使用的方法，也是经济研究分析中常用的方法。

所谓归纳就是从具体的、个别的现象中推导出一般性结论，归纳法的基本逻辑是，如果所有（或部分）被研究对象具有某种特征，那么就可以断定，所有的（或部分的）其他对象也具有这种特征。

所谓演绎法就是根据一般的理论或定律解释全部的研究结果或被证实和证伪的操作假设，即从一般的、抽象的原理下降到较为具体的、更接近实践经验层次的方法结论。

在分析研究中，归纳法和演绎法往往结合运用，并且很难说哪种方法在前，哪种方法在后。

4. 德尔菲法

德尔菲法是专家意见的集合，基本程序为：成立一个由专家组成的小组，成员之间互相不能沟通讨论；把相关的资料让每个成员进行不记名分析，然后进行统计分析，再把统计分析的结果反馈给每个成员，要求他们再次进行分析，接着再进行一次统计分析；不断反复进行，直到每个专家的意见基本固定，统计分析的结果与前一次统计分析的结果已经没有大的区别。

（三）定性分析的内容

定性分析的重点是揭示市场现象（即变量之间的相互关系），指出各种现象是如何联系的。

1. 相关关系

相关关系是指两个（或更多）变量之间存在着一种不确定的依存关系，即两个现象的变化是联系在一起的，现象 A 变化了，现象 B 或现象 C 等也同时发生变化。但相关关系并不要求分辨何种现象先变化，何种现象后变化，既可能是现象 A 先变，也可能是现象 B 先变。相关关系所强调的是，相关的方向和强度，即现象之间的变化是同一方向还是相反方向，两者之间变化的量是一一对应还是部分对应。例如，居民的月可支配收入与消费支出的关系是一种相关关系。研究这种关系，就可以通过控制某一方面的途径达到控制另一现象的目的。

2. 因果关系

因果关系是在相关关系的基础上，进一步指出哪个现象变化在先（即何者为起因），哪个现象变化在后（即何者为结果），并且要能够证明这种相关关系不是由其他现象引起的。为了更好地说明这种因果关系必须控制其他影响因素，即偏相关分析。

本章小结

从工作程序上看，资料整理具有承前启后的作用，是市场调查的收获阶段。在这个阶段，要对经过反复审查、核对、补充并验收合格后的调查信息进行资料录入、分类汇总和统计分析。

市场调查资料审核的内容包括完整性审核、准确性审核、协调性审核和及时性审核。审核的主要方法有经验判断、逻辑检查、计算审核和抽样审查。审核的基本步骤分为制定规则、接收核查（问卷分类）、编辑检查（采取相应处理措施）等三个阶段。

市场调查所得到的原始资料是杂乱无章的，这些资料使调查者无法观察到现象的本质，因此必须对这些原始资料进行加工整理，数据整理方法可以概括为：排序与分类汇总、统计分组、频数分布、绘制统计图表。

调查资料是反映客观事物的，却不能直接显现一定的规律，需要进一步结合定量分析与定性分析，探索事物的规律和本质。

集中趋势是指次数的分布趋向集中于一个分布的中心。其表现是次数分布中心附近的变量值的次数较多，而相距次数分布中心较远的变量值的次数较少。常用的集中趋势测定方法有算术平均数、调和平均数、几何平均数、中位数和众数等。

离中趋势是指在次数分布呈集中趋势的状态下，同时存在的偏离次数分布中心的趋势。常用的离中趋势测定方法主要有全距、标准差、标准差系数等。

定性分析是定量分析的基础和前提，能够克服定量分析的局限性，有助于保证定量分析的科学性。定性分析的方法主要有比较分析法、德尔菲法、归纳和演绎法等。

思考与练习

一、单项选择题

1. 在市场调查资料的整理工作中，资料整理（　　　）。

A. 只对原始资料进行整理　　　　B. 只对二手资料进行整理

C. 只对初级资料进行整理　　　　D. 主要对原始资料进行整理

2. 市场调查资料的分组是根据研究与分析的需要，将总体（　　）区分为若干部分。

A. 按品质标志　　　　　　　　B. 按数量标志

C. 按一定标志　　　　　　　　D. 按研究需要

3. 资料的分组，对总体而言（　　　）。

A. 是将总体区分为性质相同的若干部分

B. 是将总体区分为性质相异的若干部分

C. 是将总体单位区分为性质相同的若干部分

D. 是将不同总体划分为性质相异的若干部分

4. 市场调查资料的分组，对总体单位而言（　　　）。

A. 是将性质相同的单位归并在一起

B. 是将性质不同的单位归并在一起

C. 是将调查单位区分性质相同的若干部分

D. 是将标志表现不同的单位归并在一起

5. 市场调查资料分组的根本作用在于（　　　）。

A. 反映现象的内部结构　　　　B. 区分事物的本质

C. 划分现象的经济结构　　　　D. 研究现象的依存关系

6. 市场调查资料分组的核心问题是（　　　）。

A. 划分分组界限　　　　　　　B. 确定分组形式

C. 选择分组标志　　　　　　　D. 确定组限表示方法

7. 变量分配数列就是指（　　　）。

A. 各组组别依次排列而成的数列

B. 各组次数依次排列而成的数列

C. 各组频数和频率依次排列而成的数列

D. 各组组别与频教（或频率）依次排列而成的数列

8. 按某种标志分组的结果，表现为（　　）。

A. 组内同质性、组间同质性　　　B. 组内同质性、组间差异性

C. 组内差异性、组间同质性　　　D. 组内差异性、组间差异性

9. 简单分组和复合分组的区别在于（　　）。

A. 选择的分组标志的数量　　　　B. 分组数目的多少

C. 分组标志的属性　　　　　　　D. 分组标志具体表现的差异

10. 在全距一定的情况下（　　）。

A. 组距与组数成正比　　　　　　B. 组距与组数成反比

C. 组距与组数不成比例　　　　　D. 组距与组数应相等

11. 计算平均指标最常用的方法和最基本的形式是（　　）。

A. 中位数　　　B. 众数　　　C. 算术平均数　　　D. 调和平均数

12. 一组变量的最大值与最小值的差叫（　　）。

A. 全距　　　B. 标准差　　　C. 中位数　　　D. 离差

二、多项选择题

1. 市场调查资料整理的必要性在于（　　）。

A. 原始资料太复杂了

B. 原始资料太分散、太零碎且不系统

C. 原始资料难以描述总体数量特征

D. 原始资料只反映个体量的情况

E. 资料的整理起承上启下的作用

2. 工业企业在按经济类型分组的基础上，再按固定资产规模分组，这种分组是（　　）。

A. 简单分组　　　　　　　　　　B. 复合分组

C. 属于复合分组体系　　　　　　D. 属于平行分组体系

E. 先按品质标志分组再按数量标志分组

3. 市场调查资料分组的关键在于（　　）。

A. 选择分组标志　　　　　　　　B. 划分各组界限

C. 确定分组形式　　　　　　　　D. 确定组数与组距

E. 核心是分组标志的选择

4. 市场调查资料分组后形成的组（　　）。

A. 各组性质都相同

B. 同组单位所有的标志都一样

C. 同组单位在分组标志下表现为同质

D. 不同组的总体单位具有相异的性质

E. 具有组内同质性、组间差异性的特征

5. 影响次数分布的要素有（　　）。

A. 组距的大小　　　　　　　　　B. 全距的大小

C. 组数的多少　　　　　　D. 组中值的大小

E. 组限的表示方法

6. 下列的哪些分组是按品质标志分组？（　　）

A. 职工按性别分组　　　　B. 员工按年龄分组

C. 企业按隶属关系分组　　D. 人口按出生地分组

E. 产品质量按优良程度分组

7. 下列哪些分组是按数量标志分组？（　　）

A. 职工按年龄分组

B. 人口按受教育程度分组

C. 企业按税收任务完成百分比分组

D. 企业按资产规模分组

E. 汽车按排气量分组

8. 对连续变量（　　）。

A. 组距可相等亦可不等

B. 要采用组距式分组

C. 相邻组的组限必须重叠

D. 相邻组的组限必须间断

E. 组限以下限为起点，上限为极限

9. 在变量数列中（　　）。

A. 全距一定，组数与组距成反比

B. 各组频率之和等于 1 或 100%

C. 当总频数一定，频数与频率成反比

D. 频率越小，该组的标志值所起作用就越小

E. 频率越大，该组的标志值所起作用就越大

10. 统计资料的汇总前审核主要是审核（　　）。

A. 资料的完整性

B. 资料的系统性

C. 资料的全面性

D. 资料的准确性

E. 资料的及时性

11. 集中趋势分析的指标有（　　）。

A. 平均数　　　　　　　　B. 标准差

C. 中位数　　　　　　　　D. 标准差系数

E. 众数

三、判断题

1. 市场调查资料整理的中心工作，是对资料进行正确的统计分组。（　　）

2. 市场调查资料的分组，就是将总体单位分为若干个组。（　　）

3. 市场调查资料分组的关键，是划分各组界限。（　　）

4. 变量数列实质上是把调查单位总体按某一标志所分的组形成的数列。　　（　　）

5. 变量数列就是按数量标志分组的分配数列。　　（　　）

6. 离散型变量只能编制单项式数列。　　（　　）

7. 划分连续型变量组限时，相邻组的组限必须重叠，即最小组的上限应等于最大组的下限。　　（　　）

8. 逐级汇总不容易产生登记性误差。　　（　　）

9. 市场调查资料的整理，主要是对原始资料的整理。　　（　　）

10. 市场调查资料分组是根据研究与分析的需要，将总体按数量标志区分为若干组成部分。　　（　　）

11. 离散趋势最常用的统计量是众数。　　（　　）

12. 标准差是一组数据中各数值与算术平均数离差的平方和算术平均数的平方根。　　（　　）

13. 定量分析要比定性分析科学、精确。　　（　　）

四、计算分析题

1. 为确定企业今后零售网点建设的规模和布局，某企业对其 50 个零售网点的销售情况进行了抽查。资料如下（单位：万元）：

60 82 75 60 90 96 68 76 82 84 42 86 80 72 75 77 94 82 86 81

88 87 76 91 72 78 63 97 52 76 74 78 80 88 95 76 84 68 66 52

87 74 80 68 86 84 96 76 89 36

要求编制企业 50 个零售网点的汇总分析表，并作出直方图。

2. 某大学工商管理学院的学生被要求在完成其课程时填写课程评估调查表。下列为问题之一：与你已学习的其他课程相比，你现在完成的课程的综合质量怎样？一个有 60 个完成了市场调查与预测课程的学生的样本给出下列回答。为了有助于计算机处理调查结果，利用数值尺度 1＝差，2＝中等，3＝好，4＝非常好，5＝极好。

3 4 4 5 1 5 3 4 5 2 4 5 3 4 4

4 5 4 4 1 4 5 4 2 5 4 2 4 4 5

5 5 3 4 5 2 4 3 4 5 3 4 5 3 4

6 4 3 5 4 3 5 3 4 4 5 3 2 3 3

要求：构建汇总数据的频数分布，绘制汇总数据的条形图和饼形图，解释学生对课程的综合评估。

五、简答题

1. 市场调查资料审核的内容和方法有哪些？

2. 什么是统计分组？统计分组有什么作用？

六、案例分析

李小姐有一个小工厂，管理人员有李小姐及其 6 名亲戚，工作人员有 5 名领工、10 名工人和 1 名学徒。现需要增加 1 名新的工人。

小张应征而来，与李小姐交谈。李小姐说："我们这里的报酬不错，平均工资是每周 300 元。"小张工作几天后，找到李小姐说："你欺骗了我，我已经问过其他工人，没有一个人的工资超过每周 200 元，平均工资怎么可能是一周 300 元呢？"李小姐说："小张，平均工资是 300 元，不信，你看这张工资表。"

人员	李小姐	亲戚	领工	工人	学徒	合计
工资 x（元）	2200	250	220	200	100	—
人数 f（人）	1	6	5	10	1	23
F_x（元）	2200	1500	1100	2000	100	6900

请大家试分析以下问题：

（1）李小姐是否欺骗了小张？

（2）平均工资 300 元能否客观反映工人的平均收入？

（3）若不能，你认为应该用什么工资反映比较合适？

第五章 市场预测

"尿布大王"尼西奇公司的市场预测

日本"尿布大王"尼西奇公司早年通过人口普查资料找到了经营思路,并成功占领市场。日本每年要出生 250 万名左右的婴儿,这个数字给尼西奇公司董事长很大启发,每个婴儿每年即使只用两块尿布,就是 500 万块,更别说潜在的国际市场。于是,尼西奇公司转行专门生产尿布,不仅在日本国内市场占有很大份额,还远销世界 70 多个国家和地区,被誉为"尿布大王"。

信息就是财富,在市场经济条件下,企业只有重视市场信息,利用各种渠道掌握信息,并预见未来市场发展趋势,才能找准目标市场,做出科学决策。

第一节 市场预测概述

一、市场预测的含义

市场预测是企业决策的依据,做好市场预测有益于决策者提高市场预见能力和判断能力。市场预测越可靠,企业决策就越正确,经营管理越有效,创造财富也越多。

市场预测,就是在进行市场调查、掌握信息的基础上,对各种市场信息和调查资料进行分析研究,运用科学的预测方法,对未来市场的发展趋势进行分析、预计、测算和判断。市场预测包含了四个要素,即信息、方法、分析和判断。信息,是指对有关预测对象进行市场调查得到的情况和数据资料,包括过去的形态、变化趋势,以及相互关系的情况资料,它是市场预测的基础。方法,是指分析信息之间的相互关系,得到未来发展变化结果的科学预测分析方法。它不仅包括先进的数学计量方法,也包括在实践中积累起来的、有效的主观的经验和逻辑判断方法。分析,首先要分析预测结果是否符合经济理论和统计分析的条件,同时要对预测误差进行精确性分析,并对预测结果的可靠性进行评价。判断，是指对预测结果的采用与否，或对预测结果依据最新的经济动态所做的修正。它贯穿于市场预测活动的各个环节，是市场预测活动全过程中不可缺少的一环。

市场调查和市场预测既有联系又有区别。进行市场预测，必须首先做好市场调查，掌握大量有关的可靠信息，选用科学的方法，进行深入细致的分析研究，这样才能做出科学的预测。市场调查是市场预测的基础，市场预测是市场调查资料的深加工。有些技术和方法，既适用于市场调查，也适用于市场预测。但市场调查不等于市场预测。市场调查的对象一般是过去或现在存在的经营事件。调查的目的可以是为市场预测做准备，也可以是了解过去、总结经验、认识现在、肯定成绩和发现问题，而市场预测则是为了认识未来的市场商品供需发展趋势以及有关因素的变化情况。市场预测的对象是尚未形成的经济事件，因此，市场调查和市场预测既有相同之处，也有不同点。

二、市场预测的分类

市场预测可按不同标准进行分类，大体上可以分为以下几类。

（一）按时间长短不同，市场预测可分为短期预测、中期预测和长期预测

短期预测一般是指以日、周、旬、月、季为时间单位，对一个年度以内的市场需求前景进行预测，为制订月、季、年计划提供依据。因短期预测目标明确、资料齐全、不确定因素少、预测结果准确，所以市场预测中大量采用的是短期预测。

中期预测以年为时间单位，对 1 年到 5 年期间的市场前景进行预测，为企业的中期经营决策提供依据。中期预测由于不确定因素不是很多，数据资料较齐全，预测的准确性虽比短期预测稍差，但仍属较好之列。中期预测常用于市场潜力、价格变化、商品供求变动趋势等的预测。

长期预测以年为时间单位，一般是指 5 年或更长时间的市场预测，又称远景预测，是企业长期发展规划、产品开发研究计划、投资计划、生产能力扩充计划的依据。由于不确定因素多，且时间越长，不可控的因素越多，预测中难以全面把握和预计各种可能的变化因素，所以预测的精确度相对中期和短期预测而言要低。长期预测要通过中期预测和短期预测加以具体化并付诸实施。

三种预测之间具有相互联系。一般而言，长期预测为中期预测和短期预测提供方向和依据，中期预测是长期预测的具体化和短期预测的依据，短期预测则是在中期预测基础上的进一步具体化。

（二）按预测内容不同，市场预测分为单项商品预测、同类商品预测、分消费对象的商品预测和商品总量预测

单项商品预测是对某种品牌、质量、规格、款式、花色等具体商品市场需求的预测。单项商品预测是十分具体细微的。

同类商品预测是对某一类商品按其不同特征进行市场需求预测，比如对绿色食品需求进行预测等。商品分类及其特征选择可依生产经营管理具体信息要求来决定。一般按商品用途分类，如食品类、服装类、日用品类、家电类等。商品特征通常包括产地、原材料、质量等级等。

分消费对象的商品预测包括两种情况：一是按某一消费对象（如婴幼儿、大学生、中青年妇女等）需要的各种商品进行预测，二是按不同消费对象所需要的某种商品的花色式样、规格进行预测。如服装，不仅要按男女性别分别进行预测，还应按年龄及体型分别进行预测。

商品总量预测是对消费者所需要的各种商品总量及变动趋势进行预测，目的是为实现社会的供需平衡以及为调节供求关系决策提供依据。

（三）按预测方法的性质不同，市场预测分为定性预测和定量预测

定性预测是指基于对预测对象的调查，经过逻辑思维、判断和推理，对预测对象的未来发展进行估计和评价。常用的方法有：经验判断预测法、历史类比法、专家意见集合法及德尔菲法。

定性预测通常是在数据不足且难以获得，或没有必要去收集详细的数据时，凭借个人的经验、知识或集体的智慧和直观的材料，对事物的性质和规律进行预测，而不是依靠复杂的数学工具进行预测。

定量预测是根据历史数据，通过数学分析方法建立模型，对预测对象未来发展变化趋势进行量的分析和描述。定量预测方法常用的有：时间序列预测法、回归分析预测法、马尔柯夫预测法。

定量预测通常在原始数据比较充裕或数据来源多且稳定的情况下加以采用。实践中，应把定性预测和定量预测结合起来，相互补充，确保有较高的预测准确性。

三、市场预测的程序

市场预测实际上是通过研究预测对象的相关信息，找到预测对象的变化规律，并根据对未来条件的了解和分析，推测预测对象的未来状态。整个预测过程大致包括以下步骤：明确预测目标、收集信息资料、分析判断和建立预测模型、做出预测、评价修正预测、撰写市场预测报告。

（一）明确预测目标

进行市场预测，首先要根据预测对象、期限等要求确定预测目标。预测目标要准确、清楚和具体，预测工作才能做到有的放矢。具体来说，预测目标应明确预测的对象、内容、范围、要求、期限、参加的人员、编制预测计划等。

预测目标的确定要从具体的经营决策和经营管理的需要出发，紧密联系企业经营实际情况。要了解决策要求，并开展目标分析，将预测问题逐步明朗化，明确预测目标及研究的相关内容。

（二）收集信息资料

市场预测是建立在对大量历史资料和现实资料分析研究基础之上的对未来市场状况所做出的预见。没有充分的资料，就无法做出符合客观实际的分析、判断和推理，也就不可能做出科学预测。因此，应根据预测目标，通过市场调查去广泛、系统地收集所需

要的历史和现实资料。收集资料一定要注意广泛性、适用性。在市场预测中，一般可以利用各种调查方式获取第一手资料，也可以利用各种渠道获取第二手资料。市场预测所需资料包括两类：一类是关于预测对象本身的历史和现实资料，另一类是影响预测对象发展变化的各因素的历史和现实资料。在完成收集整理工作之后，就应对资料进行科学的分析，辨别不同因素对市场需求变化的影响以及它们之间的内在联系，从而找出市场发展变化的规律。

（三）分析判断和建立预测模型

对收集的资料进行分析判断和建立预测模型是市场预测的关键性步骤。分析判断，是对收集的资料进行综合分析，并经过判断、推理、概括，使感性认识上升为理性认识，由事物的现象深入事物的本质。在预测者做出分析判断后，通常要选择预测方法，建立预测模型，描述预测对象的基本演变规律。

预测者在充分掌握信息资料的基础上，怎样选择市场预测方法，建立市场预测模型成为重要的问题。预测方法选用是否适当将直接影响预测值的可靠性和精确性。市场预测方法多种多样，每种预测方法都有各自的特点和适应条件，应根据预测对象的特点，具体选定合适的预测方法，并尽可能对同一预测对象采用不同的预测方法，以便比较分析。

（四）做出预测

利用模型进行预测是市场预测的主要阶段。在选择预测方法、建立预测模型的基础上，初步掌握预测对象的发展规律，根据预测模型和对未来的了解及分析，输入有关资料和数据，推测（或计算）预测对象的可能水平和发展趋势，进而做出分析和评价，做出最终预测结论。

（五）评价修正预测

利用预测模型推算或计算的结果（预测值）只是初步预测结果。由于市场系统的复杂性和随机性，以及调查资料不全，或知识与经验的不足等，预测值和实际情况总是存在一定的误差。排除预测者主观判断方面的因素（市场资料的限制及预测方法的选用）不说，仅就预测本身而言，预测是立足于现在去推测未来，而未来会受各种因素影响而发生变化，一切处于动态发展之中，很难与实际完全吻合。市场预测者和应用市场预测结果的人都不能错误地认为，存在预测误差就是预测结果不准确，而应该具体分析预测误差是否合理。对预测误差很大的预测结果当然不能使用；而对于纯粹是由无法事先确定的随机因素引起的预测误差，只能想方设法将其控制在最小限度内，即控制在研究问题所允许的误差范围内。因此，对预测值应加以分析评价，判断评价预测值的合理性，最后确定预测结论。通常采用的分析评价办法有下面几种：

第一，根据常识、经验或相关理论，去检查、判断预测结果是否合理。

第二，计算预测误差，看看存在的误差有多大，是否超过预测要求。一般来说，预测误差指标值越小，说明市场预测精度越高，其下限并不做规定。预测误差值越大，说明预测精度越低，预测误差值大到一定水平，预测就失去了意义，即对预测误差要有上限规定。预测误差上限水平的确定，要根据市场预测的目的和市场预测对象的实际水平而定。

第三，分析正在形成的各种征兆、苗头反映的未来条件的变化，判断这些条件、影响因素的影响程度可能出现的变化。比如，有的影响因素影响程度可能由大变小，有的由小变大，有的还可能失去了影响，还有可能产生一些新的影响因素。所有这些变化，都可能导致预测目标未来出现新的发展趋势和发展速度。

第四，在条件允许的情况下，尽可能采用多种预测方法进行预测，然后综合评价各种预测结果的可信度，以提高预测的精确度。

由于影响市场的因素不断变化，会对市场的实际情况产生影响，因此，确定预测值后并非万事大吉，而要时刻关注市场各因素的变化。当市场现象和影响因素出现较大变化时，要及时修正预测值，甚至改换预测方法，从而使预测结果最大限度地符合市场实际，并为以后的预测积累经验和资料。

（六）撰写市场预测报告

市场预测报告是对整个预测工作的概括和总结，也是向报告使用者做出的汇报。市场预测报告应概括预测研究的主要活动过程，提出预测的目标，预测的对象，预测的内容、方法、时间和预测人员，主要资料和数据的来源，模型建立和模型的评价修正，等等。预测报告应力求简明，重点突出，便于企业经营管理者阅读和利用。

第二节　判断分析预测法

一、判断分析预测法概述

（一）判断分析预测法的含义

判断分析预测法，也称定性预测法，是预测人员通过预测对象外部和表象的直观感觉和了解，根据各种方法取得的市场资料，利用自己的实践经验和判断分析能力，对预测对象的未来发展变化趋势做出性质和程度上的估计和推测。其主要特点是利用直观材料，依靠个人经验的综合分析，对现象未来状况进行预测。

（二）判断分析预测法的适用性

判断分析预测法在市场调查中被广泛使用，特别适用于对预测对象的数据资料掌握不充分，或影响因素复杂难以用数字描述的情况，着重于对事物的发展趋势、方向和重大转折点进行预测。

与古老的直观预测法比较，判断分析预测法已经发生了质的飞跃，形成了一套完整的如何组织专家、充分利用专家的创造性思维进行预测的理论和方法体系，充分发挥专家的集体效应。实践中，常用的判断分析预测方法有对比类推法、主观概率预测法、专家意见集合法、德尔菲法等。

在具体应用中，为了使分析预测更为科学、准确，要特别加强以下三方面的工作：

（1）加强市场调查，努力掌握影响市场的各种因素的变化，保证主观判断符合实际；

（2）使定性分析定量化（以打分的方式做出定量估计），或者把定性分析与定量分析结合起来；

（3）运用多种判断分析方法对所作预测进行比较、印证，增强预测结果的科学性。

二、对比类推法

对比类推法是利用同类事物发展变化的相似性，把预测目标与已经发生的同类或相似的事物加以对比分析，将已经发生的同类或相似事物的发展变化规律类推到预测目标，以推断预测目标发展变化趋势和可能水平。依据类推目标，可以分为产品类推法、地区类推法、行业类推法和局部总体类推法。

（一）产品类推法

在市场中，有许多产品在功能、构造技术、材质等方面具有较大的相似性，因而这些产品的市场发展规律往往也会呈现某种相似性。人们可以利用产品之间的这种相似性进行类推。比如，市场上档次相近的化妆品，在功能、材质上有相似性，可能存在相似的发展规律。

（二）地区类推法

依据其他地区（或国家）曾经发生过的事件进行类推。这种推算方法是把所要预测的产品同国内外同类产品的发展过程或变动趋势相比较，找出某些类似的变化规律，用来推测目标的未来变化趋向。例如，发展中国家的体育发展过程与发达国家已经历的体育发展过程就有许多共同的规律性。

（三）行业类推法

这种对比类推往往用于新产品的开发预测，以相近行业的相近产品的发展变化情况，来类比某种新产品的发展方向和变化趋势。比如，由铁路技术类推航天技术。

（四）局部总体类推法

局部总体类推法是指以某一个企业的普查资料或某一个地区的抽样调查资料为基础，进行分析判断、预测和类推某一行业或整个市场的市场量。在市场预测中，由于主客观条件的限制，有时不可能或不必要进行全面普查，因此，运用局部普查资料或抽样调查资料，预测和类推全面或大范围的市场变化，就成为客观需要。

对比类推法具有极大的灵活性和广泛性，一般适用于开拓新产品市场，预测潜在购买力和需求量，预测产品生命周期和销售变化规律，比较适合中长期的市场预测。但须注意，类推结果存在非必然性，应该注意类推对象之间的差异性，特别是运用地区类推法推测时，要充分考虑不同地区政治、社会、文化、民族和生活方面的差异，并加以修正，这样才能使预测结果更接近实际。

三、主观概率预测法

（一）主观概率预测的概念及其特点

1. 主观概率的概念

主观概率是预测者对经验结果所作主观判断的度量，即可能性大小的确定，也是个人信念的度量。主观概率必须符合概率论的基本定理，即

$$0 \leqslant P(E_i) \leqslant 1，且 \sum P(E_i) = 1$$

式中，E 为实验样本的一次事件。

基本定理的含义是：

第一，所确定的概率必须大于或等于 0，而且小于或等于 1。

第二，经验判断所需全部事件中各个事件概率之和必须等于 1。

在市场预测中由于缺乏历史数据，难以按照"大数"规律来确定预测事件出现的客观概率，只能凭经验来判断事件的可能性；或者专家意见很不一致、难以协调时，也可结合主观概率法进行推断。

2. 主观概率的特点

主观概率是一种心理评价，判断中具有明显的主观性。对同一事件，不同人对其发生的概率判断是不同的，主观概率的测定因人而异，受人的心理影响较大。谁的判断更接近实际，主要取决于预测者的经验、知识水平和对预测对象的把握程度。

在实际中，主观概率与客观概率的区别是相对的，一方面因为任何主观概率总带有客观性，预测者的经验和其他活信息是市场客观情况的具体反映，因此不能把主观概率看成纯主观的东西。另一方面，任何客观概率在测定过程中也难免带有主观因素，因为实际工作中所取得的数据资料很难达到"大数"规律的要求。所以，在现实中，既无纯客观概率，又无纯主观概率。

3. 主观概率预测的含义

主观概率预测是预测者对预测事件发生的概率（即可能性大小）做出主观估计，或者说对事件变化动态的一种心理评价，然后计算它的平均值，以此作为预测事件结论的一种定性预测方法。

（二）主观概率预测的步骤

第一步，由若干个熟悉预测对象的人员组成一个预测小组，向小组人员提出预测项目和预测的期限要求，并尽可能地向他们提供有关资料。

第二步，小组人员根据预测要求，凭其个人经验和分析判断能力提出各自的预测方案，同时每个人说明其分析理由，并允许大家在经过充分讨论后，重新调整其预测方案，力求在方案中有质的分析，也有量的分析；有充分的定性分析，又有较准确的定量描述。在方案中要确定三个重点：①确定未来市场的可能状态；②确定各种可能状态出现的概率（主观概率）；③确定每种状态下市场销售可能达到的水平（状态值）。

第三步，预测组织者计算有关人员的预测方案的方案期望值，即各项主观概率与状

态值乘积之和。

第四步，将参与预测的有关人员分类，由于预测参加者对市场了解的程度以及经验等因素不同，因而每个人的预测结果对最终预测结果的影响作用有可能不同。所以要对每个参与预测的人员分别给予不同的权数表示这种差异，最后采用加权平均法获得最终结果。若给每个预测者以相同的权数，表示各预测者的预测结果的重要性相同，则最后结果可直接采用简单算术平均法获得，也可用中位数统计法获得结果。

第五步，确定最终预测值。

（三）主观概率预测法的应用

某企业为使下一年度的销售计划制订得更为科学，组织了一次销售预测，由总经理主持，参与预测的有销售部经理、市场部经理、信息部经理。他们根据市场销售的历史和现状，对预测期内经营情况及可能出现概率，分别提出估计值和概率，如表5-1所示。

表5-1　主观概率预测表　　　　　　（单位：万台）

预测人员	销售量估计值						预测期望值
	最高值	概率	最可能的销售量	概率	最低销售量	概率	
销售部经理	3500	0.2	2600	0.6	2200	0.2	2700
市场部经理	3300	0.1	2500	0.5	2000	0.4	2380
信息部经理	3000	0.3	2500	0.6	1900	0.1	2590
财务部经理	2800	0.2	2300	0.7	1800	0.1	2070

计算期望值＝最高估计值×概率＋最可能估计值×概率＋最低估计值×概率

如销售经理的期望值为：

$3500×0.2+2600×0.6+2200×0.2=2700$（万台）

从表5-1中可以看出每个人的每次概率均是大于0且小于1的，所有事件概率之和等于1。

采用简单算术平均法求出平均预测值：

$$\frac{2700+2380+2590+2070}{4}=2435（万台）$$

以平均预测值2435万台作为预测的结果。

用加权平均法求出加权平均值作为综合预测值。考虑到各位预测人员的地位、作用和权威性的不同，分别给予销售部经理和信息部经理较大的权数0.4，市场部经理和财务部经理权数0.1，则综合预测值为：

$$\frac{2700×0.4+2380×0.1+2590×0.4+2070×0.1}{0.4+0.1+0.4+0.1}=2561（万台）$$

主观概率预测法最明显的优点是可以集思广益，避免个人独立分析判断的片面性，但它同样也存在着不足。例如，有许多企业都把完成销售计划的情况作为考核销售人员业绩的主要依据，于是销售人员一般都希望尽量把计划压低，从而超计划部分可获得更多的奖励。这样在预测时，销售人员就不愿把那些有可能争取到的销售数据估计进去，最终结果是降低了销售预测的准确性。因此，在使用销售人员预测时，可采取一定的措施加以限制，如把预测结果同评定销售业绩分开。国外用得比较多的方法是用一个经验系数去修正每个销售人员的原预测结果，具体做法是统计每个销售人员的历年预测值与实际销售额的差距，并计算出这一差距的百分比（与实际销售额相比）作为调整系数，用调整系数来修正预测值。如某销售人员预测下一年度企业的销售额为 3000 万元，依据以往的资料分析，实际值总是比该销售员的预测值高 5％，因此预测的修正值为 3000 ×(1÷5％)＝3150（万元），最后由每个销售人员的预测修正值得到最终的销售预测值。

四、专家意见集合法

（一）专家意见集合法的含义

专家意见集合法是根据市场预测的目的和要求，聘请一些专家成立预测小组，提供一定的背景资料，通过会议的形式，请有关专家对预测对象未来的发展变化做出判断，在综合专家分析判断的基础上，对市场趋势做出量的推断。

（二）专家意见集合法的特点

专家意见集合法属于集体经验判断法的范畴，它与意见集合法的区别在于参加预测的均为与预测问题有关的专家。它的优点是由专家做出的判断和估计具有更高的准确性，同时，这种方法本身可以使与会专家能畅所欲言，自由辩论，充分讨论，集思广益，从而提高预测的准确性和可靠性。但是，应该注意这种方法也同样存在受专家个性和心理因素的影响或某些权威专家的意见左右的缺陷，同时受参加人数和讨论时间的限制，会影响预测的科学性和准确性，为此要注意专家的选择和操作技巧（控制"意见领袖"）。

（三）专家意见集合法的应用

1. 专家的选择

专家意见集合法的预测效果好坏，在很大程度上取决于选择的专家适当与否。专家选择要注意以下几点：

（1）专家要具有代表性。专家应来自与预测项目有关的各个方面，互相之间最好不认识，有较好的代表性。

（2）专家要具有丰富的知识和经验。专家应具有较高的学历、较长的相关工作经历、较丰富的相关工作经验、良好的联想思维能力和良好的个人表达能力。

（3）专家要具有一定的市场调研与预测方面的知识和经验。

（4）专家的人数要适当。适当的人数有利于与会者充分发表自己的意见，从各个不同的侧面对问题进行分析，最后得出比较一致的意见。经验表明，专家人数控制在 15 人以内比较恰当。

2. 预测组织者

采用专家意见集合法对会议组织者有较高的要求。首先，专家会议组织者最好是市场预测方面的专家，有较丰富的组织会议、提出问题和在辩论中引导的经验，熟悉专家会议的处理程序和方法。其次，组织者应善于应变，具有统筹全局的能力。组织者要有良好的驾驭会议的能力，善于引导会议沿着正确的轨道进行，但又不能取代专家或误导与会者的思路，不能限制与会者的意见发表，更不能任意下结论。再次，会议要精心组织，精心准备。为了使预测结果更准确，可以而且有必要对参加的专家提出具体的要求。会议开始，组织者的发言应能激起与会专家的心灵感应，促使参加者急于回答会议提出的问题，并能开阔参加者的思路。会议讨论中让专家充分发表意见，要有专人对各个专家的意见进行记录和整理。同时，要注意对专家的意见进行科学的归纳和总结，得出科学的结论。

3. 专家意见集合的具体方法

专家意见集合法的关键是要让各个专家能充分发表意见和预测值，为了实现这一目标，通常可以将直接头脑风暴法和质疑头脑风暴法相结合进行。

（1）直接头脑风暴法。

这是根据一定的规则，通过共同的讨论，鼓励专家独立思考，充分发表意见的一种集体评估的方法。

（2）质疑头脑风暴法。

这种方法是同时召开由两组专家参加的两个会议进行集体讨论，其中一个专家组会议按直接头脑风暴法提出设想，另一个专家组会议则对第一个专家组会议的各种设想质疑，通过质疑进行全面评估，直到没有问题可以质疑为止，使预测结果更符合实际。

五、德尔菲法

（一）德尔菲法的含义

德尔菲法又称专家小组法或专家意见征询法，是以匿名的方式，逐轮征求一组专家各自的预测意见，最后由主持者进行综合分析，确定市场预测值。该方法是市场预测方法中最重要、最有效的一种的判断分析预测方法。

（二）德尔菲法的特点

德尔菲法是在专家法及专家意见集合法的基础上建立起来的，通过对预测过程的掌控，克服了专家个人预测的局限性和专家意见集合法易受心理因素干扰的缺点。完善的德尔菲法应该具有以下几种特征。

1. 匿名性

在整个预测过程中，专家之间互不谋面，不发生横向联系，主持者与专家之间的联系采用书信方式，背靠背地分头征求意见。专家的预测意见也是以匿名的形式发表。这样做既可以使个人的意见得以充分发表，有利于提高整个预测的质量，又能避免专家会议法所存在的不足。这种匿名形式可以创造一个平等、自由的气氛，鼓励专家独立思考，消除顾虑和心理干扰，同时各位专家还可以根据情况的变化随时修正自己的意见，而不用顾及情面，减少了固执己见和无谓的争执。

2. 反馈性

专家征询法不是一次性作业,而是采取多次逐轮征求意见的方法,每一次征询专家的意见之后,预测主持者都要将该轮情况进行汇总、整理,作为反馈材料发给每一位专家。这一过程由意见征询—意见整理—整理结果反馈几个环节构成,直到意见趋于一致而调研终止。多次意见征询和信息反馈,使每位专家在这一过程中知道其他专家的意见是什么,并对以下问题做出解释:

(1)在本轮意见征询中自己对哪些问题的看法做了修改,并指出这样做的原因何在。

(2)在本轮意见征询中自己继续坚持的有哪些意见,并说明继续坚持的原因是什么。

(3)在本轮意见征询中自己赞同哪些意见以及赞同的原因等。

这样做的目的是,开阔每位专家对所研究问题的思路,同时又能掌握专家们持有某种意见、看法的原因,以便对专家的意见做出归纳整理。多次向专家反馈汇总意见,能够帮助专家修正考虑欠周全的判断,有助于提高预测结论的全面性和可靠性。

3. 综合性

综合性是指在对每一轮专家意见资料的归纳整理中采用一定的定量分析方法,以确定意见集中和分散的程度。常用的方法是四分位数法。中位数表示意见集中的趋势,而上、下四分位数则反映意见分散的程度。同时,对最后一轮专家意见运用适当的统计方法进行综合量化处理,从而提高预测的科学性和准确性。

(三)德尔菲法的预测步骤

德尔菲法的运用是一个完整的过程,它由三个阶段组成:准备阶段、实施阶段和预测结果处理阶段。每个阶段都有必须完成的工作目标和相应的具体工作。

1. 准备阶段

(1)成立预测工作小组。

由于德尔菲法采用书信方式,以函询为主,工作量大,必须成立工作小组。工作小组是预测的领导、组织者,也是预测的主持者,具体负责确定预测目标、准备背景资料、选定专家、设计征询表、对征询结果进行分析处理等工作。工作小组一般由企业的领导人员、调研预测部门的负责人和工作人员以及有关业务部门的负责人参加。预测工作小组的具体工作就是提出预测的总目标和需要实现这一目标的具体问题,请专家们进行回答。同时,准备和预测目标有关的国内外信息资料,及时发给专家,供他们研究参考。在实施前将专家所需要的背景资料收集齐全,及时提供,确保专家在充足的资料供应下对预测目标的未来做出更加准确的估计。

要有一位组织能力强、熟悉市场情况、掌握一定统计处理方法、有较强的汇总归纳能力的组织者。组织者须对整个预测过程进行策划,制作调查问卷,在反复征询意见中能够准确总结归纳、汇总处理各专家意见并及时反馈给专家。

(2)选择和邀请专家。

选择的专家是否合适是德尔菲法成败的关键。所选专家应当是对预测对象和预测问题有比较深入的了解和研究、具有专业知识和丰富经验、思维活跃、富有创造性和判断能力的人员。选择专家时具体还要注意以下几点。

一是自愿性。所有应邀参加专家小组的专家都应当是自愿的，不能用行政命令或其他有违专家意愿的方式强迫其参加。因为只有自愿参加，才能保证专家自始至终充分发挥其积极性、创造性和聪明才智。

二是广泛性。参加专家应具有广泛的代表性，选择面要广一些、层次分布要多一些，因为判断预测本身需要多方面的代表和多样化的知识面。为了保证专家广泛的代表性，要注意开拓专家的来源。可根据预测的要求，发动企业内部或外部进行自荐或推荐。可以是学者、企业内部各层次的管理者或工作在一线的富有经验、熟悉情况、精通业务的业务员或营销员。如公司某类主要产品年出口量预测的专家人选可以是公司销售部经理、市场部经理、驻进口国的公司代表、进口国销售代理等。入选的条件是熟悉业务，有使用非数学模型预测工作的经验，对市场预测有热情，有敏锐的分析判断能力、文字叙述能力。

三是控制预测人数。选定的专家人数要适度，人数过少，缺乏代表性；人数过多会给组织工作带来很多麻烦。专家人数多少没有一定之规，视预测目标自身的复杂性以及预测结果的精确性而定。此外，还要考虑到征询表的回收问题，所以专家小组人数可比实际需要的人数稍多一些。在市场预测时，一般以 10～30 人为宜。有的预测内容比较复杂，涉及面广，需要专家人数多的，则要对专家进行分组。

（3）拟定意见征询表。

专家意见征询表就是调研问卷，是专家判断、分析、回答问题的主要依据，也是进行德尔菲法预测的主要手段。首先需要说明预测的目的和任务，设计要简化。在设计每项提问时要做到概念准确，即所有专家对提问中涉及的概念有唯一的理解。向专家征询意见的调查表，除了按一般调查表要求外，特别注意提出的问题要简单明确而且数目不宜过多，并附有文字说明和回答注意事项，以便于专家回答。意见征询表中还需要提供一些已掌握的背景资料，供专家预测时参考。

制定意见征询表应遵循以下原则：

①问题要集中，要有针对性；问题要按等级排队，先易后难，先简单后复杂，先综合后局部；使各个事件构成一个整体。这样更容易引起专家回答问题的兴趣。

②调查单位和领导小组的意见不应强加于调查的意见之中，要防止出现诱导现象，否则会降低预测结果的可靠性。

③避免组合事件。如果一个事件包括两个方面，一方面是专家赞成的，另一方面却是专家不赞成的，专家就难以回答。

2. 实施阶段

准备工作完成后，即可进入逐轮征询意见阶段。这一阶段的工作目标是确保专家意见的整理归纳结果有较高的可靠性。具体工作是重复进行专家意见征询、意见归纳整理，再将整理结果反馈给每位专家并再次征询其意见。

第一轮专家意见征询。预测机构向每位专家寄发意见征询调研表和各种背景性资料，向专家们提出各项问题，规定回答的方式及寄返意见征询调研表的截止时间。当预测机构收齐全部调研表后对各种意见进行归纳（常用的办法是四分位数法），并确定准备再次向专家们征询的具体问题，制定下一轮意见征询调研表。

第二轮及以后几轮专家意见征询。预测机构将前一轮专家意见征询的整理结果反馈给每位专家，同时传送给专家们的还有这轮专家意见征询调研表、专家们提出的为保证这次意见质量要求而需要再提供给自己的各种背景性资料。调研机构在这轮意见征询中主要提出的问题是，对突出的不同意见，详细阐述自己的观点。在这之后的每轮专家意见征询中都将上一轮专家们达成一致的意见及其缘由、突出的不同意见和引起这种不同意见的各种缘由都转送给每位专家，专家们仔细分析上述信息后，慎重考虑做出回答。与此同时，调研机构在每轮专家意见征询前，都要详细了解每位专家在下一轮意见征询中需要自己提供哪些背景资料，并予以满足。这种对提供不同背景资料的需求，会随着意见征询的不断进行而逐渐减少。待专家们对所有提出的咨询问题都有统一的意见，就是有不同意见分歧也趋于明确后，专家意见征询调研工作即告结束。

3. 预测结果的处理阶段

调研机构对专家们在最后一轮的意见征询调研表中提出的看法进行综合，如果认为仅是存在不明显、可忽略的差别，可使用简单平均法对每位专家通过的估计结果进行综合；但若是相反，即认为每位专家在上述各方面存在明显的差异，就应先根据这种差异的大小程度确定相应的不同权数，再利用加权平均法来综合所有专家的估计结果，并在此基础上对既定预测目标进行预测。预测机构应对每位专家在地位、知识水平、预测经验、以往预测结果的准确度以及其对预测目标今后进展过程的影响力等方面，进行评价。

（四）德尔菲法在实际预测中的应用

某公司想计划经营一种新产品，现在市场上还没有相似产品出现，因此没有历史数据可以获得。但公司要对可能的销售量做出预测，以决定进货量。于是公司成立了专家小组，聘请业务经理、市场专家和销售人员等8位专家预测全年可能的销售量。

第一轮：①组织者发给专家调查表，请专家预测该产品最低、最可能、最高销售量。8位专家各自认真地分析了新产品的特点、用途和介绍，并对人们的消费能力和消费倾向进行了认真的调查，提出了个人判断。②组织者对专家预测数据汇总整理，结果如表5-2所示。

表5-2　对新产品销售预测第一轮统计表

预测销售量	专家1	专家2	专家3	专家4	专家5	专家6	专家7	专家8	平均数
最低销售量	500	200	400	750	100	300	250	260	345
最可能销售量	750	450	600	900	200	500	300	300	500
最高销售量	900	600	800	1500	350	750	750	500	725

第二轮：①组织者把第一轮8位专家对该产品销售量统计表邮寄给每位专家，请他们对第二轮所列的每个事件做出评价，并按最低、最可能、最高销售量再次做出预测，

并简要说明自己的预测理由。②组织者收到8位专家第二轮意见后，对专家意见做统计处理，汇总如表5-3所示。

表5-3 对新产品销售预测第二轮统计表

预测销售量	专家1	专家2	专家3	专家4	专家5	专家6	专家7	专家8	平均数
最低销售量	600	300	500	600	220	300	250	350	390
最可能销售量	750	500	700	750	400	500	400	400	550
最高销售量	900	650	800	1500	500	750	500	600	775

第三轮：①组织者把第二轮8位专家对该产品的销售量预测统计表再次寄给每位专家，请他们对第二轮所列的每个事件做出评价，并按最低、最可能、最高销售量再次做出预测，并简要说明自己的预测理由。②组织者根据专家们反馈回的信息进行整理统计，汇总如表5-4所示。

表5-4 对新产品销售预测第三轮统计表

预测销售量	专家1	专家2	专家3	专家4	专家5	专家6	专家7	专家8	平均数
最低销售量	550	400	500	500	300	300	400	370	415
最可能销售量	750	500	700	600	500	600	500	410	570
最高销售量	900	650	800	1250	600	750	600	610	770

第四轮：把上述统计资料再寄给8位专家，专家都反馈，不再修改原意见。

最终预测结果：最低平均销售量为415，最可能销售量为570，最高销售量为770。把专家意见汇报整理，形成预测报告，上报公司，以便公司对该产品明年的进货量做出决策。

通过上面的案例，对于德尔菲法可以作如下三点评价：

（1）在预测者对预测目标的变化规律或趋势缺乏了解或无法准确把握时，采用德尔菲法是明智的选择。因为此时来自专家们的看法、判断才是唯一可靠的。

（2）预测者如果可以确认参与此次预测的专家由于以往的预测结果被证实准确、有效，故而推定他们这次做出的预测也一定准确。同时对这种推定的成立应有足够的信心。

（3）对于预测目标，专家们的预测结果没有明显的不同。因为这种不同将导致预测最终结果具有很大的区间范围，降低预测结果的精度。

小案例：

预测明年公司应该招聘多少名采购员

日本东京的一家规模较大的全国性零售集团公司，在为寻找一种更为准确的预测明年公司应该招聘多少名采购员的方法而忙碌。公司普遍认为采购员是最为重要的工作岗位，最终一致认为用德尔菲法是最好的选择。

公司确定的专家有7人，他们分别来自公司各有关职能部门。确定采用五轮意见征询，每轮的间隔时间为一周。每轮发给专家的意见征询调研表都提出同一组问题："您在对我们为您提供的背景资料进行仔细分析后，认为明年公司需要增聘多少采购员？您得出上述判断是借助于哪些信息？借助的各种信息在您做出的判断中各自起什么作用？"

每轮意见征询中都将上一轮专家们的意见综合结果及不同意见的形成原因反馈给每位专家。公司的预测机构发现，专家们在每轮意见征询中索取的背景资料的种类在减少，如表5-5所示。

表5-5　各轮意见征询中专家索取的背景资料情况统计表

专家索取的资料类型	专家意见征询轮次					合计
	一	二	三	四	五	
预计明年的销售额	7					7
历年的采购员人数	7					7
采购员决策自动化程度计划	4	1				5
历年平均每个采购员的销售额	4	3				7
历年的零售商店数	4	2	1			7
计划新增零售商店数	2	3	1			6
历年零售商店的平均销售额	2		1			3
历年总销售量	2	1	1			4
公司历年的商品周转次数	1	1				2
合计	33	11	4	0	0	48

从表5-5中可见，在历次反馈预测中，每位专家都需要的资料有4种，即预计明年的销售额、历年的采购员人数、历年平均每个采购员的销售额及历年的零售商店数。此外，零售商店发展计划资料的需要量也不少。同时还可看出，前一轮预测对资料的需求量最大，第三轮以后就不再需要新资料了。

公司的预测机构对每一轮专家意见征询所得的专家对预测目标的估计都加以登记，编制相应的统计表，如表5-6所示。

表5-6　每轮专家对需要的采购员数量估计的统计表

专家意见征询轮次	专家							中位数	变动次数	全距
	A	B	C	D	E	F	G			
二	55	35	35	35	55	33	32	35	—	23
三	45	35	41	35	41	34	32	35	4	13
四	45	38	41	35	41	34	34	38	2	11
五	45	38	41	35	45	34	34	38	1	11
变动次数	1	1	1	0	2	1	—		7	

从表5-6中可见，专家预测的集中过程中，预测全距从23降到11，中位数从35

上升到 38。预测变动人数最多的是第三轮，7 人中有 4 人改变了原来的预测，这是第一次反馈四分位数全距和补充资料的影响所致。第四轮中反馈的全部参考资料的影响已经不大了，7 人中有 2 人改变了预测。有一位专家（D）始终没有改变他的预测。

公司预测机构同时还需关注专家们在每轮提出的对以前意见改变的原因，编制如表 5—7 所示的统计表。

表 5—7 专家变更预测原因统计

专家	二轮	三轮	四轮	五轮	变更预测的原因
A	55	45			再订货决定程序自动化的影响
C	33	41			有关发展计划的资料
E	55	41			再订货自动化程序的影响
F	33	34			新商店的发展计划
B	35	38			新商店的发展计划
G	32	34			发展资料
E	41	45	41	45	长期发展规模比原估计的大

从表 5—7 中可见，促使专家们提高预测的原因是公司的发展计划，而造成专家们降低预测的原因则是采购员再订货程序的自动化因素。

公司预测机构最后采用四分位数法，综合最后一轮的专家估计值（此时各位专家的估计值极差已经连续两轮保持为 11 人，故可视之为最后答案）做出最终预测为：明年需增聘采购员 38 人，误差区间范围是 34～45 人。预测者还可以采用其他预测方法对同一预测目标进行预测，若各种预测方法所得结果相差不太，便可认为这一预测结果可靠。

第三节 时间数列预测法

一、时间数列预测法概述

（一）时间数列预测法的含义

时间数列预测法，又称趋势预测法，是将历史资料和数据按时间顺序排成一系列，根据时间顺序所反映的经济现象的发展过程、方向和趋势，将时间序列外推或延伸，以预测经济现象未来可能达到的水平。

时间序列又称动态序列，是将某个市场变量的观测值，按时间先后顺序排列而成的数列。时间可以是天、周、月、季、年等。例如，商场按月计算销售额，国家按年来统计国民生产总值。

时间序列预测法依据事物发展的连续性规律，通过统计或建立数学模型，并进行趋势延伸，对预测对象的未来可能值做出定量预测。该方法将影响预测目标的一切因素都由"时间"综合起来描述，目的就是根据市场过去的变化趋势预测未来的发展，前提是假定事物的过去会同样延续到未来。

（二）编制时间序列应注意的几个问题

编制时间序列的目的在于，通过时间序列中各项指标的对比，说明客观现象的发展过程和规律性，因此编制时间序列必须注意以下问题：

（1）时间序列中各项指标数值所属的时间长短必须前后保持一致，否则就失去了时间上的可比性。

（2）时间序列中各项指标数值包括的地区范围、隶属关系范围等必须保持一致，即时间序列分析的总体范围大小应该一致，否则就失去了空间方面的可比性。

（3）时间序列中各项指标数值的计算内容、计算口径、计算方法和计量单位都必须一致，否则就失去了可比性。

时间序列反映的是某一客观现象随时间的发展变化，但这种变化是由众多因素共同作用的结果。不同因素的作用不同，时间序列的变动趋势也不完全相同。

（三）时间序列的基本变动趋势

时间序列中每个观察值的大小，实际上是影响客观现象变化的各种不同因素在同一时刻发生作用的综合结果。从这些影响因素发生作用的大小和方向变化的时间特性来看，这些因素造成的时间序列数据的变动分为四种类型。

1. 长期趋势变动（T）

在时间序列中，尽管各个数据在相等的时间间隔中呈现随机起伏的状态，但在一个较长的时期内，时间序列会持续稳定地沿着一个方向变化，呈现逐渐上升或逐渐下降的变动趋势，也可能表现为只围绕某一常数值平稳发展。如人口的出生率高于死亡率引起人口总量呈上升趋势，这个变化就是长期趋势变动。

2. 季节性变动（S）

季节性变动即时间序列受季节性因素（气候条件、风俗习惯、节假日等）影响而发生的在一定时间间隔重复出现的周期性变动，通常以一年为周期，也有的社会季节现象是以一日、一周、一月为周期。例如，我国每年春节所在月份里，商品零售额达到最大数量；冷饮销售最高峰出现在每年夏季。按日、周、月、季记录的时间序列常常反映季节的波动，在按年记录的时间序列中，季节性波动不会出现。

3. 循环变动（C）

循环变动也称周期变动，是指时间序列中所出现的周期在一年以上的周期性变动。这种变动虽有周期特征，但变动周期不固定，各周期长短和变动幅度的规律性较难把握。每一周期变动的幅度虽不同，但每一周期都呈现出盛衰起伏的现象，是涨落相间的波浪式发展变化。虽然时间序列具有长期的或升或降的变动趋势，但在一定时期内，时间数列会发生周期性的涨落起伏波动，通常这种波动是由经济发展的周期性引起的。此外，在时间序列中，影响周期变动的也可能是由于货币政策或政府政策的改变。

4. 不规则变动（I）

不规则变动也称随机变动，是指由意外的和偶然性因素引起的、突发的、无周期的随机波动。它的特点是发展趋向无规则，无法预知未来发展变化，包括以上三种变动以外的一切变动，例如战争、自然灾害、政治或社会动乱等所致的不规则变动。

客观现象的发展变化，都是上述四种因素的全部或部分变动影响的结果。因此，在运用时间序列进行分析预测时，应首先分析时间序列的变动特点，从实际出发，分解和测定影响因素，建立合适的数学模型进行预测。

二、简单平均值预测法

简单平均值预测法是通过计算一定时期内时间序列各期数值的平均数来确定未来时期预测值的一种简便的预测方法，适用于直线型变化趋势的时间序列，具体分为简单算术平均法、加权算术平均法和几何平均法。

（一）简单算术平均数法

简单算术平均数法就是将一定观测期内预测目标值进行简单平均，将其结果作为下期预测值。用公式表示为：

$$\bar{x} = \frac{x_1 + x_2 + \cdots + x_n}{n} = \frac{\sum x_i}{n}$$

【例5-1】某电动自行车厂2013年每月销售记录如表5-8所示，利用简单算术平均数法预测2014年1月电动自行车的销售量（分别按全年、下半年、第四季度预测）。

表5-8 某电动自行车厂2012年每月销售记录 （单位：万辆）

1月	2月	3月	4月	5月	6月	7月	8月	9月	10月	11月	12月
60	50.4	55	49.6	75	76.9	72	68	54.5	44	43.8	47

解：（1）根据全年的销售量进行预测

$$\bar{x} = \frac{60+50.4+55+49.6+75+76.9+72+68+54.5+4}{12} = 47.12（万辆）$$

（2）根据下半年的销售量进行预测

$$\bar{x} = \frac{72+68+54.5+44+43.8+47}{6} = 54.9（万辆）$$

（3）根据第四季度的销售量进行预测

$$\bar{x} = \frac{44+43.8+47}{3} = 44.9（万辆）$$

由此可以看出，由于观察期长短不同，得到的预测值也随之不同。故观察期的长短选择对预测结果很重要。为了提高预测值的相对精确度，一般当时间序列数据变化较小时，观察期可以短些；当时间序列变化较大时，观察期应长些。

简单算术平均数法简单易行，适合比较稳定的商品需求和生产预测。但这种平均数法不能充分反映出时间序列的季节变化，一般适用于对预测值精度要求不高的短期预测。

（二）加权算术平均数法

在时间序列预测过程中，各期的统计数据对预测值的重要性往往不同。而简单算术平均数法只反映一般的平均状态，不能体现重点数据的作用。加权算术平均数法通过对不同数据按其重要性乘以不同的权数，将这些相乘的结果相加求和除以各权数之和，以求得加权算术平均数，并以此来作为趋势预测值。其计算公式为：

$$\overline{x} = \frac{x_1 f_1 + x_2 f_2 + \cdots + x_n f_n}{f_1 + f_2 + \cdots + f_n} = \frac{\sum x_i f_i}{\sum f_i}$$

使用加权算术平均数法预测的关键是确定权数，而权数的确定完全是凭借预测者的个人经验来主观判断的。一般而言，离预测期越近的数据对预测值的影响就越大，应确定较大的权数；离预测期越远的数据对预测值的影响就越小，应确定较小的权数。当时间序列数据变动幅度较大时，为体现出各数据之间较大的差异，可以由远及近选取等比数列作为权数；当时间序列数据变动幅度较小时，数据之间的差异不大，可以由远及近选取等差数列作为权数。

【例5-2】 以**【例5-1】**资料为例，利用下半年数据，采用加权算术平均数法预测2014年1月的销售量。

解：各月销售量数据变动不大，因而取等差数列为权数，即7月至12月销售量权数依次取1，2，3，4，5，6，则2014年1月的销售量预测值为：

$$\overline{x} = \frac{\sum xf}{\sum f} = \frac{72 \times 1 + 68 \times 2 + 54.5 \times 3 + 44 \times 4 + 43.8 \times 5 + 47 \times 6}{1 + 2 + 3 + 4 + 5 + 6} = 52.43(万辆)$$

（三）几何平均数法

几何平均数法是把时间序列各观察值相乘，然后把乘积开 n 次方，所得的 n 次方根即为该 n 个观察值的几何平均数。

几何平均数法首先要计算出一定时期内预测目标时间序列的发展速度或逐期增长率，然后以此为依据进行预测。用公式表示为：

$$G = \sqrt[n]{x_1 x_2 \cdots x_n}$$

三、移动平均数法

移动平均数法是在简单平均数法的基础上发展起来的预测方法。它对时间序列观察值由远及近按一定跨越期进行平均，随着观察期的"逐期推移"，观察期内的数据也随之向前移动，每向前移动一期，就去掉最后面一期的数据，而新增继原来观察期之后的数据，以保证跨越期不变，然后逐个求出其算术平均数，并将预测期最近的那一个平均数作为预测值。

移动平均数法与简单平均数法虽然都以观察期内数据的平均数作为预测值，但是二者存在很大差别。简单平均数法将时间序列的总变动混合在一起，只反映了预测目标在观察期内的平均变化水平。而移动平均数法在预测时，随着观察期的增加，用于计算预测值平均的期数也随之增加。但事实上，当新增一个数据时，远离预测期的第一个数据的作用已经不大，可以不考虑。移动平均所得的数列修匀了时间序列，消除了时间序列历史数据随时间变化引起的不规则变动的影响，揭示出预测目标随时间的变化所表现出的长期变动趋势规律。因此，移动平均数法常用于修匀无明显趋势的时间序列，消除随机波动影响，揭示其变动趋势。

移动平均数法适合于既有趋势变动又有波动的时间序列。其准确度主要取决于平均期数或移动步长 n 的选择，在实际工作中根据经验和试验比较后选定。常用的移动平均数法有一次移动平均数法和二次移动平均数法，一次移动平均数法又可分为简单移动平均数法和加权移动平均数法。一般来说，一次移动平均法适用于预测目标的长期趋势基本平稳状态的情况。如果目标发展趋势存在较大波动，一次移动平均之后时间序列的长期趋势还不明显，就要在一次移动平均数列基础上再作二次移动平均。下面仅对一次移动平均数法作简单介绍。

（一）简单移动平均数法

简单移动平均数法是指时间序列按一定跨越期，移动计算观察数据的简单算术平均数，并将最后一个平均数作为下一期的预测值。其基本公式为：

$$M_t = \frac{X_{t-1} + X_{t-2} + \cdots + X_{t-n}}{n} = \frac{1}{n}\sum_{t-n}^{t-1} X_i$$

根据上面的简单移动平均公式还可以推出

$$M_t = M_1 + \frac{1}{n}(X_1 - X_{t-n})$$

因而，就可以比较方便地以本期预测值来推算下期的预测值。

【例 5-3】某市 2013—2022 年人均粮食需求量如表 5-9 所示，预测 2023 年人均粮食需求量。

表 5-9　某市 2013—2022 年人均粮食需求量和移动平均数计算表

年份	人均粮食需求量（千克）	3 期移动平均数	5 期移动平均数
2013	206	—	—
2014	214	—	—
2015	208	209.33	—
2016	220	214.00	—
2017	230	219.33	215.60
2018	212	220.67	216.80
2019	202	214.67	214.40
2020	210	208.00	214.80
2021	218	210.00	214.40
2022	206	211.33	209.60

所以，当 $n=3$ 时，2023 年预测值为 211.33 千克；当 $n=5$ 时，2023 年预测值为 209.60 千克。

实际预测中，考虑到预测精度，需要对不同跨越期移动平均得到的预测值进行误差分析，选取标准误差较小者。标准差为 $\frac{1}{n}\sqrt{\sum(X_i-M_i)^2}$，当 n=3 时，所得预测值的标准差为 11.40；当 n=5 时，所得预测值的标准差为 8.15。跨越期 n=5 时，移动平均所得的预测值标准差较小，所以预测值为 209.60 千克。

可以看出，移动平均值的波动幅度比实际观测值小，移动平均数数列的长期趋势比原时间序列明显，所以移动平均数数列能够修匀原时间序列，反映其长期变动趋势。只是这种反映程度取决于平均数跨越 n 值的选择，n 取较小值时，被平均的项数较少，预测结果比较灵敏，可以更好地观察分析数列的变化趋势，但修匀作用小；n 取较大值时，情况刚好相反。实际观测值波动较大时，n 取值大一些，可以更好地消除随机干扰；实际观测值波动较小时，n 取值小一些，可以增加灵敏度。所以 n 值的选择，一定要根据预测对象的特点和市场变化的具体情况来确定。

（二）加权移动平均法

加权移动平均法是对跨越期内不同重要程度的数据乘以不同的权数，将这些乘积之和除以各权数之和，求得加权移动平均数，并将其作为下一期的预测值。用公式表示为：

$$M_t=\frac{W_1X_{i-1}+W_2X_{t-2}+\cdots+W_nX_{i-n}}{W_1+W_2+\cdots+W_n}$$

为提高预测精度，加权移动平均也需要进行误差分析，以确定一个较理想的移动平均数。

四、直线模型法

假定预测目标随时间变化的规律近似一条直线，通过拟合直线方程描述直线的上升或下降趋势，以确定预测值。

如果时间序列的各个数据在一定时期内呈现持续上升或下降趋势，且各项变量逐期增减量大致相等，或绘制时间序列的散点图近似一条直线，可建立直线模型，并用最小二乘法进行预测。直线模型为 $\hat{y}=a+bt$，a 和 b 为待定常数，根据最小二乘法原理，可以通过数学计算确定 a 和 b 的值。

$$a=\frac{\sum y_i-b\sum t_i}{n}$$

$$b=\frac{n\sum t_iy_i-\sum t_i\sum y_1}{n\sum t^2-(\sum t)^2}$$

式中，t 为时间序列编号，为了简化计算，通常按 $\sum t_i=0$ 的原则编号。如 n 为奇数，可令中间一项的 $t=0$，前面的记为 -1，-2，-3，$\cdots$，后面的记为 1，2，3，$\cdots$；如 n 为偶数，可令中间两项分别为 -1 和 1，前面的记为 -1，-3，-5，$\cdots$，后面的记为 1，3，5，…；注意必须保证时间数列连续两项之间的时间间隔相等。a 和 b 的计算公式简化为：

$$a = \frac{\sum y_i}{n}$$

$$b = \frac{\sum t_i y_i}{\sum t_i^2}$$

求得 a 和 b 的值，代入直线方程即可得到预测直线模型，再将时间 t 延伸，代入预测直线模型，就可以推算出所需预测的值。

【例 5-4】表 5-10 是一家文化产业公司 2016—2022 年的总收入情况，试用直线模型法预测该公司 2023 年和 2024 年的总收入。

表 5-10　文化产业公司 2016—2022 年的总收入 　　　　（单位：百万元）

年份	总收入 y_t	时间序列编号 t_i	$y_t t_i$	t_i^2	$\hat{y}$
2016	2428	−3	−7284	9	2559.85
2017	2951	−2	−5902	4	2904.10
2018	3533	−1	−3533	1	3248.35
2019	3618	0	0	0	3592.60
2020	3616	1	3616	1	3936.85
2021	4264	2	8528	4	4281.10
2022	4738	3	14214	9	4625.35
合计	25148	0	9639	28	—

根据 $\sum t_i = 0$，计算可得 $a = 3592.57$，$b = 344.25$，则直线趋势方程为 $\hat{y}_t = 3592.57 + 344.25t$。

利用直线趋势方程可以预测 2023 年和 2024 年的总收入：$t = 4$ 时，$\hat{y}_t = 4969.57$ 百万元；$t = 5$ 时，$\hat{y}_t = 5313.82$ 百万元。

五、季节指数法

在市场经济中，许多经济现象由于受到自然因素、生产条件、风俗习惯等因素的影响，在一年内随着季节的变化而呈现出周期性的变动，如空调、服装、食品等销售情况随季节变动波动非常明显。

季节变动是影响时间序列波动的一个主要因素，进行季节变动分析有两个目的：一是通过分析了解季节因素的影响作用的大小，掌握季节变动的规律；二是通过季节变动分析消除时间序列中的季节波动，使时间序列更明显地反映趋势及其他因素的影响。

分析季节变动的主要方法是测定季节指数，先计算出预测目标在相应时间上的季节指数，再结合实际达到的水平，利用相应时间上季节指数推算未来特定时间的预测值。所谓季节指数是以相对数形式表现预测目标在相应时间上季节变动大小的统计指标，一般用百分比或系数表示。利用季节指数进行预测，一般要求时间序列的时间单位为月或季，并且至少掌握三年以上的按季或按月编制的时间数列，以减少偶然因素影响，确保预测的准确性。常用的测定方法有两种，即按月（季）简单平均法和移动平均剔除趋势法。

（一）按月（季）简单平均法

按月（季）简单平均法求季节指数是预测季节变动比较简单的方法，适用于不存在明显直线趋势和循环变动的时间数列，即预测目标观测数据每年呈现周期性波动，但波动幅度大体相同，波动曲线相对平稳，不存在明显上升或下降的趋势。

按月（季）简单平均法预测的步骤如下：

（1）将各年按月（季）排列的时间数列，按同月（季）编制表格。首先判断（绘制散点图）有无明显的季节性变动和长期发展趋势是否平稳。

（2）计算历年同月（季）的算术平均数，以消除同一时间上可能存在的偶然因素的影响。

（3）计算历年所有月（季）的总平均数，以消除数据中可能存在的趋势变动、偶然因素的综合影响。

（4）计算各月（季）的季节指数：

$$季节指数 = \frac{历年同月（季）平均数}{所有月（季）总平均数} \times 100\%$$

季节指数大于 100%，表明该月（季）是旺季，小于 100% 则为淡季。

（5）调整各月（季）的季节指数。从理论上讲，各月的季节指数之和为 12，但是计算机中出现的各种误差（如四舍五入）会使得季节指数之和小于或大于 12，应予以调整。

$$各月（季）调整指数 = \frac{理论季节指数之和}{实际季节指数之和} \times 各月实际季节指数$$

（6）计算预测值。

$$某月（季）的预测值 = 上月（季）实际值 \times \frac{预测月（季）的季节指数}{实际月（季）的季节指数}$$

【例 5-5】某商场某种商品从 2018—2022 年各季度销售额如表 5-11 所示，已知 2023 年 1 月份该商品的销售额为 18 万元，试预测 2023 年其他各季度的销售额。

表 5-11　某商场某商品近 5 年分季度的销售额　（单位：万元）

年份	一季度	二季度	三季度	四季度	合计
2018	5.00	7.00	13.00	18.00	43.00
2019	5.00	8.00	14.00	18.00	45.00
2020	6.00	10.00	16.00	22.00	54.00
2021	8.00	12.00	19.00	25.00	64.00
2022	15.00	17.00	20.00	28.00	80.00
合计	39.00	54.00	82.00	111.00	286.00

年份	一季度	二季度	三季度	四季度	合计
季平均	7.80	10.80	16.40	22.20	14.30
季节指数（％）	54.54	75.52	114.68	155.24	399.98
调整后的季节指数（％）	54.54	75.52	114.69	155.25	400.00

从表5-11明显看出，该商品销售额呈明显的季节波动，而且各年比较稳定，适合运用按月（季）简单平均法求季节指数。可以在表5-11中求得历年所有季平均、同季平均、季节指数及调整后的季节指数。由求得的季节指数可见，三、四季度为该商品的销售旺季，一、二季度为销售淡季。

利用季节指数进行预测：

2023年二季度销售额＝（75.52/54.54）×18＝24.92（万元）

2023年三季度销售额＝（114.69/75.52）×24.92＝37.84（万元）

2023年四季度销售额＝（155.25/114.69）×37.84＝51.23（万元）

另外，在年初编制下一年的全年销售计划，要预测各季度的销售额时也可以利用季节指数：

$$某季度预测值 = \frac{全年预测值}{400\%} \times 该季度季节指数$$

假如计划2023年全年销售额为98万元，预测2023年各季度销售额。

$$2023年一季度销售额 = \frac{98}{400\%} \times 54.54\% = 13.36（万元）$$

$$2023年二季度销售额 = \frac{98}{400\%} \times 75.52\% = 18.50（万元）$$

$$2023年三季度销售额 = \frac{98}{400\%} \times 114.69\% = 28.10（万元）$$

$$2013年四季度销售额 = \frac{98}{400\%} \times 155.25\% = 38.04（万元）$$

该商场可根据该商品季节变动的规律性，合理安排商品的购销存。

（二）移动平均趋势剔除法

移动平均趋势剔除法是先运用移动平均法剔除长期趋势影响再计算季节指数，进行季节变动预测，适合于含有长期趋势的时间数列的季节变动分析。移动平均趋势剔除法的预测步骤如下：

（1）消除季节因素影响，计算趋势值。一般按四个季度移动平均，既能消除长期趋势，又能消除不规则变动。修匀后的序列就是消除了随机变动长期趋势，但由于移动平均的时期数为偶数，所以计数位置列于两个季度之间，为了使移动平均数与相应的季度对应，需要将移动平均数进行中心化处理，再进行一次两项移动平均。

（2）剔除长期趋势，计算剔除趋势值（也叫趋势百分数）。用各季度的实际值除以同季度的趋势值，得到不含长期趋势影响的反映季节变动的剔除趋势值。

（3）根据剔除趋势值计算季节指数，得到比较正确地反映季节变动的季节指数。具体方法步骤同前面的按月（季）平均法，这里不再赘述。

（4）利用这一季节指数进行预测，求得预测值。具体方法步骤同前面的直线模型法，这里也不再赘述。

下面运用实例说明移动平均趋势剔除法的具体预测步骤。

【例 5-6】某企业 2021—2023 年各季度的销售额如表 5-12 所示，试用移动平均趋势剔除法计算各季节的季节指数，并预测 2024 年一季度至四季度销售额。

表 5-12 　某企业近三年分季度销售额及移动平均剔除趋势值计算表 　（单位：万元）

年份	季度	销售额	四季度移动平均数	趋势值	剔除趋势值（%）
2021	一	1088	—	—	
	二	628		—	
			1163	1181.0	128.70
	三	1520			
			1199	1207.0	117.32
	四	1416			
			1215	1231.0	100.08
2022	一	1232			
			1247	1266.0	54.66
	二	692			
			1285	1296.0	127.16
	三	1648			
			1307	1313.5	119.38
	四	1568			
			1320	1344.0	98.21
2023	一	1320			
			1368	1391.0	53.49
	二	744			
			1414	—	—
	三	1840		—	—
	四	1752	—	—	—

趋势值和剔除趋势值已经在表中计算得出，下面根据剔除趋势值计算季节指数，这样得到的季节指数已剔除了长期趋势的影响，因而比较精确，如表 5-13 所示。

表 5-13 　某商场某商品近 3 年分季度的销售剔除趋势值 　（单位：万元）

年份	一季度	二季度	三季度	四季度	合计
2021	—	—	128.70	117.32	
2022	100.80	54.66	127.16	119.38	—
2023	98.21	53.66	—	—	—
合计	198.29	108.15	255.86	236.70	—
季平均	99.15	54.08	127.93	118.35	399.51
季节指数（%）	99.27	54.15	128.08	118.50	400.00

理论上说，所有 4 个季度的季节指数之和应该为 4，但由于计算过程中小数点后的四舍五入，可能会引起误差，如果误差在 0.01 以内的，一般可忽略不计；否则，必须进行调整。调整的方法是先用 4 除以季节指数之和求得调整系数，再将各季度季节指数乘以调整系数，求得准确的各季度季节指数。

利用季节指数消除原时间序列的季节影响，并用最小二乘法对消除了季节影响的时间序列拟合直线趋势方程，进行预测。

（1）确定直线趋势方程。

令 2023 年第二季度为原点，即 $t=0$，可得 $a=1391.0$；直线斜率 b 则以最近四期趋势值的平均增量来计算，可得 $b=31.25$，则直线趋势方程为 $\hat{y}=1391.0+31.25t$。

（2）利用直线趋势方程计算预测 2024 年一季度至四季度的趋势值。

因为 2023 年第二季度为原点，即 $t=0$，则 2023 年第三、四季度的时间变量分别为 1，2，所以 2024 年一季度至四季度的时间变量分别为 3，4，5，6，因此 2024 年各季度趋势值分别为：

2024 年一季度趋势值＝$1391.0+31.25\times3=1484.75$（万元）

2024 年二季度趋势值＝$1391.0+31.25\times4=1516.00$（万元）

2024 年三季度趋势值＝$1391.0+31.25\times5=1547.25$（万元）

2024 年四季度趋势值＝$1391.0+31.25\times6=1578.50$（万元）

（3）利用季节指数加以修正，计算 2014 年一季度至四季度销售额的预测值。

2024 年一季度销售额预测值＝$1484.75\times99.27\%=1413.91$（万元）

2024 年二季度销售额预测值＝$1516.00\times54.15\%=820.91$（万元）

2024 年三季度销售额预测值＝$1547.25\times128.08\%=1981.72$（万元）

2024 年四季度销售额预测值＝$1578.50\times118.50\%=1870.52$（万元）

第四节　回归分析预测法

市场的发展与变化是由多种因素决定的，许多经济现象除了受时间变化的影响外，还可能受很多因素影响。这些因素之间存在着相互影响、相互依存的因果关系。例如，父母身高在子女身高上的遗传、收入与消费的关系等。回归分析法就是研究变量之间这种相互关系的一种定量预测方法。

回归分析预测法，是通过对预测对象和影响因素的统计整理和分析，找出它们之间的变化规律，将变化规律用数学模型表示出来，并利用数学模型进行预测。因此，建立变量之间有效的回归方程，是回归分析法的重要工作，预测结果的准确性主要取决于回归方程的科学性和有效性。对市场现象未来发展状况和水平进行预测时，如果能将影响市场预测对象的主要因素找到，并且能够取得其数据资料，就可以采用回归分析预测法进行预测。它是一种具体的、行之有效的、实用价值很高的常用市场预测方法。

回归分析预测法有多种类型，按自变量的个数分为一元回归分析预测法和多元回归分析预测法，按自变量和因变量之间是否存在线性关系分为线性回归预测法和非线性回归预测法。线性回归预测中变量之间的关系表现为直线型，非线性回归预测中变量之间的关系主要表现为曲线型。

一、回归分析预测法的具体步骤

（一）确定预测目标和影响因素

通常情况下，预测目标必定是因变量，研究者可根据具体研究的目的来确定。例如，以预计未来 5 年小家电需求为目的的市场预测，它的因变量就是未来 5 年小家电的需求量。而对于影响和制约预测目标的自变量的确定则相对较困难。

确定自变量，要使用多种定性和定量分析方法对影响预测目标的因素进行分析，预测者既要对历史资料和现实调查资料进行分析，又要根据自己的理论水平、专业知识和实践经验进行科学的分析，必要时还可以运用假设方法，先进行假设再进行检验，以确定主要的影响因素。

（二）进行相关分析

相关分析是对变量间的相关关系进行分析和研究。这一过程主要包括两个方面：一是确定变量间有无相关关系，这是相关分析也是回归分析的前提；二是确定相关关系的密切程度，这是相关分析的主要目的和主要内容。相关关系指的是变量间的不完全确定的依存关系，即一个变量虽然受到另一个变量的影响，但并不由这个变量完全确定。换句话说，当自变量取确定值时，因变量的对应值并不确定。相关关系是回归分析的前提，必须首先分析判断，可用散点图分析判断。相关关系的密切程度通常用相关系数来衡量，相关系数计算公式为：

$$r = \frac{\sum (x - \bar{x})(y - \bar{y})}{\sqrt{\sum (x - \bar{x})^2 \cdot \sum (y - \bar{y})^2}}$$

式中，r 为相关系数，x 为自变量的值，$\bar{x}$ 为自变量的平均值，y 为因变量的值，$\bar{y}$ 为因变量的平均值。

相关系数 $-1 \leqslant r \leqslant 1$，即 $|r| \leqslant 1$ 的值反映了变量 x 与 y 的相关程度和方向；当变量 x 与 y 呈线性相关时，$|r|$ 越接近 1，表明变量间的线性相关程度越高；$r > 0$ 越接近 0，表明变量间的线性相关程度越低。$r > 0$ 表明为正相关，$r < 0$ 表明为负相关。当变量间呈现较强的非线性相关时，相关系数 $|r|$ 值或趋近于 0，或很大，并不确定。

（三）建立回归分析预测模型

建立回归分析预测模型，就是建立回归方程，依据变量之间的相关关系，用恰当的数学表达式表示。线性回归方程一般表达式为：

$$y = a + b_1 x^1 + b_2 x^2 + \cdots + b_n x^n$$

当线性回归只有一个自变量与一个因变量时，称为一元线性回归或简单线性回归，也叫直线回归，回归方程为：

$$y = a + bx$$

其他形式的线性回归则称为多元线性回归。

当变量间呈非线性关系时，则需根据曲线的形状建立相应的非线性回归方程。

方程的参数通常使用最小平方法计算求得，然后代回方程用于预测。

（四）回归分析预测模型的检验

建立回归方程的根本目的在于预测，将方程用于预测之前需要检验回归方程的拟合优度和回归参数的显著性，只有通过了有关检验，回归方程方可用于经济预测。常用的检验方法有相关系数检验、F 检验、t 检验和 D—W 检验等。

（五）进行实际预测

运用通过检验的回归方程，将需要预测的自变量 x 代入方程并计算，即可得到所需要的预测值。

预测通常有两种情况：一种是点预测，就是所求的预测值为一个数值；另一种是区间预测，所求的预测值有一个数值范围。通常用正态分布的原理测算其估计标志误差，求得预测值的置信区间。

二、一元线性回归分析预测法

当影响市场变化的众多因素中有一个最基本并起到决定性作用的因素，且自变量与因变量的分布呈线性趋势，就可以运用一元线性回归分析预测法进行预测。一元线性回归方程为：

$$y = a + bx$$

式中，y 为因变量。x 为自变量。a，b 为待定参数；b 又称为回归参数，表示当 x 每增加一个单位时，y 平均增加的数量；两者可用最小平方法确定。

下面通过例题，具体说明该方法的使用。

【例 5—7】根据经验，企业的商品销售额与广告费用支出之间具有相关关系。某企业 2011 年到 2020 年的商品销售额和广告费用支出资料如表 5—14 所示。该企业预计 2021 年的广告费支出为 35 万元，要求在 95% 的概率下预测当年商品销售额。

表 5—14　某企业商品销售额与广告费支出

年份	广告费 x（万元）	销售额 y（百万元）	xy	x^2	y^2
2011	4	7	28	16	49
2012	7	12	84	49	144
2013	9	17	153	81	289
2014	12	20	240	144	400
2015	14	23	332	196	529
2016	17	26	442	289	676
2017	20	29	580	400	841
2018	22	32	704	484	1024
2019	25	35	875	625	1225
2020	27	40	1080	729	1600
合计	157	241	4508	3013	6777

第一，进行相关分析。

在直角坐标系下将广告费支出和商品销售额的数据标出，画出散点图，可以发现呈现直线趋势。可以判定二者为一元线性关系。

第二，建立回归方程。

回归方程为 $y = a + bx$，其中关键是求参数 a 与 b 的值。根据表 5-14 中资料，利用最小平方法可以求出 a 与 b 的值。

$$b = \frac{n\sum xy - \sum x \sum y}{n\sum x^2 - (\sum x)^2} = \frac{10 \times 4508 - 157 \times 241}{10 \times 3013 - 157^2} = 1.321$$

$$a = \frac{\sum y - b\sum x}{n} = \frac{241}{10} - 1.321 \times \frac{157}{10} = 3.36$$

所求回归方程为

$$y = 3.36 + 1.321x$$

第三，进行检验。计算相关系数 r

$$r = \frac{n\sum xy - \sum x \sum y}{\sqrt{n\sum x^2 - (\sum x)^2}\sqrt{n\sum y^2 - (\sum y)^2}}$$

$$= \frac{10 \times 4508 - 157 \times 241}{\sqrt{10 \times 3013 - 157^2} \times \sqrt{10 \times 6777 - 241^2}}$$

$$= 0.9994$$

因为 $r > r_0$，说明广告费与商品销售额存在很强的正相关关系。

第四，进行实际预测。2021 年的广告费预计支出 35 万元，将其代入方程，得该企业 2021 年的商品销售额为

$$y = 3.36 + 1.321 \times 35 = 49.595 \text{（百万元）}$$

本章小结

本章介绍了市场预测的含义、分类和一般程序及常用的预测方法。

市场预测是企业决策的依据，做好市场预测有益于决策者提高市场预见能力和判断能力。市场调查是市场预测的基础，市场预测是调查活动的延续，是在进行市场调查、掌握信息的基础上，对各种市场信息和调查资料进行分析研究，运用科学的预测方法，对未来市场的发展趋势进行分析、预计、测算和判断。市场预测大致需要以下步骤：确定预测目标，收集分析资料，并依靠一定的数学模型或预测方法进行分析、评价、确定预测值。

市场预测按时间长短不同分为短期预测、中期预测和长期预测，按预测内容不同分为单项商品预测、同类商品预测、分消费对象的商品预测和商品总量预测，按预测方法的性质不同分为定性预测和定量预测。

如果资料缺乏或数据变化较大时，适宜采用定性预测法，常用的定性预测法有主观概率法、专家意见集合法和德尔菲法。主观概率预测是预测者对预测事件发生的概率做出主观估计，然后计算它的平均值，以此作为预测事件结论的一种定性预测方法。专家

意见集合法是根据市场预测的目的和要求，选择一组经过挑选的有关专家，并提供一定的背景资料，通过会议的形式对预测对象及其前景进行评价。在综合专家分析判断的基础上，对市场趋势做出量的推断。通常可以采用直接头脑风暴法和质疑头脑风暴法相结合进行。德尔菲法是以匿名的方式，逐轮征求专家各自的预测意见，最后由主持者进行综合分析，确定市场预测值的方法。不管何种形式的定性预测，其精度一般都不高，所以对于预测精度要求较高时，通常考虑定量预测法。

时间序列预测法根据预测的特征分为直线趋势、季节变动趋势、循环变动趋势和不规则变动趋势预测四类。本章着重对前三类趋势的预测进行了介绍。直线趋势预测是比较容易掌握的方法，它常用的技术有简单平均数法、移动平均数法、直线模型法。在运用过程中，要充分理解每种技术的要点和特点，选择适合预测项目要求和特征的技术。季节变动趋势预测是对按一定的规律重复出现、呈周期性变动的趋势进行预测的一种方法。分析季节变动的主要方法是测定季节指数，测定的方法常用的有两种：按月（季）简单平均法和移动平均剔除趋势法。各种技术在预测的对象上是一致的，只是各自预测的思路不一样，对它们的理解主要侧重于对预测过程的掌握上。

回归分析预测技术是一种重要的预测技术，它是对具有相关关系的变量，在固定一个变量数值的基础上，利用回归方程测算另一个变量的取值的平均数。当自变量与因变量之间的数据分布呈现直线趋势时，可以运用一元线性回归方程进行预测。

思考与练习

一、单项选择题

1. 市场预测程序是（　　）。

A. 明确目的、收集资料、分析、预测　　B. 收集资料、明确目的、分析、预测

C. 分析、明确目的、收集资料、预测　　D. 明确目的、收集资料、预测、分析

2. 判断分析法是从事物的（　　）。

A. 量的方面进行预测　　　　　　　　　B. 质的方面进行预测

C. 量的方面分析判断，进行预测　　　　D. 质的方面分析判断，进行预测

3. 时间序列数据会呈现出一种长期趋势，它的表现（　　）。

A. 只能是上升趋势　　　　　　　　　　B. 只能是下降趋势

C. 只能是水平趋势　　　　　　　　　　D. 可以是上升、下降或水平趋势

4. 在一元性线回归方程 $y = a + bx$ 中，（　　）表示当自变量每增减一个单位时，因变量的平均增减量。

A. y　　　　　　　　B. a　　　　　　　　C. b　　　　　　　　D. x

5. 市场预测成果的有效性在很大程度上是在下列哪一步骤过程中形成的？（　　）。

A. 市场调查　　　　　　　　　　　　　B. 分析判断

C. 制定预测模型　　　　　　　　　　　D. 收集市场信息

6. 加权平均法所求得的平均数，已包含了（　　）。

A. 对各个数据的分析　　　　　　　　　B. 长期趋势变动

C. 各期资料对应的权数　　　　　　　　D. 所有原始数据

7. （　　）特别适用于缺少历史资料的市场现象的预测。

A. 相关回归分析预测法　　　　　　　B. 定性预测法

C. 时间序列预测法　　　　　　　　　D. 定量预测法

8. 集合意见法适合于（　　）。

A. 短期市场预测　　　　　　　　　　B. 近期市场预测

C. 近短期市场预测　　　　　　　　　D. 中长期市场预测

9. 时间序列综合预测模型中，其变动有正有负，正负可以抵销，故均值为零，其影响消失的变动是（　　）。

A. 随机变动　　　　　　　　　　　　B. 循环变动

C. 季节性变动　　　　　　　　　　　D. 长期趋势

10. 时间序列数据因受一种固定周期性变化因素影响而出现的变动称为（　　）。

A. 长期变动趋势　　　　　　　　　　B. 季节性变动

C. 循环变动　　　　　　　　　　　　D. 随机变动

11. （　　）是市场预测要素中最重要的要素，其他三个要素只有与其结合才能发挥效用。

A. 预测依据　　　　　　　　　　　　B. 预测方法

C. 预测分析　　　　　　　　　　　　D. 预测判断

12. （　　）一般在缺乏历史资料或历史资料不全面，并且既要有质的分析，又要有量化分析时采用。

A. 专家意见法　　　　　　　　　　　B. 集合意见法

C. 扩散指数法　　　　　　　　　　　D. 领先指标法

二、多项选择题

1. 市场预测具有的基本特征是（　　）。

A. 系统性　　　　　　　　　　　　　B. 科学性

C. 合理性　　　　　　　　　　　　　D. 应用性

2. 定量预测法的特点是（　　）。

A. 预测先决条件是数据资料齐全　　　B. 采用的工具是统计方法和数学模型

C. 量与质的分析相结合　　　　　　　D. 预测精确度较高

3. 一般情况下，可将时间序列数据的变动分为以下几种类型（　　）。

A. 长期变动趋势　　　　　　　　　　B. 季节性变动

C. 循环变动　　　　　　　　　　　　D. 不规则变动

4. 能消除时间序列中的不规则变动和季节变动的方法是（　　）。

A. 移动平均法　　　　　　　　　　　B. 指数平滑法

C. 时间序列乘法模型　　　　　　　　D. 季节指数

5. 回归分析方法中包括（　　）。

A. 一元线性回归分析　　　　　　　　B. 多元线性回归分析

C. 一元非线性回归分析　　　　　　　D. 多元非线性回归分析

6. 德尔菲法具有不同于其他定性预测法的显著特点，如（   ）。

A. 专家匿名　　　　　　　　B. 信息反馈

C. 收敛量化　　　　　　　　D. 理解信息

7. 算术移动平均法中的一次移动平均法是该法中最基本的方法，它所包括的步骤主要有（   ）。

A. 选择跨越期并计算移动平均数

B. 对原时间序列资料进行修匀

C. 计算趋势变动值

D. 计算绝对误差和平均绝对误差并进行预测

E. 求预测值

8. 在对时间序列进行趋势分析和季节分析的基础上进行预测，必须严格满足的条件是（   ）。

A. 所建立的趋势线模型必须是按最小二乘法建立的

B. 所建立的趋势线模型能正确反映产生长期趋势的一切因素的影响

C. 上述因素在预测期将以同样方式继续发挥作用

D. 预测期的季节性变动仍和过去相同

E. 预测期不存在随机波动

9. 对一元回归模型进行显著性检验的方法有（   ）。

A. 方差分析　　　　　　　　B. 标准误差分析

C. 相关系数显著性检验　　　　D. 回归方程显著性检验

E. t 检验或 F 检验

三、判断题

1. 只要预测准确，决策就会是正确的。　　　　　　　　　　　　（   ）

2. 农业生产资料消费需求具有明显的季节性和地区性。　　　　　（   ）

3. 专家会议法的缺点有：参加会议的专家人数有限，影响代表性。（   ）

4. 时间序列发展趋势呈水平样式，趋势大致保持某一平稳水平时，移动平均数与跨越期长短关系较大。　　　　　　　　　　　　　　　　　　（   ）

5. 回归分析的定量分析依据是因变量和自变量的纵向资料。　　　（   ）

6. 市场预测成果的有效性在很大程度上是在分析判断的过程中形成的。（   ）

7. 利用专家小组法预测某品牌彩电投放某市场后第一年销售量，15 位专家最后一轮对最高销售量的分析预测值为

推断数（台）	1000	900	800	700	600
专家人数（人）	2	3	5	3	2

则利用算术平均法，可得该市场头年销售量的最高值为 267 台。　　（   ）

四、计算分析题

1. 某商场销售额历史资料如下（单位：亿元）：

年份	2015	2016	2017	2018	2019
销售额	2.4	2.7	3.0	3.4	3.8

试用最小平方法拟合直线方程，预测该商场 2020 年销售额。

2. 某空调生产企业连续三年分季销售资料如下表所示（单位：百万台），试以直接平均季节指数法求其季节指数（保留至小数点后两位）。

季度 年	第一年	第二年	第三年
第一季度	2	3	2
第二季度	4	6	6
第三季度	3	4	5
第四季度	1	2	1

3. 某城市汽车销售与该市人均 GDP 关系统计资料如下表所示，试建立一元回归预测模型，并预测该市人均 GDP 为 10000 元时的汽车销量。

人均 GDP（千元）	4	4.5	6.0	7.5	8.5
汽车销量（千台）	10	13	25	40	65

五、简答题

1. 什么是市场预测？

2. 市场预测分为哪几种？其内容包含哪些？

3. 市场预测的程序有几个步骤，每个步骤的作用是什么？

4. 什么是主观概率预测？

5. 简述专家意见集合法的优缺点。

6. 简述德尔菲法的特点和预测程序。

7. 时间序列预测的含义及其特点有哪些？

8. 直线趋势预测法有何特点？

9. 季节变动趋势预测法有何特点？

10. 一元回归分析预测的步骤有哪些？

六、案例分析
案例 1

客车公司的困境

某客车公司是规模较大的公交汽车和长途客车生产企业，在全国客车市场占有较高的市场份额，主要的客户对象是公交公司、长途客运公司和企事业单位。自 1992 年成立以来，产量逐年上升，市场占有率也逐年递增，在客车市场影响力越来越大。2003

年客车市场极为看好，销售量比 2002 年提高了近三成，要不是当时由于生产能力的限制，2003 年的销售额仍可有更大幅度的增长。销售经理小李及公司全体职工为企业的发展欢欣鼓舞，整个销售部和公司对 2004 年的销售充满期望，也充满信心。正当公司准备 2004 年进一步发展壮大时，2004 年第一季度公司订单锐减，第一季度的订货量不足 2003 年同期的一半。4 月份公司派出 30 多人的营销队伍奔赴全国 20 多个主要销区，一方面进行广告宣传，另一方面进行市场摸底，然而他们带回的订单极为有限，第二季度的销售情形仍没有什么改观。营销人员带回来的信息，也无法对市场形成统一的认识，对问题出在哪里、原因是什么大家都感到迷茫。公司管理层决定既要了解现状，更要着眼长远、分析未来。

请根据案例回答下列问题：

(1) 该公司必须认真分析现状，而且必须用（　　）搞好市场预测。

A. 定性预测方法 　　　　　　　　　B. 定性与定量结合的预测方法

C. 定量预测方法 　　　　　　　　　D. 微观市场预测方法

(2) 该汽车公司进行市场预测的核心内容是（　　）。

A. 市场商品的价格变动 　　　　　　B. 企业产品占有率的预测

C. 客车发展与变化趋势 　　　　　　D. 客车市场供应量和需求量

(3) 该客车公司进行市场预测你认为首要问题是（　　）。

A. 确定市场预测的目的 　　　　　　B. 调查、收集、整理资料

C. 对资料进行分析 　　　　　　　　D. 检验预测结果

(4) 该客车公司要进行市场预测，首先应进行（　　）等方面的预测。

A. 市场供应量 　　　　　　　　　　B. 客车市场潜在需求量

C. 公司的经营能力 　　　　　　　　D. 客车市场未来市场价格预测

(5) 面对公司的情况，进行市场预测，下列（　　）内容符合基本预测程序的内容。

A. 确定预测目标 　　　　　　　　　B. 制订预测计划

C. 选择预测方法 　　　　　　　　　D. 成立预测小组

案例 2

小天鹅洗衣机的市场预测

小天鹅洗衣机厂采用专家意见预测法，对某地区 1999 年 6 月至 2000 年 12 月的洗衣机需求情况进行预测。具体步骤如下：

1. 确定征询对象。

预测小组选定了 17 位在家电行业工作、熟悉各类洗衣机销售并有预测和分析能力的销售人员和统计人员，以及该地区各市的家电协会的行业负责人、洗衣机厂的营销经理、各市的销售主管、有影响力的代理商及销售额较高的大商场人员。比例为：行业人员、厂销售人员、销售商各占 1/3。

2. 给专家发送意见征询函。

函中要求专家了解征询目的和要求，要求在 10 天之内对本地区 1999 年 6 月至 2000 年 12 月本厂洗衣机的销售量做出预测，并要求有较详细的依据、意见和建议，并

附有为专家提供的参考资料（如本厂洗衣机在该地区前5年的销售总量、1999年上半年的销售量、不同家庭对不同类型的洗衣机选择情况分析等）。

3. 汇总征询的意见。

回收第一轮征函后，进行汇总，预测1999年下半年该地区该厂品牌洗衣机销售量在2万~3万台（平均数为2.5万台）；2000年销售量在3.7万~5.4万台（平均数为4.5万台），同时专家们提出了许多促进洗衣机销售的意见。

4. 反馈汇总意见。

将征询意见汇总整理归纳后，得出以下四条意见：

（1）20世纪80年代末90年代初的老洗衣机都将被淘汰，新一轮的洗衣机的更新换代将在1999年下半年开始，到2000年下半年完成。

（2）人们对洗衣机的要求趋向于功能新颖、节水型。

（3）不同家庭对洗衣机容量的大小有不同的要求，不同的季节也有不同的要求组合。

（4）由于目前各家庭收入预期有所下降，估计到2000年下半年，销售量将受到影响，需加大促销力度，将这些看法分别寄给专家们进行第三轮征询。为了使专家们了解该厂今年在洗衣机类型上的创新情况和经营决策部门对销售部门实行的新激励机制，他们又补送了两份资料。第一份是该厂今年推出的吸收国家最新技术的节能节水型洗衣机的产品介绍。第二份是该厂为激励销售部门人员的积极性，对销售有功人员实施10万元以上的奖励措施，请专家再次推测。

函件收回后进行汇总，预计1999年下半年可达3.5万台，2000年可达6.8万台，均高于第一次的平均预测水平。同时，对厂里采取的积极进取的措施表示赞同，并就改革营销体制、完善激励机制等方面提出了一些意见。

按照专家们预测，1999年下半年，该厂在该地区的洗衣机销售量达3.8万台，误差为8.5%；2000年为7万台，误差为3.2%。

经过时间验证说明运用专家意见法进行预测是接近事实的，是比较准确的，起到了定性预测的作用。

请根据案例，回答下列问题：

（1）小天鹅洗衣机厂确定的征询对象为（　　）。

A. 该地区消协负责人、本厂营销经理、各市的销售主管、有影响的代理商

B. 该地区各市的家电协会的行业负责人、洗衣机厂的营销经理、各市的销售主管、有影响的代理商和销售额较大的大商场人员

C. 本厂的营销经理、代理商、商场的销售人员

D. 行为协会负责人、代理商、销售商

（2）小天鹅洗衣机厂发送意见征询函，用的是（　　）方式。

A. 信函　　　　　　　　　　B. 电子邮件

C. 专人以文件形式送达　　　D. 电话函询

（3）对专家反馈汇总的意见，第二轮函询时要不要告知预测专家？（　　）

A. 必须告知　　　　　　　　B. 可不告知

C. 谁要告知谁　　　　　　　　D. 随意

(4) 该厂回收第一轮函询后，预测 1999 年下半年地区该厂品牌洗衣机销量平均数为（　　）。

A. 2 万台　　　　　　　　　　B. 3 万台

C. 2.5 万台　　　　　　　　　D. 4.5 万台

(5) 依靠专家预测关键是（　　）。

A. 有相关知识的专家　　　　　B. 企业管理人员的经验

C. 精心挑选有关专家　　　　　D. 预测组织人员的水平

第六章　市场调查报告写作

引例

约翰·斯皮尔伯格（John Spielberg）经过 6 个月的研究，为美国一家最大的糖果制造商准备了长达 250 页的报告，并向公司最高决策者作口头汇报。1 小时后，总经理不耐烦地说：明天 8 点前把一份 5 页纸的摘要放到我办公桌上！

思考：总经理为什么对约翰不满意？

第一节　市场调查报告概述

市场调查报告是调查活动的产品，是调查过程的历史记录和总结，是管理决策的重要依据，是委托人评价调查活动的重要指标。

调查报告是反映调查过程和调查成果的一种报告，它以文字、图表等形式将调查研究的过程、方法和结果表现出来，从而使读者对于所研究的市场现象和所关心的问题有全面的认识。通常阅读调查报告的目的是获得决策所需的信息和依据。

一、市场调查报告的分类

（一）应用性调查报告与学术性调查报告

应用性调查报告的对象往往是决策部门领导、各类实际工作部门人员。调查报告为他们描述市场现实情况，提供市场决策参考和解决实际市场问题。

学术性报告的对象则主要是专业研究人员，着重于对现象的理论探讨，分析各种现象之间的相互关系，以及通过对实地调查资料的分析和归纳，达到检验理论或建构理论的目的。

学术性调查报告在形式上比较固定，有比较严格的格式，结构比应用性报告更为严谨，论述的语言也更加客观和严密。

（二）描述性调查报告与解释性调查报告

根据调查报告的主要功能，可以分为描述性调查报告和解释性调查报告。

描述性调查报告着重于对所调查现象进行系统、全面的描述，其主要目标是通过对调查资料和结果的详细描述，向读者展示某一现象的基本状况、发展过程和主要特点。

解释性调查报告的主要目标是要用调查所得资料来解释和说明某类现象产生的原因，或说明不同现象之间的关系。这类报告虽然也对现象进行描述，但描述得不那么全面，描述仅仅是作为合理解释和说明原因的必要前提而存在。

描述性报告力求广泛、清晰、全面；解释性报告则强调集中和深入，着重实证性和针对性，力求给人以合理的说明。

（三）综合性调查报告与专题性调查报告

这种划分的依据主要是调查报告的主题范围。

当一项调查涉及某一方面的综合情况时，往往用综合性的调查报告来全面反映政治、社会、心理、市场需求和供给、政策等各方面的情况。

当一项调查主要涉及某一方面的情况时，往往采用专题性的调查报告形式，针对某一问题进行深挖和研究。

从写作来说，综合性报告力求全面，篇幅较长；专题性报告力求针对性强，篇幅短一些。综合性报告偏于描述性，专题性报告偏于解释性。

二、市场调查报告的基本要求

（一）目的性强

首先，市场调查的针对性很强，通常是市场运行中有了疑惑才展开调查。调查报告的阅读者一般是管理部门的决策者，撰写调查报告必须围绕决策者的需要来进行。因此，如果有必要，可以对同一调查内容撰写几个不同组成部分的调查报告，满足不同读者的需要，或者干脆完全针对不同的读者分别撰写不同的调查报告。

（二）客观、准确、完整

调查报告的突出特点是用事实说话，应当客观地反映市场调查和分析的结果，准确地表达市场调查、整理和分析的方法和结论，不能敷衍塞责。报告中引用的资料要准确，语言表述应准确无误。调查报告中应根据项目开始所提出的问题，提供回答问题所必需的全部信息。如果调查中出现了严重问题（如回收率过低），研究者应有勇气承认。报告应简明扼要，内容有所取舍，围绕调查目标，突出重点。写作语言要使用应用文式的语言。

（三）正规专业、图文并茂

报告的外观不仅体现报告本身的专业水平，而且是调查机构企业形象的反映，应与其内容具有同等重要的地位。一份干净整齐、组织良好的有专业水准的调查报告比那些外观不专业的调查报告更具吸引力，更能引起读者的兴趣。报告的结构要清晰有条理，说明和论述符合逻辑，语言表达应清楚易懂。报告中要注意使用表格、图形和照片等简单明快、新颖直观的表达方式增强表达效果。因此，最后呈交的报告应当用质地良好的纸张打印和装订，印刷格式、字体选择、空白位置应用等编辑方面都应给予充分的重视。

第二节　市场调查报告的基本结构

调查报告的结构不是固定不变的，不同的调查项目、不同的调查者或者调查公司、不同的用户的调查报告都可能会有不同的结构。尽管调查报告因调查项目的需要、调查者以及调查性质不同，在具体的结构、格式和风格等方面也有所不同，但是正式的市场调查报告的格式一般包括标题、目录、摘要、正文和附录等部分。

一、标题

调查报告的标题一般单独一页，印制在封面显著位置，在报告题目下方应注明报告人或者报告单位及报告日期。此外，还要注明报告的呈交对象。属于机密的，应在标题页写清楚。

调查报告的题目应该揭示主要内容，题文相符，简明扼要。好的标题有画龙点睛的作用。报告标题可以分为公文式和文章式，文章式标题也可以分为单行标题和双行标题。可以由一个正标题组成，也可以既有正标题也有副标题。

（一）公文式标题

公文式标题由调查对象和内容、文种名称组成，即"发文主题"加"文种"，基本格式为"××关于××××的调查报告""关于××××的调查报告""××××调查"等。例如《关于 2022 年四川省农村服装销售情况的调查报告》《成都市××乳业液态奶消费者调查报告》。

（二）文章式标题

文章式标题，即用概括的语言形式直接交代调查的内容或主题，陈述式、提问式和正副题结合。例如《×××在四川市场畅销》。实践中，这种类型的市场调查报告的标题多采用双题（正副题）的结构形式，更引人注目，富有吸引力。例如《市场在哪里？——天津地区三峰轻型客车用户调查》《女人生来爱逛街——都市女性消费面面观》。

二、目录

当市场调查报告的页数较多时，为了便于查阅，应当用目录或者索引的形式列出调查报告的主要纲目及其页码。报告的目录一般在题目之后另页列出。目录是反映各项内容的一览表，包括题目、大标题、小标题、附录及各部分所在的页码，特别短的报告可以免去此项。

三、摘要

报告应当提供报告的内容摘要。调查报告摘要是报告中最重要的部分，是整个调查报告的精华。因此，必须认真撰写报告摘要。报告摘要主要包括以下内容：

（1）摘要给出最重要的内容，简略提及调查的目的、范围和方法以及调查结果。

（2）摘要的篇幅一般短小，是对报告正文的高度浓缩。

（3）摘要应该引起阅读者的兴趣。

小案例：

（本文）在梳理了国内外夜间旅游产品研究进展的基础上，分析了丽江大研古镇夜间旅游产品的类型及空间分布，并对游客需求进行了调查，主要包括游客总体认知、游客需求偏好、游客满意度三个方面。认为丽江大研古镇良好的夜间旅游环境及其丰富的夜间旅游产品体系是吸引游客夜游的重要因素，具有很大的发展空间和潜力。同时也暴露了一些深层次的问题，诸如夜间旅游产品宣传力度比较薄弱、传统纳西文化因素缺失、旅游市场细分仍需进一步调整及完善等。

（资料来源：邓勇勇《基于游客需求的丽江大研古镇夜间旅游产品调查分析》，《生态经济·学术版》2011 年第 2 期，第 246 页，有改动）

四、正文

调查报告的正文主要包括以下几个方面：一是调查背景及内容，二是调查研究方法，三是数据分析，四是研究结论及建议。

（一）调查背景及内容

1. 引言

通常调查报告的开篇部分又叫引言部分，这部分会介绍写作的背景和目的。常见的写作方法有以下几种：

（1）直述式。开门见山，直接把调查的目的、内容、对象、范围等一一写出。

小案例：

××市北方调查策划事务所受××委托，于 2023 年 3 月至 4 月在国内部分省市进行了一次电暖器市场调查。现将调查研究情况汇报如下：

上述例子用简要文字交代出了调查的主体身份及调查的时间、对象和范围等要素，并用一过渡句开启下文。

小案例：

我公司受四川 AA 饮料公司的委托，拟对四川消费者进行一项关于保健饮料市场需求状况的调查，了解消费者对饮料的购买意向，为 AA 公司开发该产品提供可行性决策参考。

（2）悬念式，即先描述某种社会现象和社会问题，然后对这种社会现象和问题产生的原因、影响等提出一系列疑问，最后介绍调查的基本情况。

小案例:

从去年下半年开始,随着康师傅方便面的上市,各种合资的、国产的方便面似雨后春笋般的涌现。面对种类繁多的方便面,作为上帝的顾客是如何选择的?厂家该如何在激烈的竞争中立于不败之地?带着这些问题,我们对四川部分消费者和销售单位进行了有关调查。

(3)结论式,即先写结论后写解释分析。

小案例:

通过我们对 AA 中药保健饮料在四川市场消费者购买意向的调查,认为它不具备开发价值,原因主要从以下几方面分析。

2.调查背景

调查背景部分可以对调查开展的原因和必要性进行简要介绍。描述通过调研获得的信息将主要用来解决什么问题。这部分解释以下问题:为什么调查?想达到什么效果?主要采用哪些方法?主要调查什么内容?为达到调研目的,必须收集哪些方面的信息?去了什么地方、跟什么人、用什么方法来收集有关的信息。

(二)调查研究方法

这部分对调查中运用的调查方案进行详细的描述,包括调查采用的调查技术、组织形式、需要收集的二手资料和原始资料、问卷的设计、抽样技术设计、调查资料质量控制措施、资料的整理方法等。本部分旨在说明调查中所用的调查方案是科学有效的。

小案例:

本文综合运用了文献研究、田野调查等研究方法。调查过程分为两个阶段。第一阶段:2008 年 4 月开始做前期准备,主要确定调查对象、调查地点、设计调查问卷、访谈提纲等。同时通过网络收集相关资料以获得二手资料。2009 年 5、6 月为实地调研工作,主要采用随机问卷调查以及深度访谈的方法直接获得第一手资料。(整个过程向游客发放问卷 200 份。最终回收问卷 197 份,问卷回收率为 98.5%。)

(资料来源:邓勇勇《基于游客需求的丽江大研古镇夜间旅游调查分析》,《生态经济·学术版》2011 年第 2 期,第 247 页,有改动)

(三)数据分析

市场运作离不开数据,反映市场发展变化情况的市场调查报告,要运用大量的数据,以增强调查报告的精确性和可信度。

此部分对调查后整理的数据进行分析,将分析过程和结果进行文字描述和数字表达。同时,为了更加清晰明白地表达结果,调查报告中也经常用到表格和图表。

市场调查报告中有关情况、数字说明往往采用对比形式,以便全面深入地反映市场变化情况。对比要注意事物的可比性,在同标准的前提下,作切合实际的比较。

小案例：

丽江大研古镇旅游产品吸引力分析

问题	选项	比重	选项	比重	选项	比重
吸引您夜游丽江大研古镇的因素	美好夜景、音乐歌舞表演、酒吧一条街	89.4%	民俗风情与文化、民俗风味小吃、参观民居	10.57%	寻找"艳遇"	0.03%
您夜晚在丽江大研古镇的停留时间段	19时至22时	67.3%	19时至23时	17.2%	19时至凌晨	15.5%

问题	选项	比重	选项	比重
是否会选择在丽江大研古镇过夜	会	70.7%	不会	29.3%

问题	选项	比重	选项	比重
是否会参加夜晚的旅游活动	会	55%	不会	45%
您怎么看待"古镇夜晚是寻找'艳遇'的好去处"	赞同	60.3%	不赞同	39.7%

问题	选项	比重	选项	比重	选项	比重	选项	比重	选项	比重
您主要参加哪些夜间旅游活动	欣赏夜景	28%	酒吧	23%	纳西打跳	27%	约西古乐	20%	放河灯	2%

在对吸引游客前来丽江大研古镇夜游的因素中，选择美好的夜景、音乐歌舞表演、酒吧一条街三个选项的比例之和达到89.4%，说明在产生夜游动机方面夜间旅游产品占了一定影响力。这也是区别白昼旅游产品吸引游客的主要原因。而寻找'艳遇'的比例则几乎为零，估计是游客考虑到其敏感性的原因。在回答会不会选择在丽江大研古镇过夜的问题时，游客选择会的比例达70.7%，同时近55%的游客表示会选择参加丽江大研古镇的夜晚旅游活动。这说明丽江大研古镇夜间旅游产品具有巨大的旅游市场吸引力。

（资料来源：邓勇勇《基于游客需求的丽江大研古镇夜间旅游调查分析》，《生态经济·学术版》2011年第2期，第248页）

（四）研究结论及建议

调查者应当按照调查目的解释调查的统计分析结论，从中总结出结论性结果，并以此为基础向管理决策者提出如何利用已被证明为有效的措施，以及对解决现实问题具有科学性和可行性的政策方案和建议。

小案例：

本文首先采用问卷法调查影迷认为的影响电影票房的因素。结果表明，电影内容与电影类型以及网络评分是影响电影票房的主要因素。实证研究部分，借鉴以往研究成果，建立理论模型、设计问卷、收集数据。接着选取2015年的前100位影片作为研究对象，经过对各变量进行显著性检验，作为自变量的网络口碑与电影票房存在显著相关性，电影类型、电影是否为翻拍或改编、导演号召力与电影票房的相关性显著。针对以上结论，我们提出以下建议：

（1）关注电影本身，提高电影的制作水平，以质量获取高票房。（略）

（2）着重关注口碑效应及对应营销，采用多种多样的宣传方式。（略）

（3）发挥网络口碑的积极作用。（略）

（资料来源：闫家梁、许世珍、胡全峰《关于电影票房的市场调查报告——网络口碑与电影票房的实证研究》，《中国商论》2016年第17期，第7页，有改动）

五、附录

附录是指正文中包含不了或为了使正文简洁易懂必须放置于报告后，便于查阅的有关技术性文件，是对正文的补充和更为详尽的说明。附录主要有问卷、调查表、数据汇总表、抽样方案设计、统计分析计算的细节、对一些技术问题的讨论等。

小案例：

成都古镇旅游调查分析报告（摘录主要部分）

摘要："成都古镇旅游营销整合研究"课题组通过对成都周边4个具有代表性的古镇进行调查，针对的对象主要为古镇游客和古镇居民两类人群。

"成都古镇旅游营销整合研究"课题组于2009年4—6月期间，由课题组讨论确定了调查的目的和方式，设计了调查问卷，由两位老师分别带领两个调查小组对成都附近具有代表性的4个古镇进行了调查。本次调查为课题组下一步对古镇营销整合的方案策划奠定了基础。调查情况及分析如下：

1 调查对象

成都古镇游客和古镇居民

2 问卷调查内容

从游客角度调查，调查问卷的内容主要涉及游客基本情况、成都古镇的知名度、游客已游览过的成都古镇、满意的成都古镇、古镇的魅力之处、对古镇的不满意之处、获得古镇信息的渠道、能承受的消费水平、旅游天数及总体满意度评价等方面。

从古镇居民角度调查，调查问卷的内容主要涉及古镇居民基本情况、古镇居民对古镇旅游资源的认知度、古镇居民对古镇旅游建设态度等方面。

3 调查方式

此次调查采用随机抽样、问卷调查方式，对位于成都的4个古镇的游客和居民进行了调查。对游客的调查共发出问卷600份，回收问卷570份，回收率95%，其中有效问卷557份，有效问卷率97.7%；对古镇居民的调查共发出问卷280份，回收问卷268份，回收率95.7%，其中有效问卷258份，有效问卷率96.3%。游客问卷调查和古镇居民问卷调查符合预定要求，具有较强的代表性和分布的均匀性。

4 调查分析

4.1　成都古镇游客问卷调查分析

4.1.1　成都古镇游客的基本情况

　　调查结果显示：成都古镇游客主要来自成都及四川省其他市县，其中成都市游客占55.05%，四川省其他市县占33.89%。游客年龄结构主体为青年和中年，其中20岁以下占27.02%，20～30岁占39.12%，30～40岁占14.85%，40～50岁占10.92%。游客出游方式主要是朋友出游和家庭出游，以公交车和私家车作为主要工具，其中朋友出游占56.10%，家庭出游占32.33%；交通工具公交车占57.12%，私家车占39.24%。

4.1.2　游客听说过和旅游过的成都古镇情况（略）

4.1.3　游客满意的成都古镇（略）

4.1.4　游客选择古镇旅游时比较看重的因素（略）

4.1.5　游客对成都古镇旅游不满意的地方（略）

4.1.6　游客获取成都古镇旅游信息的途径（略）

4.1.7　古镇旅游消费水平和游览时间（略）

4.1.8　游客对成都古镇旅游总体满意度（略）

4.2　成都古镇居民问卷调查分析（略）

4.2.1　成都古镇居民的基本情况（略）

4.2.2　古镇居民对古镇旅游资源的认知调查（略）

4.2.3　古镇居民对古镇旅游建设的态度（略）

5　发展成都古镇旅游的几点建议

5.1　政府主导，整合区域旅游资源

　　根据对古镇调查的数据可以看出，游客对古镇的满意度并不高，其中一个重要原因是各级政府在打造古镇旅游资源过程中，各自为政，资金大量投在古镇的建筑上，而对古镇的特色挖掘不足，造成"千镇一面"的效果。因此，要提高古镇旅游的品质，应该由政府主导，对区域旅游资源进行整合。

　　区域旅游整合是指按照自然区域的内在联系、商品流通、文化传统以及社会发展需要形成的旅游经济联合体。黄龙溪、街子、洛带、平乐、安仁等古镇同位于成都平原，各古镇之间交通便利，旅游目的地和客源地可以互补。因此，政府应着力在区域旅游资源上追求一体化，以资源共享、优势互补、协调发展的原则形成"天府古镇"旅游圈，树立"天府古镇"旅游品牌。天府古镇应该在整合旅游资源的基础上，改变过去古镇旅游各自为政、独立分散的局面，形成既有城市之间、县与县之间、古镇与古镇之间的区域联动，又使每一个古镇都具有各自的景观和文化特色，从而使成都古镇旅游的发展形成合力。

5.2　树立以旅游者为中心的观念，重组旅游市场营销行为（略）

5.3　注重旅游产品特色，提升古镇旅游的吸引力（略）

5.4　旅游管理部门导向，规范古镇旅游业的服务（略）

6　结语

　　总的来看，要做强成都古镇旅游业，不仅要真正做到以旅游者需求为中心，还需要政府部门充分发挥其主导作用，加强成都古镇整体形象与整合资源的包装重组，加强对外宣传的联合促销力度。只有这样，才更有利于发挥旅游资源整体优势，增强市场竞争力，促进成都古镇旅游市场持续发展。

（资料来源：向月波、李建、李娟等《成都古镇旅游调查分析报告》，《中国商贸》2010 年第 17 期，第 140~141 页，有改动）

第三节　市场调查报告的写作规范

一、撰写市场调查报告的基本原则

（一）调查报告的撰写应满足用户的需求

调查报告以满足客户的需要为宗旨，为用户的需要服务。如果用户需要的层次不同，可以撰写多种版本的报告。例如，一篇包括详细技术数据的报告主要是为了满足专业技术人员的需要；而另一篇包含较少技术方面的讨论，把重点集中在调查结果的运用上的报告是为了满足调查在商业上的应用。

（二）撰写调查报告应遵循必要的撰写步骤

写作应该遵循以下写作步骤：

（1）构思：安排文章层次结构。

（2）选材：选取必要的数据资料。

（3）初稿：根据构思、选材完成初稿。

（4）定稿：对初稿进行文字、图表、数据、版式等修正。

写出报告初稿后，应广泛征求各方意见并认真修改后方能最后定稿。

（三）注意定量分析与定性分析相结合

在市场调查报告中，数据资料具有重要的作用。用准确的、必要的数据证明事实真相往往比数字资料堆砌但没有观点的长篇大论更具说服力。调查报告不是流水账或数据的简单堆积，过多地堆砌数据会令人感到眼花缭乱，不得要领。因此，市场调查报告应该简明扼要地说明问题，并把定量分析与定性分析结合起来，透过现象看本质。

（四）市场调查报告应做到客观真实

撰写市场调查报告应具有科学的态度，准确而全面地总结和反映调查的结果。调查报告中的各种观点都应当从事实出发，而不应从个人的主观愿望出发，先入为主地做事先判断，或者迎合他人，歪曲事实。调查前的理论模型设计或现行的工作假定，都必须接受数据调查和推理检验。

二、市场调查报告的表达技巧

（一）语言的技巧

市场调查报告是一种应用文，写作的语言力求平实、准确，少雕砌，同时要特别注意数量化的准确表达，而切忌模糊和模棱两可。

常用句式举例：

"调查结果显示，……" "通过调查我们发现，……"

"我们认为××市场……" "从××市场来看，……"

"具体分析可以看出，……"

"值得关注的是……"

"消费者最注重的是……" "消费者对……的认知度总体比较高"

"消费者对……的认知度相对较低" "消费者对……的认知度最高"

"近×成的消费者……" "×成的消费者……" "消费者对××持……态度"

"……仍是市场主流"

"通过我们整理所收集到的大量数据及资料发现，××市场具有如下特征：……"

"综上所述，……" "上述数据表明，……"

"针对以上调查结果，……"

（二）表格与图形的运用

1. 表格的表现法

表格作为一种统计方法，广泛应用于市场调查报告中，起到清楚、形象、直观和吸引人的作用。表格是报告中很生动的一部分，应当受到特别的重视。

列表应注意以下几点：

（1）表的标题要简明、扼要，每张表都要有号码和标题。

（2）项目的顺序按逻辑性排列，一般应将最显著的放在前面。

（3）注明各种数据的单位。只有一种单位的表格可在标题中统一注明。

（4）层次不宜过多，内容变量较多时，可单列新的表。

（5）小数点、个位数、十位数等应上下对齐。一般应有合计。

小案例：

问卷回收情况调查表

专业名称	毕业生总数（人）	有效邮箱数（个）	有效邮箱覆盖比例（%）	被调查邮箱数（个）	回收问卷数（份）	答题率（%）	抽样比例（%）
总计	1770	1527	86.3	1471	752	51.1	42.5
文化市场经营与管理	221	155	70.1	144	82	56.9	37.1
新闻采编与制作	205	198	96.6	189	103	54.5	50.2
环境艺术设计	180	126	70.0	123	55	44.7	30.6
营销与策划（文化传媒方向）	162	150	92.6	148	81	54.7	50.0
文化事业管理	153	135	88.2	131	62	47.3	40.5
汉语（网络编辑）	106	97	91.5	92	44	47.8	41.5
动漫设计与制作（数码艺术学院）	77	72	93.5	70	40	57.1	51.9

专业名称	毕业生总数（人）	有效邮箱数（个）	有效邮箱覆盖比例（%）	被调查邮箱数（个）	回收问卷数（份）	答题率（%）	抽样比例（%）
出版与发行	76	70	92.1	68	40	58.8	52.6
电视节目制作（影视传媒学院）	74	60	81.1	59	25	42.4	33.8
文物鉴定与修复	73	70	95.9	67	43	64.2	58.9
编导	62	59	95.2	54	26	48.1	41.9
商务经纪与代理（文化经纪人方向）	59	55	93.2	54	27	50.0	45.8
播音与主持	59	55	93.2	53	22	41.5	37.3
广播电视技术	48	33	68.8	33	16	48.5	33.3
电视制片管理	40	40	100.0	38	24	63.2	60.0
多媒体设计与制作（数码艺术学院）	39	33	84.6	33	15	45.5	38.5
广告设计与制作	36	36	100.0	35	16	45.7	44.4
包装技术与设计	35	32	91.4	30	16	53.3	45.7
摄影摄像技术	21	9	42.9	9	0	0.0	0.0
动漫设计与制作（卡通艺术系）	17	17	100.0	17	7	41.2	41.2
电视节目制作（数码艺术学院）	13	11	84.6	11	2	18.2	15.4
舞蹈编导	11	11	100.0	11	4	36.4	36.4
多媒体设计与制作（表演艺术系）	3	3	100.0	2	2	100.0	66.7

（资料来源：某调查公司分析报告）

2. 图形的表现法

图形也广泛应用于市场调查报告之中，它以其形象、直观、富有美感和吸引人的特点受到了特别的重视。一般说来，只要有可能，应尽量用图形来表达报告的内容。市场调查中的图形有直方图或条形图、饼形图、轮廓图或形象图、散点图、折线图等。

图形的安排要符合人们的阅读习惯。例如，西方人阅读的图形应符合从左到右的顺序，阿拉伯人是从右到左，中国人和日本人可能更习惯从上到下，等等。

下面对常用的几种图表进行举例说明：

（1）折线图，如图6-1所示。

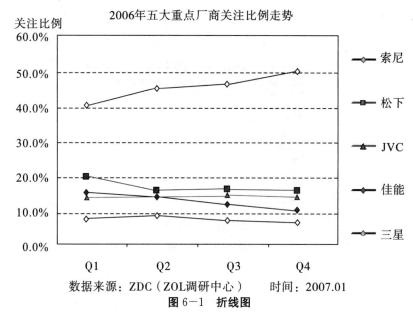

数据来源：ZDC（ZOL调研中心）　　时间：2007.01

图 6-1　折线图

（2）直方图，如图 6-2 所示。

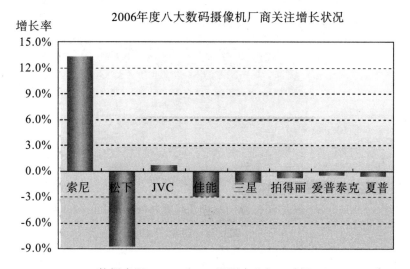

数据来源：ZDC（ZOL调研中心）　　时间：2007.01

图 6-2　直方图

（3）条形图，如图6-3所示。

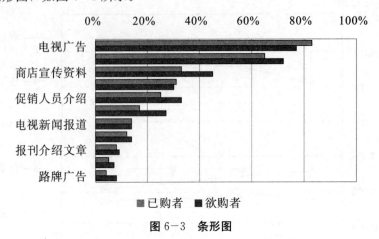

图6-3　条形图

（4）饼图，如图6-4所示。

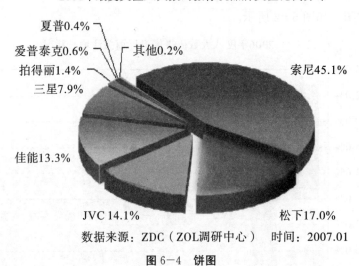

图6-4　饼图

本章小结

本章介绍了市场调查报告的类别和写作方法，以及写作中需要注意的问题。调查报告的标题有两种，可以分为公文式和文章式。调查报告的正文部分主要包含引言、调查研究方法、数据分析、调查结果及评价、结论和建议几个部分。在调查报告的写作中要注意以下问题：应满足用户的需求，遵循必要的写作步骤，注意定性分析和定量分析相结合，适当运用图表和表格，在写作中要尽量客观和真实。

思考与练习

1. 至少阅读5篇调查报告范文。
2. 完成一篇规范的市场调查报告。

下篇 实务篇

第七章　广告市场调查

关于"速溶咖啡"与"一次性尿布"的广告调查

速溶咖啡与一次性尿布，应该是两种风马牛不相及的产品。然而，在这两种新产品刚刚问世的时候，本来广告主以为很有把握的广告活动却遇到了相同的问题——消费者的心理抗拒。

速溶咖啡是20世纪40年代开始进入市场的。速溶咖啡物美价廉，而且特别节省时间，很适合现代人的生活节奏。然而，当厂商在广告中大力宣传该产品的上述特点时，并没有受到消费者的青睐，相反受到冷落。于是，生产厂家请来了消费心理学家对该产品广告进行调查，让他们找出问题的症结何在，以确定消费者拒绝这种省时省事产品的原因何在。

心理学家首先调查了人们对雀巢公司较早的一种速溶咖啡——内斯速溶咖啡的态度，使用传统的问卷调查方法对一个有代表性的消费群体（样本）进行了调查。这些接受调查的人首先被问及是否饮用速溶咖啡，有人回答"是"，也有人回答"否"。然后，再问及那些回答为"否"的人他们对这种产品有何看法。大部分人都回答说，他们不喜欢这种咖啡的味道。令人不解的是，回答"否"的人并没有喝过速溶咖啡，怎么会形成"味道不好"的印象呢？于是又请这些人实际品尝速溶咖啡与新鲜咖啡，结果大部分人却又说不出它们在味道上的真正差别。因此，厂商深信：不喜欢这种咖啡的真正原因并不是它们的味道不好！他们进而怀疑消费者不喜欢速溶咖啡的背后有一些更为深层次的原因。因此，又进行了另一个更为深入的调查研究。

为了深入地了解消费者拒绝购买速溶咖啡的真实动机，心理学家梅森·海尔（Mason Haier）改用了一种称为角色扮演法的投射技术，进行了深层的研究。海尔这次不再直接去问人们对这种咖啡的看法，而是编了两张购物清单，然后把这两张购物清单分别让两组妇女（调查对象）看并请她们描述一下写这两张购物清单的"主妇"有什么样的特点。这两张清单上的内容几乎完全相同，只有一个条目不一样，那就是购物清单A上包含了速溶咖啡，购物清单B上则包含了新鲜咖啡（见下表）。

关于速溶咖啡与新鲜咖啡的两张购物清单

购物清单 A	购物清单 B
1 听朗福德发酵粉	1 听朗福德发酵粉
2 片沃德面包	2 片沃德面包
1 捆胡萝卜	1 捆胡萝卜
1 磅内斯速溶咖啡	1 磅麦氏新鲜咖啡
1.5 磅汉堡	1.5 磅汉堡
2 听狄尔桃	2 听狄尔桃
5 磅土豆	5 磅土豆

当两张购物清单分别被两组妇女看过以后，请她们简要描述一下按此清单购物的家庭主妇的形象。结果，看了购物清单 A 的那组妇女，有 48% 的人称该购物者为懒惰的、生活没有计划的女人，只有很少（4%）的人把该购物者说成俭朴的女人，还有 16% 的人说她不是一位好主妇。在另一组看了购物清单 B 的妇女中，很少有人把该购物者说成是懒惰的、生活没有计划的女人，更没有人把她指责为不好的主妇（见下表）。

关于速溶咖啡与新鲜咖啡的购物者形象的描述

评价	购物清单 A（含速溶咖啡）	购物清单 B（含新鲜咖啡）
懒惰	48%	4%
不会计划家庭购物和进行时间安排	48%	12%
俭朴	4%	16%
不是个好主妇	16%	0%

所得的这个结果显示出两组妇女所想象的两个购物主妇的形象是完全不同的。它揭示出当时接受调查的妇女们的心里存在着一种心理偏见，即作为家庭主妇应当以承担家务为己任；否则，就是一个懒惰的、挥霍浪费、不会持家的主妇。而速溶咖啡突出的方便、快捷的特点，恰与这一偏见相冲突。在这个心理偏见之下，速溶咖啡成了主妇们消极体验的产品，失去了积极的心理价值。换言之，省时省事的宣传在消费者（家庭妇女）心目中产生了一个不好的印象。这个实验揭示了主妇们冷落速溶咖啡的深层动机：因为购买此种咖啡的主妇被认为是喜欢凑合的、懒惰的、生活没有计划的女人，所以速溶咖啡广告中宣传的易煮、有效、省时的特点就完全偏离了消费者的心理需求。

广告调查研究之后，广告主改变了原来的广告主题，在宣传上不再突出速溶咖啡不用煮、不用洗等省时省事的特点，转而强调速溶咖啡具有美味、芳香，以咖啡的色泽、质地来吸引消费者。避开家庭主妇们偏见的锋芒，消极印象被克服，速溶咖啡销路从此就被打开了。

无独有偶，当年美国某企业向市场推出其新产品"方便尿布"时，也遇到了同样的阻力。"方便尿布"用纸制成，用过一次便丢弃，故亦称"可弃尿布"或"一次性尿布"。在产品推广的初期，广告诉求的重点放在方便使用上，结果销路不畅。后经调查了解，仔细分析消费者的心理，方知该尿布虽然被母亲们认同确实使用方便，省去洗尿布的麻烦，但广告关于省时省力的宣传却使她们产生了心理上的不安：如果仅仅是方便使用而无其他品质，那么，购买、使用这种"一次性尿布"，只是为了母亲图省事，自己好像就成了一个懒惰、浪费的母亲，婆婆也会因此责备自己。

在深入细致的广告调查中，有这样一个真实的故事：一位年轻的母亲正在给自己的孩子换"一次性尿布"，这时门铃响了，原来是婆婆来家看望孩子。这下搞得母亲很紧张，情急之下，一脚将换下的尿布踢到床下，然后才去给婆婆开门。为什么要把尿布踢到床下？原来怕婆婆看到后有意见。在婆婆看来，给孩子洗尿布是母亲的天职，哪能嫌麻烦呢？给孩子用"一次性尿布"的母亲，必定是一个怕麻烦的、懒惰的、对孩子不负责任的母亲。鉴于此，新的广告创意策略针对这种心理进行了调整，广告诉求的重点发生了改变。新广告着重突出该尿布比布的质地更好、更柔软、吸水性更强、保护皮肤，婴儿用了更卫生、更舒服等特点。把产品利益的重点放在孩子身上，淡化了对于母亲方便省事的描述。广告语也变为："让未来总统的屁股干干爽爽！"于是，"一次性尿布"受到了母亲们的普遍欢迎，因为它既满足了她们希望婴儿健康、卫生、舒适的愿望，又可心安理得地避免被指责为懒惰与浪费的人，同时兼顾了两方面的心理满足。从此"一次性尿布"在美国流行起来。

（资料来源：吴柏林《广告策划实务与案例》，机械工业出版社，2010年，有改动）

速溶咖啡与一次性尿布的故事告诉我们，广告活动要想获得好的效果，就必须认真进行广告调查。在很多时候，光看表面是没有办法了解市场状况及消费者的真实需求的，只有运用正确的调查方法进行分析，才能采取合适的广告策略，取得良好的广告效果。

第一节　广告调查概述

一、广告调查的定义

广告调查，即"Advertising Research"，是指对广告活动及影响广告决策的因素所进行的调查，是市场调查的重要组成部分，从属于市场调查。根据日本电通《广告用语事典》对广告调查的定义，广告调查是指伴随着广告活动所进行的一切调查活动。其主要目的在于收集有关广告活动的信息，使各种广告活动踏实、周详，并尽量避免广告费用的浪费，使广告策划更趋于科学合理。它包括：

(1) 为发现或决定广告的诉求点而做的调查；

(2) 为分析购买者而做的调查；

(3) 媒介的量的调查；

(4) 关于媒介特性的调查；

(5) 媒介的接触率（如视听率等）的调查；

（6）商品或企业形象的调查；

（7）广告影响力（冲击力）的调查；

（8）购买动机的调查；

（9）关于投入市场的广告量的调查等。

平日里我们经常听到这样充满迷惑的追问："我的广告费哪去了呢？""我的广告有效吗？""做广告难道真的只能是雾里看花凭直觉靠运气吗？"如果在广告运作过程中进行理性、认真的数据分析，其实很多的广告浪费是可以避免的。

因此，广告调查是指运用科学的方法、客观的态度，以广告活动中所需要的信息及各种问题为调查对象，有效收集、整理、分析相关信息，从而为明确事实和制定各项广告决策提供基础性的数据和资料。广告调查与市场调查在调查方法和原则上是共通的，两者的主要区别是范围与服务对象不同，市场调查一般比广告调查的范围更广，广告调查往往是围绕具体的广告活动而进行的。

二、广告调查的意义

任何一次成功的广告活动，就是组织适当的广告信息，利用适当的媒体，将信息传递给适当的人群，从而达到理想的广告效果。要"适当""理想"，这两个看起来很简单的关键字眼，却是广告人一直追求并努力希望达到的目的。在进行一次广告活动时，真正要做到"适当"，就必须进行广告调查，只有通过广告调查，才能获得适当的广告信息，选择适当的媒体，传递给适当的人群。有人曾打比方，做生意而不做广告等于"夜送秋波"，但如果做广告而不做广告调查则是"盲人骑瞎马"。因此，广告调查是进行广告活动的基础，为有效进行广告活动提供正确的方向与依据。

（一）为广告策划提供所需资料

广告策划是对广告活动的全局性安排和规划，广告策划决不能凭空臆造，需根据特定的市场状况、消费心理和产品特点进行科学的安排。在进行广告策划过程中，广告人员常常面临众多需要解决的问题：如何确定广告目的、如何选择合适媒体发布广告、选择哪一种创意元素更能说明产品并能吸引人的眼球等。要真正解决这些问题，就需要进行广告调查。事实上，当前大多数企业都清楚，在广告策划中，只有在充分掌握产品或服务等各类资料的基础上，才能做出合理、科学的广告决策。

（二）广告调查是评价广告活动的依据

一次广告活动，往往会花掉企业成千上万元的费用，有时甚至几亿元、十几亿元，对于这些巨额的广告花费能得到什么样的效果，即广告活动效果怎样，是任何一家企业都很关注的问题，也希望有一个明确的答案。因此，为了检验广告的作用，清楚广告效果，更好地完善与改进广告活动，就需要进行广告活动效果调查。通过广告活动效果调查了解市场信息、消费者信息，从而检验广告主题是否正确、广告媒体选择是否恰当、广告预算是否合理等。

（三）广告调查是探讨广告运动规律、特点的手段

广告活动有其自身的规律、特点，作为广告人只有在了解这些规律、特点的基础

上，才能组织、策划好广告活动，使广告效果达到最佳。例如：微信广告效果好不好？如果好，好在哪里？可通过哪些方式来进行微信广告？又比如名人广告，名人广告的效果怎样？哪些因素影响名人广告的效果？找一个打篮球的明星做一款游戏广告合适吗？通过对这些问题的规律性的探讨，对于广告实践有重要意义。然而，广告活动的规律是不断发展的，人们对于广告的认识也在不断深入，因此广告调查者必须不断进行广告调查，才能及时掌握好广告活动的规律，为广告实践活动提供必要的指导。

三、广告调查分类

广告调查根据不同的标准，可以划分不同的类型。

根据调查的地理区域划分，广告调查可以分为国际广告调查、全国性广告调查、地区性广告调查。

根据调查在整体广告策划活动中的顺序划分，广告调查可分为前期调查和后期调查。前期调查是企业或广告公司为制作广告，对企业、产品及消费市场进行的调查；后期调查指在广告通过广告媒体传播一段时间后，为测定广告效果而进行的调查。

根据调查的工作方式划分，广告调查可划分为访谈调查、问卷调查、电话调查、观察调查等。

根据广告调查所调查的项目划分，广告调查可分为产品（服务）调查、市场占有率调查、消费者购买动机或行为调查、竞争对手广告调查、广告媒体调查、广告效果调查等。

按照传播的过程划分，广告调查可分为广告传播者调查、广告信息调查、广告媒体调查、广告受众调查。

第二节　广告市场调查项目

广告市场调查是进行广告策划、编制广告计划书的依据，具体包括广告市场所在的社会环境调查、消费者调查、产品调查和竞争对手调查等。对于这几部分的调查涉及收集第一手资料与第二手资料两方面，调查的方法、程序与之前有关章节的介绍基本相同，因此这里不再赘述。

一、广告环境调查

广告环境指广告活动所处的社会总体环境，对广告市场进行调查时，首先要进行广告环境调查，该调查应着重于以下几个方面：

（1）政治和法律环境的调查。该调查主要是分析政策法规对广告的影响。

（2）经济环境的调查。广告市场的经济环境调查，主要包括目标市场所在地的经济发展水平和市场容量，如就业、工资收入等。

（3）文化环境的调查。对文化环境进行调查主要是为了了解广告产品所处环境的文化特征、文化禁忌等，使广告和广告产品能够与社会文化相融合，而不至于发生严重的冲突；或者使广告及广告产品在扩展其市场空间时，不与新开拓环境的文化规则相冲突。

二、消费者调查

消费者调查是对与广告产品有关的各种消费者购买行为的调查，具体包括消费者行为的调查和心理因素的调查。

（1）消费者行为调查可以从五个方面进行：谁是购买者、在何处购买、在何时购买、如何购买及为什么购买。通过调查，可以准确描述消费者所追求的产品利益点是什么、有怎样的购买动机、购买者的行为特征是什么，从而使广告策略的制定更具有针对性。

（2）消费者心理调查。不同群体、不同阶层有不同的价值观、兴趣爱好和行为方式。有些人追求新潮时尚，有些人追求稳定、安逸，有些人追求恬静、简朴，通过对这些心理因素的调查，能够了解目标群体的文化价值观念和消费观念，分析他们购买行为产生的深层心理动机，进而找到他们与推广产品的结合点，从而寻找到恰当的诉求点和诉求方式。

三、产品调查

如果把广告环境调查、消费者调查、市场竞争性调查看作"知彼"的工作，那么产品调查就可看作"知己"的工作，所谓"知己知彼"方能"百战不殆"。

通过产品调查，有利于根据产品自身特点、在同类产品中的地位以及消费者的偏好等因素来确定产品的定位和相应的广告策略。产品调查的内容大致包括产品的规格、价格、样式、性能、种类、颜色、风味等。

四、竞争者调查

通过对竞争市场的调查，了解广告产品与竞争对手产品的市场占有率、销售渠道、促销手段与广告策略，并研究其在传播策略、广告内容创意和媒体组合等方面的成功与失败之处。广告主在认清本企业所处地位的同时，找出目标市场的薄弱环节和出击方向，选择适当的方式开拓市场，为广告策划提供必要的依据。

竞争者调查的内容主要有竞争对手的数量、规模、市场占有率、销售渠道、产品或服务的知名度、竞争者广告的数量及费用等。

第三节　广告媒体调查

通过对广告媒体的调查，了解媒体的受众面及受众群体的喜好，用最少的广告费用选择合适的广告媒体，以获得最大的广告效果。媒体选择的好坏直接影响到广告效果的大小与广告活动的成败。不同媒体的特点不同，广告调查人员应熟悉各种媒体的特点，从而在广告运作时选择合适的媒体。

小案例：

现象与分析：各种媒介传播信息的长短处

电视传播信息的长处：电视传播覆盖面广，且电视因为声音、图像的配合具有立体的形象性而得到大家的喜爱。短处：难以保存、查阅，而且时间短，缺乏深度了解。

报纸传播信息的长处：及时、方便，便于保存、查阅，有纵深度。短处：报纸要受交通条件的制约，影响它的时效，在交通落后的地区传播速度没有电视、广播快。

广播传播信息的长处：及时、方便，声音不可回避，广告与新闻只能一起听。短处：缺乏对广告内容的形象了解，时间短，保存、查阅不方便，受众有限。

杂志传播信息的长处：保存期长、印刷精美。短处：周期太长，发行量小，阅读率低。

路牌传播信息的长处：保存期长，在繁华路段能有针对性地产生影响。短处：影响力有很大局限。

网络作为一种新媒体，正以惊人的速度发展，冲击着传统媒体。与传统媒体相比，它具有很多先天的优势。长处：覆盖区域广，不受时间限制，也不受地域限制，内容丰富，可视性强，受众群体明显，基本集中在中青年段，而这一年龄段极富购买潜力，可统计性强。短处：可信度不高，泛滥成灾的流氓软件降低了广告的信誉。

（资料来源：吴粲《策划学》，中国人民大学出版社，2012年，有改动）

一、媒体的质与量

广告能否发挥最大效果，能否有效促进销售，选择什么样的广告媒体是非常重要的。传统的四大广告媒体有报纸、杂志、电视、广播；还有一些中小型企业非常青睐的小众广告媒体，如户外、礼品、直邮、售点、电梯等媒体形式。近几年来随着网络媒体与移动终端媒体等新兴媒体的发展，越来越多的企业开始考虑新兴媒体。如：2014年1月起海尔停止投放杂志广告，将加大对新媒体广告的投入。

（一）媒体质的调查

对于媒体质的调查，尽管难以有精确的计算方式，多数只能得到一个比较模糊的大致结论，但仍然是广告者们在调查时评判该媒体对品牌形象塑造及品牌销售所起作用的重要指标。通常包括：接触关注度、干扰度、编辑环境、广告环境和相关性。

1. 接触关注度

接触关注度指的是受众接触媒体时的质量，即受众接触媒体时的投入程度。奥美公司的一项研究报告指出：关注度较高的节目相对一般的节目来说，受众收看的意愿要高49%，相应的广告记忆度要高30%。这证实了媒体接触质量对广告效果的影响。这里的广告效果，指的是广告被理解及记忆的程度。

在操作上，主要以问卷的形式调查受众对各节目的接收频率、收看节目的连续性与主动性及错过节目的失望程度来调查各节目的接触关注度。

2. 干扰度

干扰度指的是受众在接触媒体时受广告干扰的程度。受众接触某一媒体，并不是为了看广告，如：看电视是为了看电视节目，而不是电视广告；打开网页是为了看新闻或娱乐性的消息，而不是看网络广告。因此广告占媒体的时间或版面的比例将影响广告效果，广告所占比重越高，受众受到的干扰度越高，广告效果就越低。干扰的现象就如同在房间里讲话：媒体则如房间，而受众如同房间中的人，每个广告代表一个声音，当只有一个声音时，我们能听清楚；而当众多声音一起响起时，因互相干扰，各声音反而听不清，广告效果也因此降低。所以我们通常以广告占媒体的比例来分析媒体的干扰度。其计算公式为：

$$干扰度 = \frac{广告时长}{总时长}$$

在计算干扰度时，同类竞争品牌的广告比其他类型品牌广告的干扰度更高。因此在进行具体分析时，为真实反应该现象，通常对同类竞争品牌广告进行加权，从而计算加权干扰度。

3. 编辑环境

编辑环境指媒体所提供的编辑内容对品牌及广告创意的匹配性。这种匹配性体现在媒体自身的形象与地位两方面。

（1）媒体形象。媒体本身存在于市场上一段时间后，在受众心目中会形成一定的形象。媒体本身的形象将吸引具有相同心理倾向的受众，对于具有类似形象的品牌或创意风格，能提供较为匹配的媒体舞台，因此具有较高媒体价值。反之，品牌或创意表现如果呈现在互不匹配的媒体舞台上，尽管在接触人数上差异不大，但所获取的媒体价值则相对降低。例如，以前卫诉求的品牌广告刊登在传统保守形象的杂志上，其媒体价值将大打折扣。

（2）媒体地位。媒体地位指特定媒体在其类别当中所占有的地位。领导地位的媒体对受众具有较大的影响力，因而在该媒体出现的广告具有较强的说服效果。如中央电视台在同类电视媒体中占有领导地位，因此，在中央电视台上做的产品广告也会有较强的说服力，消费者也会更信赖它播出的广告。

4. 广告环境

广告环境指的是媒体承载其他广告所呈现的媒体环境。它与干扰指数不同，干扰度是计算媒体内广告的量，而广告环境则是指媒体内广告的质。如果媒体所承载的其他广告都是形象较佳的品牌，那么，本品牌也会被受众归类为同等形象的品牌。反之，如果媒体内其他广告多为虚假、粗劣的广告，则该品牌广告也会被认为是虚假、粗劣的。

5. 相关性

相关性指产品类别或创意内容与媒体本身在主题上的相关性。例如，化妆品刊登在美容类刊物上，运动类商品刊登在体育类刊物上。调查相关性的好处在于，受众对某类型的媒体有较高的兴趣，那么他们接触该媒体的频率就高，因而在此媒体上做广告，比在毫不相干的媒体上做广告效果要好。

（二）媒体量的调查

媒体质的调查的重点在于分析媒体说服的深度及效果，而媒体量的调查则是计算媒体的广度及成本效率。下面主要以印刷、电波、网络媒体为例进行分析。

1. 印刷媒体调查

印刷媒体调查主要是为了获得发行份数、阅读率、读者群等资料。

（1）发行份数。

在一些发达国家多设有 ABC（发行份数公查机构或发行稽核局，一般称之为 ABC）组织，凡参加 ABC 组织的报社、杂志社，都会经过公开调查，定期公布其发行份数。如果是同一印刷媒体，其广告效果可与发行份数成正比，即发行份数越多，广告效果越大，所以对于印刷媒体，发行份数的资料十分重要。

（2）阅读率。

虽然该报纸、杂志的发行量是数十万份甚至上百万份，但读者有没有注意到刊登的广告，有没有阅读该广告，都是未知数。对于广告主来说，最想知道的是有多少人看过该广告，具体的数目到底是多少。阅读率调查就是调查读者对报纸、杂志等印刷媒体的记忆及广告注目的情况，主要包括广告的注目率及精读率。

日本的某报纸每年进行 6 次广告注目率调查，每次连续 7 天，调查是在报纸发行的第二天进行，采用电话调查法。首先确认读者是否看过昨天的报纸，再确认被调查者手中是否有被调查的报纸。确认后请被调查者回答一组选择问题，即你是否看过某版的某个广告？回答三选其一：确实看过，好像看过，记不起看过。回答"确实看过"的读者就是该广告的注目者，其人数与看过报纸的人数之比，就是广告注目率，也是广告实际到达人数。

$$广告注目率 = \frac{的确看过 A 广告的人数}{读过刊载 A 广告的报纸人数} \times 100\%$$

读者接触报纸的习惯和接触广告的习惯表明，读者能否接触到广告，首先取决于能否接触到刊载广告的版面，接触不到广告版面一般是接触不到广告的。因此，版面阅读率是广告接触的最高限度，版面阅读率越高，广告接触的可能性就越大。但是版面阅读率并不是决定广告接触的唯一要素。研究表明，广告规格大小、广告产品的类别、广告色彩、广告刊载时间都是影响广告注目率的重要因素。而这几个因素在读者中存在不同程度的差异，当我们把握了这些因素的影响差异，在进行媒体选择与媒体投放计划时，就能比较准确地测算广告的传播效果。

我们可通过科学的调查方法取得第一手资料，从而正确计算印刷媒体的广告注目率。需要注意的是，广告注目率反映的是读者对过去一天看过的广告的认知、记忆情况，所以我们在计算广告注目率时必须强调它的时效性。

精读率是指认真阅读 50% 以上广告内容的读者百分比。

（3）读者群。

在广告活动之前，须先弄清楚该广告面对的诉求对象是大学生还是白领阶层，是未婚的年轻女性还是已婚的家庭妇女。只有首先明确了广告的诉求对象，在进行广告时，才能有的放矢。如果广告的对象是家庭主妇，那么最好选择的是家庭主妇们经常接触的媒体；如果广告的诉求对象是大学生，就应选择大学生经常接触的媒体。

可见，分析媒体的读者群非常重要，某家报纸、杂志读者的性别、年龄、职业、收入基本上能表现出该印刷媒体读者的大致情况。比如美容类杂志的读者基本是女性群体，尽管年龄、职业、收入不同会影响不同读者的偏好；而经济类杂志的读者主要集中于"高学历、高收入、高消费"的男性群体。因此，在进行广告时，我们必须考虑到各印刷媒体的读者群，使广告对象与印刷媒体的读者尽可能最大限度地重合。

调查资料显示，近年来随着网络与新媒体的发展，越来越多的受众基本上将时间都花在网络与手机上，特别是"90后""00后"年轻人已经很少接触报纸与杂志，年轻读者的大量流失，对于今天的印刷媒体来说，已成为不得不尽快想办法解决的严峻问题。

2. 电波媒体调查

电波媒体包括电视与广播，两者媒体量的计算方式基本一样。下面以电视为例进行说明。

（1）收视调查。

电视媒体的收视调查主要了解以下内容：

开机率：所有拥有电视机的家庭或人口中，在特定时间段里，暴露于任何频道的家庭或人口的比率。如在晚间8点，某地区100户调查样本家庭中有40户家庭在看电视节目，那说明该地区的开机率为40%。

开机率是从整体的角度去了解家庭与个人的总体收视情况，主要意义是对不同市场、不同时期收视状况有所了解，如分析全年开机率可以发现各地在冬季与夏季收视习惯的变化，寒暑假对中小学群体的收视有显著的影响。

收视率：指在特定时间内，收视某特定节目的家庭或个人占全部家庭或人口的比率。依计算单位不同可以分为家庭收视率与个人收视率。

（2）观众群。

一般来说，一个电视节目要想获得好的效果，在策划前期首先预设收视阶层，并按照该阶层进行节目的创意与策划。同时，当一个电视节目有固定的观众群体时，观众对自己喜欢的节目一般有较高的归属感，接触程度也较高。观众信息同时也可以帮助判断该节目观众属于哪一阶层，如在该节目上投放与观众相关的产品广告，往往能取得较好的效果。反之，如果产品的消费者不是该节目的观众，或在该节目观众中所占比例较小，如投入该产品广告，那么广告效果肯定不好。

（3）电视媒体调查的方法。

电视媒体调查常用的方法有：日记法、电话调查法、个人收视记录器法。

①日记法。日记法是以问卷留置的方式，选定样本户留置问卷，记录样本家庭成员收视的节目、时间等，然后在固定的时间内收回，从而统计出各阶层的收视率、到达率及接触频次。

②电话调查法。电话调查法是指通过电话询问被调查对象正在看什么节目或看过什么节目等内容的调查方法。

③个人收视记录器法。个人收视记录器法是目前一些比较大的调查公司常用来调查

收视率的一种方法。在样本家庭中装置收视记录器，记录器上设有各收视者的按键，收视者在收看及离开时以按键方式按下代表个人的按键，以记录样本家庭中成员每天的收视状况。

3．网络媒体调查

与印刷媒体、电波媒体相比，网络媒体广告在传播渠道和表现方式上都发生了巨大的变化。目前调查内容主要包括：网络媒体接触习惯、网民消费需求调查、用户特征。

（1）网络媒体接触习惯调查。

通过对网民互联网活动访问的网站平台、访问频度及网民浏览信息的类型进行调查，从而了解网民接触不同网站的习惯，为产品选择合适的网页、平台提供数据支撑。

（2）网民消费需求调查。

调查网民消费的产品类型以及调查网民准备消费的产品，从而为企业在生产中提供指导。只有了解了网民的消费需求，企业才清楚什么类型的产品才能满足消费者，才能决定生产什么类型的产品，决定怎么做产品推广。

（3）用户特征。

调查经常接触某网站网民的年龄、性别、地区、婚姻状况、职业、教育水平、收入等用户基本情况，从而了解到该网站用户特征，才能有针对性地根据产品的消费群体选择相关的网站平台进行广告宣传，从而在一定程度上避免广告浪费。

（4）网络媒体常用调查指标。

①点击率。点击率是指网站页面上某一内容被点击的次数与被显示次数之比，它是一个百分比，反映了网页上某一内容受关注的程度，常常用来衡量广告的吸引程度。例如，某网页被打开了 10000 次，而该网页上某一广告被点击了 500 次，那么该广告的点击率为 5%。

②页面浏览量。网页页面浏览量，类似于电视的收视率，是衡量一个网络新闻频道或站点甚至一条网络新闻"好坏"的主要指标。页面浏览量越大，如在该网页进行广告，往往效果越好。

③独立访问者数。实际浏览的人数，在统计访问数据的时候同一 IP 地址的多次访问只被记录一次，该数据较真实地反映出某一站点或新闻页面的实际质量。

4．其他媒体调查

除了上面所介绍的大众媒体之外，目前也有很多企业会选择户外、交通、直邮、POP 等广告形式，这一类广告形式主要调查它们的功能、特点、影响范围、广告费用等。对于路牌广告、霓虹灯广告、交通广告的接触率，一般通过进出商店的人流数、交通人流数、乘客人数等来进行测算。

二、广告媒体调查中常见的基本概念

（一）收视（听）率（Rating）

收视（听）率指接收某一特定电视节目或广播节目的人数（或家庭户数）占总量的百分比。收视（听）率是广播电视媒体最重要的术语之一。广告主与广告公司根据收视（听）率决定购买某电视、广播节目的广告时段。同样，媒体也将收视（听）率作为广告刊播费率的指标之一。一般来说，某节目的收视（听）率越高，广告发布的费用也会越高。

$$收视（听）率＝\frac{收视（听）节目人口数（家庭数）}{总人口数（家庭数）}×100\%$$

假设在某时段，调查总人数为 500 人，其中收看节目 A 的人数有 200 人，收看节目 B 的人数有 100 人，收看节目 C 的人数有 100 人，未看电视的人数有 100 人，节目 A 的收视率为（200÷500）×100％，即 40％；节目 B 的收视率为（100÷500）×100％，即 20％；节目 C 的收视率为（100÷500）×100％，即 20％。

（二）毛评点（Gross Rating Points，简称 GRPs）

毛评点又称总视听率，是指广告播出数次之后，接触该广告的人数与传播范围内总人数的比例之和，是一则广告在媒体上推出数次后所达到的总效果。如果用一种媒体做广告，毛评点反映的是这一媒体的总效果；如果同时用几种媒体做广告，毛评点反映的是这一组合媒体的总效果。其计算方式是：

$$毛评点＝广告发布次数×收视（听）率$$

例如，某媒体栏目的视听率为 20％，发布广告 6 次，其毛评点为 20％×6＝120％；如果广告发布 10 次，毛评点则为 20％×10＝200％。因此毛评点是可以重复计算的，如果在同一媒体的不同栏目中发布广告，毛评点就需要分别计算，然后相加。一般来说，毛评点要进行具体的调查统计之后才能得出，它可以综合反映每则广告的总效果，同时可以反映同一广告在不同媒体上播出的效果。

（三）到达率（Reach）

到达率又称接触率，是指广告由某种媒体刊播后，一段时间内接触到这则广告的人数占媒体传播范围内总人数的比率，即看到或听到某一广告人数的百分比。其计算公式为：

$$到达率＝\frac{接触到广告的人数}{传播范围内的总人数}×100\%$$

到达率的到达人数不可重复计算，不管受众接收过多少次同一广告，到达率都只能算一次。到达率适用于任何媒体，不同媒体由于各自的特点不同，其计算方法在时间周期上有所不同。电视、广播、报纸、户外等广告媒体，通常以一个月为一个周期计算到达率；杂志一般以某一特定发行期经过全部读者阅读的寿命周期作为计算标准，如美国《读者文摘》杂志的每期平均阅读寿命约为 11 至 12 周。到达率多数在需要进行媒体的组合分析时运用。

（四）暴露频次（Frequency）

暴露频次又称频次，指在一定时期内，每个人（或家庭）接收到同一广告信息的平均次数。其计算公式为：

$$暴露频次＝\frac{毛评点（总收视率或总收听率）}{到达率}$$

（五）每千人成本

每千人成本（Cost Per Thousand，简称 CPT），表示"每一千人接触媒体，需要多少费用"。其计算公式为：

$$每千人成本＝\frac{广告费}{接触者}×1000$$

例如：A、B两份性质相近的报纸，对同一广告，收费分别为 8 万元和 5 万元，前者发行量为 100 万份，后者为 50 万份，A 报纸的每千人成本是（8÷100）×1000＝80 元，B 报纸的每千人成本是（5÷50）×1000＝100 元。可看出 A 报纸尽管总费用较贵，但发行量较大，因此其每千人成本比 B 报纸要便宜些。

每千人成本是目前应用最广、使用最简单的指标，除可运用到印刷媒体上，也可运用到电波媒体、网络新媒体及其他媒体的选择上。

第四节　广告效果调查

每一位广告主在刊播前都十分关心广告能否引起消费者的注意、能否有助于提高品牌的知名度、能否促使消费者对广告品牌产生好感、能否促进产品销售等问题。而在广告传播活动结束后，广告主们往往会想知道广告是否达到了预期的效果，企业为该次广告所做的投资是否值得。因此，企业在发布广告之前，最关心的是有没有必要进行这次广告活动和该次广告活动所取得效果与投入是否成正比。而要提前了解广告所取得效果与投入相比是否划算，广告效果的调查是必需的。

一、广告效果的含义

通常广告发布后，会对受众产生各种各样直接或间接的影响，并带来相应的变化，这种影响与变化，就是广告效果。广告主开展广告活动的目的不同，希望获得的广告效果也会有所不同。但不管怎样，广告主都会要求广告活动能达到之前预期的目的并获得相应的收益。

广告效果可以从狭义与广义两个方面来理解。狭义的广告效果指的是广告取得的经济效益，即广告传播能促进产品销售的增加，也就是能带来销售效果。广义的广告效果是指广告活动目的的实现程度，是广告信息在传播过程中所引起的各种直接或间接变化的总和，除了经济效益，还包含心理效益和社会效益。

二、广告效果的分类

广告作为一种信息传播活动，其产生的影响是广泛的、多种多样的，因此，可以从不同角度对广告效果进行分类，有利于加深对广告效果的认识，以便于根据不同类型的广告效果采取不同的调查方法，以取得理想的调查结果。

（一）按影响范围和涵盖内容划分

按影响范围和涵盖内容划分，广告效果划分为经济效果、心理效果和社会效果。广告的经济效果即广告的销售效果，是指广告活动促进产品和劳务的销售、增加企业利润的程度。广告的心理效果是指广告活动引起消费者心理上的反应程度，表现为广告活动对消费者的认知、态度和行为等方面的影响。广告的社会效果是广告对社会道德、文化教育、伦理、环境的影响，良好的社会效果也能给企业带来良好的经济效益。

（二）按产生效果的时间划分

一项广告活动开展后，从时间关系上看，广告产生的影响有多种情况，包括即时效果、近期效果和长期效果。即时效果是广告作品发布后，很快就能产生效果，主要指即时性的促销效果。如：购物网站上的促销广告，就能在极短的时间促使网民下单付款；超市里的POP广告，会促使顾客立即采取购买行动。近期效果指广告发布后在一个月、一个季度或半年的时间内，商品或劳务的销售额出现一定程度的增长，品牌的知名度、美誉度等有一定幅度的提高。近期效果是衡量一则广告是否取得成功的重要指标，因此，大多数企业都比较重视广告的近期效果。长期效果指广告在消费者心目中产生的长远影响和对受众在观念上的冲击。

在调查广告效果时，除了要求企业从短期角度评判广告活动的效果，更要从长远的角度分析广告所发挥的作用。

三、广告效果调查方法

（一）市场实验法

这是在广告发布前与广告活动过程中采取的主要方法。市场实验法又被称为市场销售试验法，指在广告推广过程中，对某地区或市场推出广告前后销售状况进行纵向比较，或将广告推广的"实验市场"与没有广告推广的市场进行横向比较，根据销售效果变化的大小，调查出广告活动效果。该方法要求选择的实验地区、对象与比较的非实验地区、对象有类似的特征，而调查的实验地区与对象具有一定的代表性。

（二）统计法

统计法是运用有关统计的原理与计算方法，推算广告费与商品销售的比率，测定广告的销售效果，主要有广告费用比率法、单位广告费用销售增加额法、广告效果比率法、市场占有率法。

（1）广告费用比率法：主要表明广告费支出与销售额之间的对比关系。其计算公式为：

$$广告费用比率 = \frac{本期广告费用总额}{本期广告后销售总额} \times 100\%$$

广告费用比率越小，广告销售效果越好，反之则越差。

（2）单位广告费用销售增加额法。其计算公式为：

$$单位广告费用销售增加率 = \frac{本期广告后的销售总额 - 本期广告前的销售总额}{本期广告费用总额} \times 100\%$$

单位广告费用销售增加率越大，说明广告效果越好，反之越差。

（3）广告效果比率法。其计算公式为：

$$广告效果比率 = \frac{本期销售额增长率}{本期广告费用增长率} \times 100\%$$

广告效果比率越大，广告销售效果越好，反之则越差。

（4）市场占有率法：指某品牌产品在一定时期、一定市场上的销售额占同类产品销售总额的比率。其计算公式为：

$$市场占有率 = \frac{某品牌产品销售额}{同类产品销售总额} \times 100\%$$

市场占有率在一定程度上反映了本企业产品在市场上的地位、竞争力和广告的市场拓展能力。

（三）问卷法

问卷法可以通过邮寄、网络等公开征集回函或访员上门访问的方式进行。当然，如果能够许诺消费者某种好处，反馈率是相当可观的。这是一个比较费时、费力的方法，但测定对象覆盖面广，可以比较全面地了解问题。比如消费者的品牌认知度、品牌忠实度等，都能够有所反映。

本章小结

广告调查与市场调查在调查方法和原则上是共通的，两者的主要区别是范围与服务对象不同，市场调查比广告调查的范围更广。广告调查为广告策划提供所需资料，是评价广告活动的依据，是探讨广告运动规律、特点的手段。广告调查根据不同的标准，可以划分不同的类型。广告市场调查包括广告市场所在的社会环境调查、消费者调查和产品调查、竞争对手调查。广告媒体调查包括媒体质的调查与量的调查。媒体质的调查包括接触关注度、干扰度、编辑环境、广告环境和相关性。印刷媒体主要调查发行份数、阅读率、读者群等资料。电波媒体主要调查收视情况、观众群。电视媒体调查常用的方法有日记法、电话调查法、个人收视记录器法。网络媒体主要调查网络媒体接触习惯、网民消费需求、用户特征。网络媒体常用的调查指标有点击率、页面浏览量、独立访问者数。广告效果可以从狭义与广义两个方面来理解。狭义的广告效果指的是广告取得的经济效益；广义的广告效果除了经济效益，还包含心理效益和社会效益。广告效果调查方法有市场实验法、统计法、问卷法。

思考与练习

1. 试述广告调查的意义。
2. 广告调查的主要内容有哪些？
3. 如何理解每千人成本这一指标？
4. 根据不同的角度对广告效果进行分类，广告效果可分为哪些？
5. 讨论：企业应如何更好地利用市场调查为自己的广告活动服务？
6. 实训设计：

某文化公司想在高校发布校园广告，但不知怎么下手。为明确广告主题与广告风格，保证其广告效果，特进行一次随机调查。

（1）请为该公司设计一份调查问卷。
（2）根据调查结果完成一份调查报告。

第八章　影视市场调查

　　自 1987 年起，中央电视台为了能够及时了解全国电视观众的市场需求和影视市场发展的基本现状，每隔五年就会进行一次"全国电视观众的抽样调查"。

　　电视节目创新的根本目的就是贴近广大电视观众，满足观众的收视需求，所以了解观众对于电视节目类型的喜好以及研究什么类型的节目更能吸引观众就显得尤为重要。这些调查数据的背后就能看出我国电视观众的需求状况，以及了解我国电视观众的规模和结构的变化，了解观众收看节目背后的原因，了解我国电视观众的收视偏好，从而推进我国电视节目的发展。

　　调查数据显示，2012 年，我国电视观众规模已达到了 12.82 亿，并保持持续增长的趋势；观众的文化程度也在逐步提升。另外调查中还发现人们接触的主要媒体也发生了很大改变，虽然电视媒体仍然是人们接触的主要媒体，但是电视媒体、报纸媒体和杂志媒体等正逐步被网络媒体和手机媒体等新媒体替代，特别是现在互联网和手机媒体所具有的便捷性更使得它们所占的比重逐年上涨。这些因素都可能影响观众的节目偏好和收视习惯。

　　通过对调查结果的分析，中央电视台还发现我国电视观众的收视动机主要是"了解新闻资讯"和"休闲娱乐"，收视的需求也越加多元化，另外，给人放松感和贴近百姓生活的电视节目主持人或是嘉宾也可以吸引电视观众选择该电视节目。调查还了解到电视剧仍然是电视台凝聚观众的手段，并且都市剧和偶像剧更受到电视观众的喜爱。

　　正是由于有了对电视观众的了解，中央电视台才能及时了解自身的长处与不足，并从中寻找到更好的企业发展思路，及时对企业的经营策略做出调整，提高自己的市场竞争力。

第一节　影视及影视市场概述

一、影视概述

(一) 影视的概念与特点

影视是包括电影、电视等在内的影像艺术的表达对象，以光盘、磁带等存储器为载体，以银幕、屏幕放映为目的，而实现以视觉与听觉综合为观赏对象的艺术表达。

影视作为文化商品，具有"两栖性"特点。一方面，它承担着意识形态的功能，在当今各国的影视政策中我们可以看出，各国都把影视看成重要的思想文化宣传阵地；另一方面影视又承担着娱乐消遣的功能。

(二) 影视产业的形成与发展

影视产业属于文化产业中的视听行业，是在商品经济体制下，电影与电视产品在制作、放映及销售等生产或服务环节中形成相互竞争与合作的企业的集合。

经过多年的发展，我国影视产业已经逐渐崛起，形成了电影产业、电视剧产业、网络产业和广播电视广告产业蓬勃发展的格局。总体上看，影视已经从主要依靠财政拨款的经营模式转变为以经营创收为主、财政拨款为辅的经营模式。

1. 我国电视产业的发展历程与成绩

1958 年 5 月第一座电视台——北京电视台（现中央电视台前身）开始试播。1958 年 9 月 2 日正式向北京市开播。我国的电视事业高歌猛进，成为发展最快的行业之一。据 2004 年中国广播电影电视年度发展报告，截至 2004 年 9 月，我国已基本建成了有线、无线、卫星多技术、多层次混合覆盖的全国广播电视网。2005 年，全年播出电视节目达 1283 万小时，比 2004 年增长了 16.35%；电视剧产业继续稳步发展，年产量已经突破 15000 集。

电视已经成为统一完整、相互配合、自成体系、设备精良、综合运用各种现代化手段，并由卫星、光波、光缆电缆交织出的一个巨大的立体传播网、混合覆盖网。

2. 我国电影产业的发展历程与成绩

新中国成立后，我国建立起了一个从管理到生产经营的完整配套的新中国电影产业体制。电影行业完全按照计划经济模式运营，统一由国家预算拨款和专项拨款维持其建设、生产和流通。在制片方面，制片厂根据上级对数量及题材的严格计划接受影片拍摄任务。在发行方面，作为全国发行放映总代理的中影公司负责收购影片，之后通过等级分明的各个发行放映公司以业务和行政相结合的手段从省、市、县往放映单位发放拷贝。

1993 年颁布的《关于当前深化电影行业机制改革的若干意见》及其实施细则标志着电影体制改革的开始，40 多年的计划经济下电影的统购统销以及由此形成的制片、发行、放映三者之间利益分配上的不合理开始发生变化。

2002 年《电影管理条例》的颁布使得制片业初步放开，一些民营机构被允许的投入可以独立投资拍摄电影。民营资本的投入，打破了旧有的国有制作机构一统天下的格局，为制片业带来新鲜血液，使制片业呈现出主体多元化的特点。

我国电影产业随着国家的经济发展形成了一定的规模，具有了良好的产业发展基础。产业规模逐渐扩大，产业实力增强。

（三）影视产业的功能与特征

自 19 世纪末第一部电影的产生到今天，影视行业的发展已有了一百多年的历史。在大众文化的背景下，影视产业成为一种普遍的文化消费。它具有娱乐性和教育性的双重属性。同时影视是在一定程度上对生活进行艺术加工的表现，既能反映社会现实，也能体现当下的人文现状以及社会整体价值的取向。并且，影视产业所带来的文化精神和思想价值对广大受众的影响是不容忽视的。

相对于其他产业而言，影视产业有以下主要特点：一是影视产业与意识形态紧密相连，在宣传领域占有重要地位；二是影视产业与资金市场紧密相连，是一个高投入的产业；三是影视产业的知识密集程度较高，进入的门槛也比较高；四是智能化、数字化、虚拟化等新经济特征日益渗透到新兴的影视产业中。

（四）影视的分类

对于影视的分类有很多种，可以根据影视本身的形式、艺术风格，甚至是根据收看的受众都可以分成不同的类别。对于影视的分类也有利于明确影视市场调查的目标和内容。

对影视进行分类的目的是方便影视行业的从业人员了解影视消费群体的消费偏好，从而提高企业自身的竞争力。所以在实际的调查中，针对不同的调查目标和内容，需要灵活地选择合适的分类方法。

二、中国影视市场概述

（一）中国影视市场的概念与特点

影视市场，是指按价值规律进行影视产品交换和提供有偿影视服务活动的场所，是社会主义影视产品生产和消费的中介。

中国影视的市场化是在进入 20 世纪 90 年代之后被提上日程的。自 1993 年开始，在计划经济体制向社会主义市场经济体制转型的大背景下，影视业也开始进行市场化探索。

党的十六大明确指出，要深化文化体制改革，在发展文化事业的同时，要大力发展文化产业。这对于影视产业的发展进程有着里程碑的意义。按照党中央关于文化体制改革的总体思路，影视被明确定义为"可经营的文化产业"，这就要求我们要具有适应社会主义市场经济发展要求的新的影视发展观。

1. 影视市场参与主体多元化

一方面，一些原有的影视公司加速了自身的全产业链布局，力图贯穿投资、制作、发行、终端等环节，如万达集团成立了万达影视传媒有限公司，正式进军影视行业，开展了影视产业的投资、制作、发行、放映以及后产品等全产业链的服务。另一方面，一些资本雄厚的企业也将资金投入影视行业，使影视行业得到了外围资本的支持。此外，中国的互联网公司也相继涉足影视产业，引领了影视娱乐产业的发展，如优酷、爱奇艺等都开发自己的自制剧。

2. 影视市场的经营模式特殊

影视行业的经营模式是比较特殊的。首先，从它的采购方面看，无论是剧本的创作服务、演员的劳务等，它所采购的对象都是无形的；其次，从它的生产方面看，它不像传统的制造业，在固定的场所由固定的人员完成产品的制作过程，影视行业的生产过程是由一个个不同的剧组在不同的场景下摄制完成的，所以每一次生产出来的作品也是各不相同的；最后，从它的销售模式上看，影视行业的主要客户是电视台和各大影院，影视剧制作机构销售给电视台和影院的是影视的播映权，也是无形的。

3. 影视制作机构区域性较集中

在影视制作机构的分布上，中国的影视制作机构区域相对集中，大部分分布在北京、上海、广东和浙江这几个城市和省份。但随着影视制作技术的进步和普及，影视制作机构的区域分布会逐渐扩大。

（二）中国影视市场的发展

近年来，随着文化体制改革的深入，中国的影视市场发展非常迅速，并且日渐繁荣。2009 年颁布的《文化产业振兴规划》将文化体制改革和大力发展文化产业上升到国家战略的层面，并且明确地提出要深化文化体制改革，打开文化传媒行业的投融资渠道。正是有了政策的支持，我国影视市场得到了空前的发展。

1. 需求状况

我国影视产业主要包括电影和电视产业，从电影的需求状况来看，我国需求状况竞争力指标位居各国之首，张江艺（2004）用无量纲化变换方法测算出我国需求状况竞争力指数为 0.66，美国为 0.65，日本第三，韩国第四，总的看来我国需求竞争力优势地位明显，较好地反映了人们普遍的心理预期。我国影视产品的市场需求旺盛，市场潜力很大。自 2011 年起，中国影视产业的发展持续升温，影视的产量呈每年 40%～50%的增长趋势，影视市场的发展前景广阔。

2. 融资渠道及体制

我国的影视产业融资起步较晚，原来一直都是政府主导的单一的融资渠道，很多影视产业的核心部分不允许民营资本和境外资本进入。2004 年电影企业和电视剧制作机构在股份制改革和上市融资方面进行了初步探索，不断有广播影视类公司在证券交易所上市。

3. 相关产业

影视产业之所以在商业社会里居于高利润产业的前列，是因为它营利的渠道不仅在于票房收入，其相关产品的收益也占据了很大的份额。从影视产业的营利方式可以将其分为"影视市场"和"后产品市场"。美国影视产业的总收入中，影视市场收入和后产品市场收入形成的市场营利结构被称为"二八"结构。而在我国影视产业的总收入中，影视市场和后产品市场形成的是与美国影视产业营利结构相反的"八二"结构。相关产业的开发还没有形成规模，主要还只是停留在影视节目的制作、发行与放映等主要环节，其衍生产业的形成发展还需一段相当长的时间。

4. 产业政策和法规

文化体制所辖的产业政策将影响资本运作的进程。在《经济大辞典》中，产业政策被解释为指示产业发展方向、规划产业发展目标、调整各个产业之间相互关系及其结构变化的措施和手段的总和，是整个经济政策体系的一个重要组成部分。近年来，有关影视产业的法律法规不断完善，与影视市场有关的细化法律法规也不断涌现，包括了国家对影视行业的金融扶持、对影视作品知识产权的保护以及影视作品的税收政策等。

第二节　影视市场调查内容

一、影视市场调查的概念与作用

自 2002 年我国开始院线制改革来，中国影视产业就进入了高速发展的阶段。影视市场持续火爆，影视的观众群体也不断壮大。但是随着时代变更，影视观众群体及其观看偏好、消费心理、消费行为以及信息获取的渠道等情况也都在逐步地发生变化。特别是近年来，出现了许多影片特别是部分国产影片疏远影视观众的现象，从而在竞争中失去了市场竞争力。中国影视企业为了能在激烈的竞争中取得胜利，了解市场、分析市场就显得尤为重要。

影视市场调查是进行影视活动策划的依据，具体包括影视市场所在的宏观社会环境调查和微观市场环境调查。

二、影视市场调查内容

（一）宏观社会环境调查

在进行市场调查的研究过程当中，首先要了解研究的宏观背景，才能更好地确定市场调查的目标及内容。对于怎样开展背景研究来说，凡是直接或是间接影响所调查事物的资料都应该进行收集和整理。

1. 政治方面的环境

政治环境调查主要是了解影响市场的国内外形势及政策。影视制作企业只有了解了国家政策和制度的调整或改变，才能尽量避免经济上的风险和损失。而国家之间发生战事甚至是政治和社会的动乱都会影响影视受众选择影视节目的偏好。

2. 法律方面的环境

这里所说的法律不仅仅是国家的法律法规，还包括一些行业政策法规，例如国务院 2001 年颁布的《电影管理条例》以及国家广播影视广电总局 2000 年颁布的《电视剧管理规定》，涉及了影视的经营许可、影视备案公示和设置行政的许可、影视内容审查的许可以及影视播出的审查等内容。

3. 经济方面的环境

影视产业作为文化产业，它的发展与人民的生活水平密切相关，经济的增长必然会带动文化产业的发展。

4. 社会文化方面的环境

社会文化方面的环境主要包括了宗教信仰、风俗习惯、文化水平差异以及思维方式等方面。几乎所有的行业会受到国家或地区的文化和传统习惯的影响，影视行业当然也一样，因为只有如此才能够为消费者们所接受。通过比较韩剧和 TVB 剧我们就可以看到不同地方的文化、风俗及思维的差异。

5. 科技方面的环境

现在是科技时代，科学技术就是生产力，及时了解国内外新技术和发展趋势更加有利于促进行业的发展。科技对于电影电视行业来说也是相当重要的，如电影已由 2D 电影发展到 3D 电影、4D 电影，更向着越加全面的方向在发展，不断满足消费者在观看电影时的视觉、听觉、触感等各方面的需求，带给消费者更多的感官享受。

（二）微观市场环境调查

1. 市场需求环境

虽然说中国经济的飞速发展使得影视市场的需求量成大幅度逐年上涨的趋势，但是市场的供给情况相对于需求来说，其增长的幅度更大，影视行业的竞争非常激烈。企业可以通过对影视行业市场的基本情况调查来寻找自己正确的经营管理的决策。

市场需求方面的环境主要是消费者的购买力水平，消费者购买力水平主要包括四个方面：货币收入、流动购买力、结余购买力、非商品性支出。消费者花费在影视上的货币支出就属于非商品性支出。在一般情况下，非商品性支出一方面取决于居民的货币收入水平及富裕程度，另一方面取决于各种文化及服务事业的发展情况和收费标准。

2. 人口环境

对于人口环境来说，主要取决于人口的年龄、性别差异以及观众受教育的程度。不同年龄层的消费者对影视类型的选择偏好会有很大的差距。不同性别的消费者对于影视类型的选择也是不尽相同的，比如男性相对于女性来说，更倾向于观看带有动作性及英雄主义的影视剧。当然人口的数量也对市场需求量有一定的影响。

对影视的受众的调查可以有助于企业和个人了解市场的需求，明确市场发展的趋势。如今，经济飞速发展，人们收入增加，这更加刺激了人们对文化市场的消费需求。影视行业的从业者可以通过市场调查了解影视受众的消费观以及消费偏好，企业也可以通过调查来推出更符合影视受众消费需求的产品，提高企业自身的竞争力。另外，影视受众的调查还可以有助于企业及时把握公共舆论，改善企业的形象，吸引影视消费者进行选择。

3. 竞争者调查

对市场竞争者进行调查是为了能在激烈的竞争中形成优势，可以通过对竞争者的调查来了解竞争者的数量和分布、经营的策略、未来发展方向以及自身企业所占的市场份额，做到知己知彼。企业可以通过竞争者的调查查漏补缺，充实和完善企业自身，完善整个企业的系统，提高企业的竞争力。

三、影视市场调查的方法

对于市场调查方式来说，通常有两种形式：一种是自填式问卷的办法，一种是结构访问式的方法。其中自填式问卷办法是指由调查者将设计好的调查问卷发给被调查者，然后由被调查者自行填写该问卷，如送发式问卷、邮寄式问卷、报刊式问卷都是属于自填式问卷调查法。而结构访问式调查则是指由调查者事先设计好问卷或是问卷提纲，然后向被调查者提问，根据被调查者的回答填写来完成问卷。如人员访问式和电话访问式问卷都是属于结构访问式调查法。

通常而言，结构访问式调查法为了方便以及避免访问员的误差，会尽量将问卷设计得简洁，多采用简单的封闭式题目进行提问。而自填式问卷则可以借助消费者的理解，把问题设计得更加全面。

影视行业调查方式的选择，根据调查对象和调查环境的不同，所选择的调查方式也不尽相同。

第三节　影视市场调查步骤

一、确定调查的目标

确定调查目标是制订调查计划的依据，所以要正确确定调查的目标。我们确定的目标必须遵守三个原则：准确性、可实践性和真实性。

（一）准确性

调查目标设计的准确性是指在确定调查的目标时，表述的范围不能过大、过小或是有不确定的歧义等。比如将调查目标定为"最受欢迎的综艺节目调查"，这个目标就没有明确需要调查的区域是在某个城市的范围内，还是在全国范围内，或是在世界性的范围内。

（二）可实践性

调查目标设计的可实践性是指我们确定的调查目标是可实践的，每一个问题都可以通过具体的分析得出结论，不会空洞、茫然。

（三）真实性

调查目标设计的真实性是指要根据实际情况来确定调查目标，不能刻意隐瞒或是遗漏，也不能言过其实或是胡编乱造。

二、确定调查的内容

一般根据确定好的调查的目标来确定调查内容。如果我们要调查"成都市城镇居民影院电影消费情况"，那么我们在设计调查内容的时候就可以从以下的几个方面出发：

（1）成都市城镇居民电影消费者群体的构成特征，包括他们的性别、年龄、职业、受教育程度等方面。

（2）成都市城镇居民电影消费者的消费心理：是由于想看这部电影，还是为了打发时间，又或者是陪同朋友或是家人观看。

（3）成都市城镇居民电影消费者的消费行为以及消费周期。

（4）成都市城镇居民电影消费者的其他一些综合情况。

三、确定调查的对象和调查单位

明确了调查目的和内容，就要确定此次调查的对象或调查单位。也就是解决向谁调查和由谁来为此次调查具体提供资料的问题。调查对象是我们根据调查目标和内容确定好的调查范围及总体。根据调查的目的和内容的不同，我们所选择的调查对象也就不尽相同。调查对象可能是影视受众，也可能是娱乐公司高层或是其他影视行业工作成员等。

对于《成都市城镇居民影院电影消费调查分析》的问卷来说，成都市城镇居民中的影院电影消费者就是调查对象。

四、调查问卷及表格设计

调查问卷和调查表是市场调查的基本工具，它们的设计质量直接可以影响到市场调查的质量。所以调查问卷及表格的设计要注意做到与主题密切相关、重点突出，问题要注意条理性、合乎逻辑，尽量使用简单、直接、无歧义的语句，保证被调查者能在比较短的时间内完成。

（一）调查问卷及表格设计

影视产业调查问卷的结构一般包括以下几个方面，即问卷标题及编号、封面信、指导语、问卷的问题、问卷的答案、编码。

1. 问卷标题及编号

调查问卷在开头的地方就需要有标题简单、明确地指出调查的内容，如将标题定为"关于成都市城镇居民影院电影消费状况的市场调查"，从标题就可以看出调查的内容是成都市居民在电影院的消费情况。

在调查问卷的右上角定下该市场问卷的编号。编号的作用主要是方便调查者识别问卷、了解被调查者的地址，有利于检查访问员的调查工作，也方便对调查问卷的收集和整理、方便校对检查和更正错误。

2. 封面信

封面信的主要作用是让被调查者了解做这个问卷调查的目的以及做这个调查的原因，并且希望得到被调查者的支持。

封面信是给被调查者的第一印象，所以封面信的语气应该做到亲切、诚恳、有礼貌，并且不能拖沓冗长，以免引起被调查者的反感。

小案例：

尊敬的成都市民：

您好，非常感谢您能停下匆忙的脚步抽空协助我们进行问卷调查。我们是××大学××学院的学生，现在正在进行关于成都市城镇居民影院电影消费状况的调查，此次调查采取无记名的方式进行，调查的结果仅作为本人学位论文写作和研究之用。希望您能把自己最真实的想法留在我们的调查问卷表上面，感谢您在百忙之中填写我们的问卷，衷心地感谢您的支持与合作！谢谢！

××××大学××学院

二〇二三年十一月

3. 指导语

指导语也就是问卷调查的填写说明，是让被调查者知道怎样填写问卷调查表的一个说明。指导语要向被调查者说明填表的注意事项、填写调查表的方法，以及交表的时间和地点等。特别是对于自填式问卷，指导语要更加详细和明确，以减少调查过程中产生的误差。

比如我们做选择题时应该在答案上打钩或是将选择答案编号写在题号前面。

小案例：

说明

请您特别注意每个问题的填写规定，并按照每题的要求在相应的答案数字前打上"√"。

请留意该题后面的说明，不要混淆单选题和多选题。若有一个问题未按规定回答或遗漏未填，整个问卷即作为废卷。

开放式问题请您自由回答，如空格不够，请另附纸在问卷后面。

如在回答问卷的过程中有不清楚之处，请询问调查员。

4. 问卷的问题

影视行业市场调查问卷的问题和答案的设计是整个问卷的主题和核心，必须围绕调查目的和调查内容来展开。

对于问卷当中所提问题的形式可以分为两种：开放式问题和封闭式问题。在问卷中既提出问题又将可选择的答案列出来供调查者选择的就是开放式问题；如果是只提出问题而不列举出答案，则被称为封闭式问题。封闭式问题可以使被调查者很快得出结论，而如果是要了解被调查者的一些想法则需要使用开放式问题。

为了问卷的准确和美观，封闭式问题可以通过设计成是非题、单选题、多选题、矩阵式选择题、表格式选择题、问答题等方式，既能快速、准确地获得答案，还可以通过题型的变换提高被调查者的兴趣。

对于问题的设计还应该注意几点：①避免在问题中出现抽象的概念；②避免所提问

题含糊不清；③避免问题的提问带有倾向性；④避免问题的提法不妥；⑤避免所提问题含有多重含义；⑥避免问题与答案不协调。

5. 问卷的答案

只有封闭式问题需要设计答案，所以在做答案设计的时候应该注意答案的穷尽性和互斥性。

小案例：

1. 您在去电影院前对正在上映的影片信息了解吗？（ ）

A. 很了解　　　　　B. 知道一些　　　　C. 了解得很少

2. 除了去电影院观看电影之外，您平时主要通过什么方式观看电影？（ ）

A. DVD碟片　　　　B. 电视　　　　　　C. 网络　　　　　D其他

3. 您的职业？（ ）

A. 公务员　　　　　　　　　　　B. 企业工作人员

C. 离退休人员　　　　　　　　　D. 个体劳动者、工商户

E. 在校学生　　　　　　　　　　F. 自谋职业者

G. 其他

6. 编码

编码是为了将被调查者的回答转换成数字输入计算机进行处理和定量分析，所以需要对被调查者的回答进行编码，即赋予每一个问题及答案一个数字作为它的代码，便于进行最终的数据统计分析。

（二）问卷的评价和定稿

在将电影电视市场调查问卷表设计出来之后、交给被调查者填写之前，问卷设计者还要对所设计的调查问卷进行评价。问卷的评价是对问卷设计质量进行一下总体性的评估。

对问卷的评价也有很多种：专家评价、上级评价、自我评价和被调查者评价。

专家评价主要侧重于技术性的方面，让市场调查专家对问卷设计的整体结构、问题及答案的设计是否正确等方面进行评估。

上级评价则侧重于政治性的方面以及舆论性的方面。由影视行业带头人对整个调查问卷所存在的问题提出建议。

自我评价是设计者对自己问卷设计成果的反思。

问卷调查要在对以上问卷的测试评价合格之后才能进行最终定稿。

被调查者评价主要是被调查者对此次问卷调查的问卷设计提出意见。

第四节　影视市场调查分析

一、调查问卷数据分析整理的方法

市场调查必须以科学的方法进行，利用科学的方法，有目的、系统地收集、记录和整理有关的市场资料，分析市场的情况，了解市场的现状及其发展趋势，为决策者提供正确、客观的资料。所谓科学的方法，就是指运用统计学的分析方法来得到一系列直观的结果。这里，我们可以通过频数分析、表列分析、统计图分析的方式来分析一些整理后的数据。

（一）频数分析

频数分析主要用于调查有关单个变量的信息，了解对同一个变量来说，被调查者所选择的不同结果的数量，调查结果出现的频率也以百分比形式展现。还可以通过频数分析数据的集中性指标、差异性指标和分布形态指标。

数据的集中性指标可描述数据分布的集中情况，了解数据分布的中心，如分析数据的众数、中位数和平均数。

数据的差异性指标可描述数据偏离中心分布的趋势，如分析数据的极差、四分互差、方差、标准差和变异系数。

数据的分布形态指标可描述数据分布的形态，如分析数据的峰度、偏度。

如果在调查的 100 人当中，有 35 人最喜欢看 A 频道，有 30 人最喜欢看 B 频道，有 15 人最喜欢看 C 频道，有 10 人最喜欢看 D 频道，还有 10 人不知道自己最喜欢看什么频道。那么：

喜欢看 A 频道的人数占被调查人数的 35%；

喜欢看 B 频道的人数占被调查人数的 30%；

喜欢看 C 频道的人数占被调查人数的 15%；

喜欢看 D 频道的人数占被调查人数的 10%；

不知道自己最喜欢看什么频道的人数占总调查人数的 10%。

（二）表列分析

比较简单直接的表列有两种：单向表列和交叉表列。

1. 单向表列

单项表列是指只计数一个变量的不同数值出现次数的表列。如果数据结果为离散型变量或是变量数值较少、变动幅度不大、总体单位数不多，则比较适合使用单向表列。

2. 交叉表列

交叉表列是指同时计数两个或多个变量的不同数值联合出现次数的表列。如果是综合分析相互联系的多个变量之间的变动关系就可以使用交叉表列来分析，这也是市场调查中最频繁也是最广泛使用的方法之一。

举例:

表一 除了去电影院观影外,您还经常通过什么方式看电影?

看电影的方式	频数	百分比(%)	有效百分比(%)	累计百分比(%)
DVD碟片	17	7.8	7.8	7.8
电视	17	7.8	7.8	15.7
网络	179	82.5	82.5	98.2
其他	4	1.8	1.8	100
合计	217	100	100	

从上面的表格可以看出,网络是观众最经常使用的观看电影的方式,占据总调查比例的82.5%,从中可以发现如今网络观看已经是观众看电影的重要选择,对票房形成了很大的冲击和挑战。

表二 您去电影院看电影,主要由谁来买单?

情况	频数	百分比(%)	有效百分比(%)	累计百分比(%)
自己买票	177	81.6	81.6	81.6
亲友请客	27	12.4	12.4	94.0
单位福利	8	3.7	3.7	97.7
其他	5	2.3	2.3	100
合计	217	100	100	

从上述调查结果中我们可以发现,现在进影院看电影的观众大多数是自己掏钱买票,这与20世纪80年代经常有单位和学校组织观众看电影的方式是明显不同的。观众自己买票看电影就会对影院和影片的各个方面提出更高的要求。这也是影院应该充分考虑的情况和问题。

双向交叉表列分析情况举例:

表三 (某影院)消费者的性别和对影片类型偏好之间的关系表

性别	影片类型						
	科幻片	战争片	爱情片	喜剧片	恐怖片	其他	合计
男	21	17	7	18	16	9	88
女	7	4	34	27	8	13	93
合计	28	21	41	45	24	22	181

按百分比形式表现为:

表四　（某影院）消费者的性别和对影片类型偏好之间的关系表

性别	影片类型						
	科幻片	战争片	爱情片	喜剧片	恐怖片	其他	合计
男	24%	19%	8%	21%	18%	10%	100%
女	7.5%	4%	36.5%	29%	9%	14%	100%

由表三、表四的数据分析结果可知，女性消费者对影片的偏好更倾向于爱情片和喜剧片；而男性消费者对爱情片喜好程度不高，更喜欢科幻片、战争片、喜剧片和恐怖片。

如果在（某影院）消费者的性别和对影片类型偏好之间的关系表上再加一个变量，如消费者的年龄，那么就可以通过三项交叉列表来对消费者进行分析。三项交叉列表可以更精确地反映出变量之间的关系。

（三）统计图分析

统计图分析是指通过分析手工制作或是计算机制作得到的散点图、折线图、条形图、直方图、圆面图、饼图、环形图等得出结论的方法。它以圆点的多少、直线的长短、曲线的起伏、条形的长短、柱状的高低、圆饼的面积等来直观表示出调研数据的基本情况。

由图 8-1 可知，不同学历的人员对影院的选择差别不大。但是高中、中职、中专学历者选择影院首先考虑的因素是票价水平，大专、本科学历人员选择影院更看重的是交通便利情况，而研究生以上学历者选择影院时对票价和影音效果关注的人数相当。

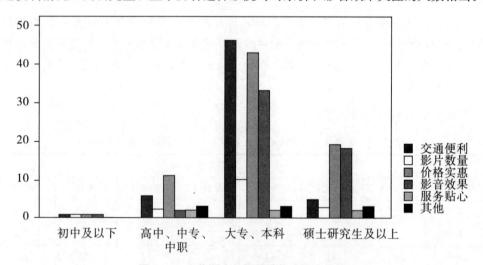

图 8-1　文化程度和影院选择交叉分析图

第五节　影视市场调查报告

调查结论是分析市场调查问卷数据得到的结果，是调查的最终成果。结论的好坏也直接关系到市场调查的成败。如果市场调查的结论与实际不符，不能解决客户的问题，那么这个市场调查就做得毫无意义。所以调查结论对于整个市场调查来说是相当重要的。对于影视行业的市场调查来说也是如此，调查得到的结果依旧要放回到市场上，看是否与市场的实际相符。

市场预测则是在对影视市场诸多因素调查研究的基础上，运用科学的方法，对未来企业的发展方向和市场营销的战略计划进行估计和判断。影视市场调查的结论和预测可以帮助影视行业企业找到合理的发展目标，也有利于影视行业企业合理调节自身的资源配置，提高竞争力。

调查结论有四种类型：问题归纳型、市场分析型、策略分析型以及商机挖掘型。

一、问题归纳型

问题归纳型的调查结论是指通过对调查问卷的分析，来寻找目前影视行业在生产运作以及营销手段或是在管理策略等方面存在的主要问题。问题归纳型调查结论能够及时帮助企业发现并解决问题，为影视行业企业的改进方向提供参考。

如在做影视行业企业竞争者调查的时候，通过对比竞争企业与自身企业的管理方法及调查数据，归纳得出企业自身所存在的问题，为企业今后的改进方向提供参考。

例如，一篇名为《××电视台××节目收视下降原因》的调查分析报告的结论如下：

1. 节目的形式一成不变，缺乏新意。
2. 对受众的偏好把握不明，邀请的嘉宾不能吸引受众。
3. 节目的娱乐性不强。
4. 节目主题不贴近受众的生活。

二、市场分析型

市场分析型的结论是指调查员根据问卷的调查结果，对某一市场或是市场方向进行分析。对调查分析市场的供应情况和市场的需求情况以及企业自身所占市场份额的情况都可以通过市场调查结果得出结论。例如，去年的影视市场需求较前年上涨了30％，而去年的市场供给水平较前年增长了40％，可以得出以下结论：虽然市场的需求在大幅上涨，但是市场的供求关系是供应大于需求的，这一点值得引起企业的重视。

三、策略分析型

策略分析型的结论是调查员通过对影视受众的意见和期望以及对影视市场现状进行市场预测分析，寻找到新的思路以及经营策略来开拓新市场或是提高市场的利润空间。

例如，以下是一篇影视市场调查的结论及建议：

1. 适当降低票价，增加上座率，深挖观影人群的消费。
2. 国产电影应提高创作质量，了解电影观众的诉求。
3. 观众对影院的整体服务评价一般，影院应采取措施着力解决。
4. 应加大对社区影院的建设，满足不同人群的观影需求。
5. 影院应加强网络宣传和营销，制片方应适时推出网络付费观看模式。

四、商机挖掘型

该类型通过对影视市场基本情况的调查、对竞争对手的调查及对影视受众的详细调查，了解受众偏好，挖掘出被人忽视或是未经充分开发的商机。如某电视台亲子节目播出后受到许多影视受众的欢迎，之后，其他电视台也就相继推出了一系列的亲子娱乐节目。

如某影视行业市场调查报告显示，企业的收益除了来自影视剧的票房、版权外，还有很大一部分是来自影视的周边产品，包括同名的游戏以及同款的首饰品等。所以影视产业的周边产品也值得引起影视行业者的关注。

湖南卫视在推出了《爸爸去哪儿》综艺节目之后，又相继推出了《爸爸去哪儿》的电影和游戏，满足更多影视受众的需要。

但是，上面四种调查结论的归纳方法并不是孤立存在的，它们相辅相成，在一篇调查报告当中，往往会将它们交叉使用，在实际调查的分析中，结论的归纳不拘泥于某个单一的结论归纳形式，而是要根据实际情况灵活地选择运用。

本章小结

本章分五个小节描述了影视市场调查的特点和步骤。影视市场是指按价值规律进行影视产品交换和提供有偿影视服务活动的场所，是社会主义影视产品生产和消费的中介。影视市场的特点是影视市场参与主体多元化、影视市场的经营模式具有特殊性、影视制作机构区域性较集中。影视微观市场环境调查主要包括市场需求环境调查、人口环境调查、竞争者调查，通过调查可以深入了解我国的影视市场以及寻找到企业自身所存在的问题。

思考与练习

1. 查找资料，说说我国影视市场的发展及现状，以及进行市场调查的意义。
2. 在收集影视市场的研究背景情况时，主要从哪些方面入手？
3. 简要说说影视市场调查的分类。
4. 简述影视市场竞争者调查的含义。
5. 实训设计：

学生在老师的指导下，以小组为单位，收集资料，选定课题，结合所学知识做一份《有关影视产业方面的问卷调查报告》。要求每位学生都在老师的带领下，积极参加，勤学多思。每小组可自拟调查主题。选题建议：

（1）关于大学生电影市场的调查。

（2）本校学生对国内影视和国外影视的体验比较调查。

（3）本市影视受众观影的消费行为及消费心理调查。

附小资料

关于大学生电影票房市场的调查

亲爱的同学：

您好！这份问卷是关于大学生电影票房市场的调查，目的是了解大学生看电影的基本情况和喜好，以便更好地开拓大学生中的电影市场。

1. 您的性别是（　　）。

A. 男　　　　　　B. 女

2. 您通常会选择以下哪种娱乐消费形式（可多选)?（　　）

A. 看电影　　　　B. 唱歌　　　　C. 聚餐　　　　D. 其他

3. 您有男/女朋友吗?

A. 有　　　　　　B. 没有

4. 您觉得电影对您来说是（　　）。

A. 必备的休闲方式　　　　　　　B. 比较好的休闲方式

C. 可有可无的休闲方式　　　　　D. 没有兴趣

5. 一般您是从哪里了解到最新的电影资讯（可多选)?（　　）

A. 电视上　　　　　　　　　　　B. 报纸杂志

C. 电影院宣传海报　　　　　　　D. BBS 或其他网络社区

E. 别人交流或推荐　　　　　　　F. 其他

6. 您在选择看哪一部电影时通常是因为（　　）。

A. 电影的宣传力度大　　　　　　B. 影评很好

C. 剧情很好　　　　　　　　　　D. 有名的导演和演员

7. 您通常喜欢通过什么渠道观看电影?（　　）

A. 电影院（到第 8 题）

B. 其他（DVD 光碟　网络　电视）(到第 14 题）

8. 您通常多久去看一次电影?（　　）

A. 每月几次　　　B. 每月一次　　　C. 几个月一次　　D. 几乎不看

9. 您通常喜欢进影院看哪个国家的电影?（可多选）（　　）

A. 中国　　　　　B. 欧美　　　　C. 日韩　　　　D. 其他

10. 您通常喜欢进影院看哪个类型的电影?（可多选）（　　）

A. 现代　　　　　B. 科幻　　　　C. 动画　　　　D. 动作

E. 其他

11. 您通常会选择什么时候去看电影?（　　）

A. 周末　　　　　　　　　　　　B. 节假日

C. 新影片上映的时候　　　　　　D. 优惠活动的时候

12. 您通常和谁一起去看电影?（　　）

A. 朋友　　　　　　B. 恋人　　　　　　C. 一个人　　　　　D. 学生团队组织

13. 你觉得去电影院看电影优于其他方式的原因是（　　）

A. 音响效果好　　　B. 视觉冲击力强　　C. 画面清晰　　　　D. 有氛围

14. 为什么不喜欢去电影院看电影?（　　）

A. 价格太高（你能接受的票价是多少）

B. 影院太远

C. 觉得在哪里看都一样

D. 其他

15. 您比较喜欢什么样的促销手段?（　　）

A. 票价打折　　　　B. 赠送礼品　　　　C. 派发优惠券　　D. 团购

第九章　会展市场调查与预测

中国会展经济理论观点述评

随着中国会展经济的蓬勃发展，在工作和研究中已经越来越多地涉及一些有关会展经济的基本概念、术语定义和统计口径等方面的问题。目前中国会展业对这些基本概念、术语定义和统计口径尚存标准不统一、理解不一致、说法不规范、研究不到位等情况。为此，2006 年 2 月，中国会展经济研究会在首届中国会展经济年会上印发了《关于开展会展经济有关基本概念、术语定义和统计口径研究的意见及其相关材料》；2007年 8 月，中国会展经济研究会又编写了《会展大辞典》；2007 年 11 月，根据工作进展和实际需求，中国会展经济研究会在召开业内专家讨论的基础上发布了《关于在展览行业实行共同统计口径的倡议》。该倡议具体提出了 17 个"共同统计口径"的定义，即展览会、商贸类展览会、公益类展览会、展览会面积、规模以上的展览会、国际展览会、专业展览会、综合展览会、展览场馆、展览场所、展览业收入、展览场馆的年利用率、展览会的参观人数或人次、展览公司、展览服务公司、组展机构、展览从业人员。这说明中国会展经济研究会在统一会展经济基本概念、术语定义、标准口径等方面做了大量的基础性、务实性的工作，这项工作对未来会展经济的研究和实践都具有重大的意义。

（资料来源：沈丹阳、陈泽炎《中国会展经济理论观点述评》，《商业研究》，2009年第 9 期，第 114 页，有改动）

第一节　会展及会展市场概述

一、会展的概念

（一）会展活动的相关概念

会展是会议、展销、展览等集体性活动的简称，是指在特定的地域空间，由多个人集聚一起而形成的，定期或不定期的，制度或非制度的集体性展示、交易、交流的活动。它包括各种类型的大型会议、展览展销活动、体育竞技运动、集中性商品交易活动等，例如各种展览会、博览会、体育运动会、大型国际会议、交易会等。交易会、博览会、展销会及大型体育运动会是会展活动的基本形式。交易会是指进行商品交易的大型活动，既可以是定期的，也可以是不定期的。展览会是指用固定或巡回方式，公开展出各种产品、手工业制品、艺术作品、图书、图片，以及各种重要实物、标本、模型物，供参观、欣赏的各种临时性组织。展销会是商品销售的一种形式，适用于花色品种多、时尚性强、挑选性大的工业品，在评比中选购，在选购中评比，看样洽谈，自由交易。成交既可以是现货，又可以是期货，还可以边展边销。

随着会展业在我国的发展，国内对于会展定义的研究经历了三个阶段。从狭义的角度定义会展，将会展称为 C&E（Convention and Exhibition）或 M&E（Meeting and Exhibition）。随着经济全球化和贸易自由化，会展的外延不断拓展，内涵不断丰富，会展被定义为 MICE。M 代表公司会议（Meeting），I 代表奖励旅游（Incentive Tour），C 代表协会和社团组织的会议（Convention），E 代表展览（Exhibition）。谢雨萍等（2002）认为，会展是包括各类专业会议、展览会与博览会、奖励旅游、大型文化体育盛事等活动在内的综合性旅游形式即 MICE，其基本含义就是借举办各种类型的会议，以招徕各方客人洽谈业务、交流沟通和旅游参观访问，刺激他们消费，从而为当地创造经济效益、社会效益和环境效益。

博览会是会展活动的最为重要的形式之一，特别是大型国际性博览会，影响大，意义深远。目前，最知名、影响力最大的博览会是世界博览会（International Exhibition or Exposition），其曾被译为万国赛会或万国博览会，起源于维多利亚女王时代的英国，距今有一百多年的历史。

总之，会展活动是人类物质文化交流的重要形式之一，也是人类经济活动的重要形式之一。它不是简单的个体经济行为，而是一种集体性的大规模物质、文化交流方式。人类社会文明进步越快，对彼此间的物质、文化交流需求也越高，会展在经济生活中的地位也越重要。

（二）会展的特点

会展作为人类经济生活的一种重要形式，主要有以下三大特点：一是集体性。它是一种集体性的大规模物质、文化交流方式。不论是传统的集市还是现代的大型展览，最显著的一个特点就是人、物、资金、信息的聚集。二是传播性。会展活动是一个重要的信息传播平台，会展中的实物或产品可以传达更多的信息。三是营利性。从市场角度来看，会展是一种流通媒介，是一种处于生产和消费之间的流通媒介。

二、会展市场概述

（一）会展市场的概念

会展市场是联结会展主办、承办单位与参展企业的中心环节，能够灵敏地反映会展经济活动的发展变化趋势。具体来说，会展市场的概念有以下两种定义：

从经济学层面来看，狭义的会展市场是指会展项目举办的场所，广义的会展市场是指在会展产品交换过程中经济活动现象与经济关系的总和。它包括展览项目所涉及的区域经济、行业发展状况、展览项目的供求状况和竞争状况。所以，会展市场也就是会展产品供给与会展需求过程中所表现出来的各种经济关系的总和。

从市场学层面，会展市场是指在特定的时间、地点与条件下，具有购买欲望与支付能力的企业群体即某种会展产品的现实购买者和潜在购买者。

（二）会展市场的特点

1. 会展市场的开放化

第二次世界大战之后，随着社会生产力的发展，世界各国科技、经济的进一步密切交流，全球化的进程不断加快。各国的会展市场逐步走向开放，从区域性的会展市场发展成为世界性的。会展市场的全球性，首先表现为参展企业构成的广泛性。现代会展已由少数大型企业扩展到中小企业。其次，交通运输的发达使参展企业的活动范围遍布世界各地，因而会展需求市场十分广阔。再次，世界各国和许多地区都在大力发展会展业，纷纷将会展业视为本国或本地的经济支柱产业来抓。

2. 会展市场的多样性

从会展供给的角度来看，会展经营者依托不同的区域经济、产业结构和行业发展水平，进行不同的产品组合，可以使参展企业达到不同的参展目的，随着会展需求在量和质上的不断提高，会展活动的内涵还会不断拓展，变得更加丰富多彩。

3. 会展市场的年度性

会展活动的开展涉及一定区域内某一行业的许多企业，只有在这些企业的共同参与下，会展活动才能成功进行。另外，会展工作涉及许多层面的具体业务，从策划到实施，从招展到开幕，从公关到反馈总结，需要大量的时间。因此，很多会展活动都是年度性的，一些大型的会展活动甚至三四年才举办一次。

4. 会展市场的依存性

会展市场是一个受经济因素、社会因素和政治因素等影响和制约的市场。首先，社会因素是引起会展市场波动的原因之一；其次，重大的政治活动会影响会展业的发展；再次，某些行业的发展水平制约着相关主题的展览会水平；最后，会展业相关产业的发展状况，也制约着会展市场的发展，还有汇率变化、经济危机、政府政策、战争、国际关系恶化、贸易壁垒、地震、疾病流行、环境污染、生态恶化等都会引起会展市场的变化和波动。因此，会展经营者必须采取灵活的市场策略，防范经营风险。

第二节　会展市场调查

会展市场作为会展的重要场所，在社会经济发展中发挥着巨大的作用。一方面，会展除了给展出行业带来可观的经济效益外，还能给举办地带来巨大的社会效益。目前在欧美发达国家,会展业已成为地方政府参与投资和建设并分享收益的规范有序发展的无烟工业。另一方面,会展还是各类企业从事营销活动的最佳手段之一,它能帮助企业通过产品、技术展示,达到推销、采购和开拓业务联系的目的,是企业宣传产品、展示自我的重要场所。当前,我国许多企业观念落后、行动迟缓,对国际性、专业性的会展认识不足,不善于利用会展这种低成本的便捷渠道推广品牌、寻找商机,既阻碍了企业自身进步,又影响了我国会展市场的顺利发展。

一、会展市场调查的概念及作用

(一)会展市场调查的概念

市场调查是以科学的方法,有系统、有计划、有组织地收集、调查、记录、整理、分析有关产品或劳务市场等信息,客观地测定与评价,发现各种事实,用以协助解决有关营销的问题,并作为各种营销决策的依据。会展市场调研是市场调研的重要内容,是企业把握会展需求、满足会展需求的前提,是企业制定正确的会展营销与策划的基础。

从传播学的角度来看,会展市场调查是会展策划者为了解市场信息、把握市场动态,进而确定会展目标和主题、编写会展策划方案、选择会展策略、检查会展效果等必需的调研工作。只有在系统地搜集有关市场与相关背景的资料,并加以科学地概括分析的基础上确立的会展策划,才能卓有成效地实现其总体目标。在执行市场调查时,不仅要考虑本区域的优势产业和主导产业,还要考虑重点发展的行业、政府扶持的行业等。具体分析行业市场状况,要摸清市场的归属。以一次展览会为例,主办者需要将市场调研的重点放在以下四个方面:市场前景分析、同类展览会的竞争能力分析、本次展览会的优势条件分析、潜在客户需求调查。

(二)会展市场调查的作用

通常会展市场调查的作用主要表现在以下四个方面。

1. 有助于会展企业设定目标

简而言之,经营一家会展企业不过是先设定目标,然后制订各项计划来完成这些目标。银行经常会拒绝给一些新设立的公司贷款,其中最主要的一项原因是公司设定的目标不成熟,这些公司甚至没有经营目标,没有任何数据可以显示公司未来的状况,而公司未来的营运方针更是模糊不清。因此,会展企业通过市场营销调查,可以及时了解会展市场发展态势,掌握会展营销环境、会展市场需求状况等有关信息,把握有利于企业自身发展的市场机会。

从实践中我们可以了解到,会展市场调研有助于企业制定如下的企业目标:①评估会展市场大小;②确认会展潜在顾客;③为会展服务制定价格。

2. 有助于会展企业更好地满足会展消费者需求

通过会展市场调研,企业可以及时掌握会展需求的发展变化,了解市场发展变化的趋势,并根据消费者需求的发展变化制定相应的营销策略,以便更好地满足会展消费者的需求。

3．有助于会展企业解决实际问题

会展市场调研报告属于分析用的工具，有了它之后，会展企业人员可以解释眼前发生的现象及其原因，进而依据这份报告为会展企业谋求问题的解决方案。通常，会展企业通过进行会展市场调研可以解决以下问题：及时发现无法满足会展市场需求的原因，并采取相应的营销策略；提供正确的会展市场信息，了解会展市场的可能趋势及会展消费者的潜在需求，抓住会展企业发展契机；随时掌握和了解市场变化，增强会展市场的灵活应变能力。

4．可以充实与完善会展市场营销信息系统

会展市场调查，是对会展市场相关信息进行广泛深入调查与分析的过程。因为会展市场调查是一项基础性的长期工作，可以系统、持续地收集大量有价值的信息。这些信息被输入会展市场调查系统后，可以更好地为会展企业及区域会展业的发展服务。

总之，在瞬息万变的市场中，如果没有科学的市场调研和预测做先导，会展的策划、运作就很难达到预期的目的。会展企业必须对会展市场有格外清醒的认识，善于利用会展市场营销调查这一工具，根据会展营销环境的变化来调整自己的营销策略。

二、会展市场调查的主要内容

（一）市场信息

市场信息，是指在市场经济运行过程中，各种事物发展变化及其特征的真实反映，是市场实际状况、特性、相关关系等各种信息、资料、数据和情报的总和。会展市场信息调查可分为三个部分，如图9−1所示。

图9−1　会展市场信息调查

市场信息收集的过程就是一个系统的、有目的的市场调查过程，它主要是通过各种市场调查手段，有目的、系统地收集、记录和整理有关的市场信息和资料，客观地反映市场态势，为全面认识市场、进行市场分析和预测，以及为办展机构进行科学决策提供依据。没有掌握有关市场信息的会展策划是盲目的策划。对于策划举办一个展览会而言，市场信息收集主要涉及如下四个方面，如表9−1所示。

表9−1　要收集的信息

市场信息	产业信息	相关法律规定	相关会展信息
市场规模 市场竞争态势 市场发展趋势 经销商状况 行业协会状况	产业规模 产业分布状况 产业性质 产品销售方式 产业技术含量	市场准入规定 知识产权保护 产业政策 产业发展规划 海关有关规定	同类展览会的数量 和分布情况 重点会展的基本情况 同类展览会之间的竞争态势

目前，我国大部分的展览会都是市场化的商业性会展，由政府全程包办的展览会已经越来越少了。从策划举办一个展览会的角度出发，需要收集的市场信息主要有市场规模、市场发展趋势、经销商数量和分布状况、行业协会状况等。

1. 市场规模

某一产业的市场规模的大小，对在该产业内举办的展览会的规模会产生直接的影响。如果市场规模过小，举办该产业题材的会展就会失去市场基础，会展就很难举办成功。了解市场规模不仅要了解现在的市场规模，还要预测未来市场规模的增减趋势，因为市场规模的增减直接影响到会展规模的变化。

小案例：

2023 年美国家纺展/美国窗帘展参展商调查表

尊敬的参展商：

非常欢迎您参加本届展会，为了表示我们对您的衷心感谢和希望我们以后可以继续合作，实现我们双方的最大化收益，在此诚意地邀请您花费宝贵的几分钟来完成这样一份由主办方设计的调查表。希望您积极配合。我们将不胜感激！

1. 参加本次展会的目的：
□市场调研 □销售 □开拓市场 □收集信息 □品牌推广 □招商 □其他

2. 展出效果

市场调研 □达到 □部分达到 □未达到
销售 □达到 □部分达到 □未达到
开拓市场 □达到 □部分达到 □未达到
收集信息 □达到 □部分达到 □未达到
品牌推广 □达到 □部分达到 □未达到
招商 □达到 □部分达到 □未达到
其他 □达到 □部分达到 □未达到

3. 接待客户数：
其中，新客户数： 老客户数： 其他：

4. 参观展台的客户专业程度
□超过预计水平 □达到预计水平 □没有达到预计水平

5. 参观展台的客户数量
□超过预计水平 □达到预计水平 □没有达到预计水平

6. 有什么收获：

7. 参观感想：

综合性： □高 □一般

展位设计： □好 □一般

观众组织： □好 □一般

场馆规模： □好 □一般 建议：

8．从何处了解到本届展会？

☐媒体杂志　　☐直接发函　　☐内部刊物　　☐同行或客户推荐　　☐各省组织　　☐其他

9．对展会看法：

地点：☐合适　　☐不合适　　建议：

时间：☐合适　　☐不合适　　建议：

宣传：☐适当　　☐不适当　　建议：

10．希望下次展会在什么地点：

11．对组织管理工作的评价

总体工作　　☐非常好　☐好　☐一般　☐不好

提供的信息　☐非常好　☐好　☐一般　☐不好

提供的帮助　☐非常好　☐好　☐一般　☐不好

管理　　　　☐非常好　☐好　☐一般　☐不好

展出效果　　☐非常好　☐好　☐一般　☐不好　　意见和建议：

12．认为此次展会组织工作做得好的有：

13．认为此次展会组织工作做得不好的有：

14．是否愿意继续参加此展览会

☐是　☐否　　☐未确定

填表单位：　　　　　　　　　　　填表日期：

2．市场发展趋势

市场发展趋势直接影响到展览会未来的发展前景。了解某一产业的市场发展趋势，就是要在了解该市场现状的基础上，对该产业市场的未来发展趋势做出科学的预测，以此了解在该产业里举办展览会的发展前景如何，并为展览会的未来发展做出预测和规划。

3．经销商数量和分布状况

除生产企业外，各经销商也是展览会重要的潜在客户。他们既可能是参加展览会的参展商，也可能是参观展览会的专业观众，因此，事先准确掌握某一产业的经销商的数量和分布状况，对展览会本身有着重要的意义。

4．行业协会状况

产业内是否存在行业协会以及行业协会在产业内的影响力如何，对展览会的成功举办有较重要的影响。一般来说，如果产业内存在行业协会，则意味着该产业内有较统一的行业规范和行业管理，产业内的企业行为和市场行为会受到某些条例的约束；否则，市场会较为无序。另外，如果行业协会在产业内有较大的号召力，那么行业协会对某一展览会的评价或看法会对企业的参展意愿和参展行为产生较大的影响；反之，其对企业的参展意愿和参展行为的影响就会微不足道。

（二）产业信息

产业发展状况和产业的性质是影响一个展览会能否成功举办的重要因素之一。根据国际会议协会（ICCA）2000 年的统计，各产业召开国际会议从专业上划分，所占的比例从高到低依次是医学类（32%）、科学类（13.6%）、工业类（8%）、技术类（7.4%）、教育类（4.7%）、农业类（4%），然后是社会科学、经济教育、商业管理、生态环保等。产业不同，举办展览会的策略和办法也不一样。收集相关产业的有关信息主要是为了从产业的角度分析产业对举办展览会可能产生的影响以及产业给展览会提供的可能发展空间等，为制定切实可行的会展举办策略奠定坚实的基础。

1. 产业规模

产业规模主要是指该产业的生产总值、销售总额、进出口总额和从业人员数量等，这些信息是策划举办展览会时需要参考的重要数据。例如，了解产业的生产总值和销售总额可以为预测会展的规模提供依据，了解产业从业人员数量可以为预测会展的到会专业观众数量提供参考。由于产业规模对会展规模会产生直接的影响，产业规模的增减会影响到会展规模的增减，所以，在收集产业规模的数据时，我们不仅要收集产业规模的现有数据，还要对产业规模在未来的增减趋势做出预测，以便为会展制定长期发展策略提供参考。

2. 产业分布状况

了解产业的分布状况十分重要，因为它与以后会展的招展和宣传推广策略的制定密切相关，是以后制定会展招展招商和宣传推广策略的基础；否则，上述策略的制定就会无的放矢，不具备可执行性。了解产业的分布状况，不仅要了解该产业的产品主要是在哪些地方生产，每个生产地在该产业的产品生产中所占的比例大约是多少，也要了解该产业的产品主要是在哪些地方销售，每个销售地在该产业的产品销售中所占的比例大约是多少，还要了解每个地方生产和销售的产品的种类和特色以及档次等。

3. 产业性质

一般地说，一个产业的发展都要经过投入、成长、成熟和衰退四个阶段。处于成长期和成熟期的产业由于市场竞争激烈，企业数量较多，很多企业在为自己的产品寻找销路，也比较适合于举办展览会。可见，要策划举办展览会，首先要考察准备举办会展的产业性质。如果选择不当，会展也没有什么发展前景。

4. 产品销售方式

一般而言，适合举办展览会的产业都是那些主要以"看样成交"为主的行业，以及那些对产品的外观设计和款式比较看重的行业。另外，产业的产品销售渠道模式及其成熟度对举办展览会的影响也比较大。比如，某产业产品的批发渠道比较发达，大型批发市场较多，则在该产业内举办展览会就会遇到很大的困难。

5. 技术含量

产业技术含量主要是该产业的产品以及生产设备所需要的技术的难易程度以及他们的体积大小和重量等。了解这些信息，对于即将举办的展览会的场地选择有着十分重要的参考意义。由于各地的展览场馆在展馆室内高度、场地承重、展馆进出通道等方面的技术数据不一样，其对展品的要求也不相同。另外，在收集产业信息时，还要密切注意收集那些分析该行业的发展趋势、该行业的热门话题和行业的亮点等方面的信息，这些信息对今后策划会展相关活动很有帮助。

（三）相关会展市场的法律法规

国家的法律法规对举办展览会的影响体现在三个方面：一是通过对国内企业参展意愿和参展行为的影响来间接影响展览会，二是通过对展览会组织方式等的约束来直接影响展览会，三是通过对会展举办单位的市场准入的限制来影响展览会。国家法律法规对举办展览会的三个方面的影响不是截然分开的，它在很多时候是在同时发挥作用的。一般来说，在策划举办一个展览会时，需要了解的相关法律法规包括以下五个方面。

1. 市场准入规定

市场准入规定包括两个方面：一个是对举办展览会的企业或机构的资格审定，另一个是国家对外资进入该产业的政策规定。前者对企业能否举办展览会将产生直接的影响；后者不仅影响到海外企业的参展意愿和行为，而且也影响到国内企业。

2. 知识产权的保护

很多参展企业会在会展上或在会展前发布新产品，推出新设计，如何保护这些新产品和新设计的知识产权，是会展主办者必须考虑的问题。

3. 产业政策

产业政策是指政府对产品的销售、使用和生产等方面的规定，如国家对香烟、酒等销售方面"专卖"的规定，以及对药品在生产和使用方面的规定等。这些规定对展览会的举办、企业的参展意愿和参展行为等都会产生直接或间接的影响。

4. 产业发展规划

产业发展规划在某种程度上决定着该产业在今后较长时期内的发展状况和发展趋势。一般来说，在以新兴产业和政府规划为重点发展的产业里举办展览会，其发展前景比较看好。

5. 海关相关规定

货物进出口政策直接影响海外企业的参展意愿，例如，如果一国禁止或限制某类产品的进出口，那么海外企业不管是参展还是参观展览会的意愿都将非常低；货物报关规定直接对展览会的具体操作产生影响。

（四）相关会展的信息

在策划举办展览会时，一定要对该行业内的现有会展的情况有所了解。了解这些信息，一方面，可以为办展机构决定是否在该产业内举办展览会提供决策依据；另一方面，当决定在该产业内举办展览会时，也可以为其制定竞争策略提供参考。在现实中，由于存在竞争关系，一般很难全面收集到相关展览会的全部信息。在策划举办一个展览会时，至少应该收集到相关展览会的下述信息。

1. 同类展览会的数量和分布情况

办展机构要尽量弄清楚国内和全世界范围内与其即将要举办展览会题材相同的会展

的数量，搞清楚这些展览会的地域分布情况。一般来说，同题材会展的数量越多，对在该产业中策划举办新展览会越不利。

2. 重点会展的基本情况

除了要了解同题材的所有展览会的数量和分布情况以外，对该题材的一些重点展览会的基本情况有必要做进一步的了解。所谓"重点会展"，是指那些规模和影响都较大、行业口碑较好，或者是与计划举办的新会展有直接竞争关系的会展。对于这些会展，办展机构对其组展机构、办展时间、办展频率、办展地点、会展规模、参展企业数量及分布、观众数量和来源、展品范围、会展定位等情况要有比较详细的了解。

三、会展市场环境的调查

会展活动是在不断变化的市场环境中运行的，会展营销的本质即是会展企业适应环境变化，并对变化着的环境做出积极反应的动态过程，因此，会展营销宏观和微观环境是调查的重要内容之一。会展市场环境分析是会展立项可行性分析的第一步。它根据会展立项策划提出的会展举办方案，在已经掌握的各种信息的基础上，进一步分析和论证举办会展的各种市场条件是否具备，是否有举办该会展所需的各种政策基础和社会基础。会展市场环境分析可以分为以下几部分。

（一）宏观环境

宏观环境主要是对会展营销可能产生影响而会展企业自身所不能控制的各种外部力量。会展企业必须密切关注宏观环境的变化情况与趋势，制定与之相适应的营销战略，在抓住市场机会的同时，注意规避市场潜在的风险。

1. 经济环境

经济环境是指那些能对企业参展和观众到会参观产生影响的各种经济因素，如社会经济发展水平，产业利润率的高低，市场规模的大小，产业进出口状况，会展所在地的住宿、餐饮、旅游、交通等配套设施的完备程度等。这些因素从侧面影响着企业参展和观众到会参观的意愿。

2. 社会文化环境

社会文化环境有三大类：物质文化、关系文化、观念文化。社会文化环境对企业参展和观众到展会参观会产生较大影响。

3. 技术环境

科学技术的发展会对企业的经营活动和方式产生重大影响。一方面，它可以给一些企业提供新的有利的发展机会；另一方面，它可以给一些企业的生存与发展带来威胁。

4. 人口环境

人口数量是市场规模的重要标志，从人口的分布、结构及变动的趋势可以分析判断出市场需求的特点和发展趋势，这一点对展销会等注重现场零售的会展有重要的意义。对专业贸易类会展来说，更注重该展会展览主题所在行业及相关产业的从业人员数量和结构构成，因为从这里能预测参展专业观众的数量，而拥有一定数量和质量的专业观众正是专业贸易类会展的生存之本。

（二）微观环境

微观环境包括会展服务商（如场地提供商、酒店、展品运输商、展位承建商、展会资料印刷商等）、各种营销服务机构（如招展代理商、招商代理商、广告公司等）、同题材竞争展会以及各类社会公众，它们与会展营销密切相关且直接影响到会展企业服务客户的能力及营销效率。

1. 参展机构内部环境

参展机构内部环境是指参展机构内部所具备的各种条件，包括资金、人力、物力。通过对办展机构内部环境的客观分析，准确地分析他们在本会展所在产业以及他们本身所具有的参展优势和劣势，进行客观的评估，分析办展机构是否具有举办该会展的能力。

2. 营销中介

营销中介是受办展机构委托的或者是协助会展进行宣传推广和招展招商的那些中介组织和单位，包括会展的招展代理、招商代理、广告代理和其他营销服务机构等。好的营销中介能很好地分担和完成办展机构的宣传推广和招展招商等营销工作，能更好地协助办展机构成功地举办会展。

3. 服务商

服务商是受办展机构的委托，为会展提供各种服务的机构，包括会展指定的展品运输代理、负责展位搭装的展位承建商、提供旅游服务的旅行社、提供住宿服务的宾馆酒店，以及提供会展资料印刷和观众登记的专门服务商等。

4. 对目标客户的调查

对会展企业而言，最重要的目标客户是参展商和专业观众。参展商是会展产品的主要购买者，是会展企业最主要的营销服务对象；专业观众出于贸易目的而来，也被称为采购商（或买家）。拥有一定数量与质量的专业观众是展会成为"品牌展"的重要标志之一。

四、会展市场调查的方法

根据资料来源和性质的不同，信息可以分为一手资料、二手资料。

（一）一手资料

一手资料是直接从市场上获取的最新信息，一般由本企业直接收集，或由企业委托市场调查公司收集。一手资料只能通过本企业自己进行市场调研来收集，或者只能向专业机构购买。企业自己进行市场调研工作，常采用深度访谈、实地观察和问卷调查等方法。在使用这些方法时，要注意以下几方面内容，如图9-2所示。

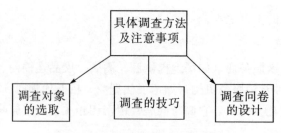

图 9-2　调查方法及注意事项

（1）调查对象的选取。必须注意文化因素在讨论过程中的作用。例如，社会普通阶层的人的意见不会影响测试内容的讨论，而一些社会地位高或有影响力的人的意见却很容易被他人接收。

（2）调查的技巧。调查是通过对他人的实地观察与访谈而进行的，因此与人沟通的语言、方式的把握很重要，直接影响到调查结果的可信度。如在不同的地方使用实地观察法时，被观察的参展企业或人们会有不同的反应。

（3）调查问卷的设计。科学的问卷设计是至关重要的。如问题的代表性、有效性及分析的便利性等直接影响到对调查结果分析的准确性与可靠性。

1. 观察法

会展调研所使用的观察法大致分为以下两种。

（1）非参与观察法。

非参与观察法指调查员从旁进行观察，而不参与其活动。调查员可以分布在展会的不同位置，根据之前统一的要求进行现场观察，并在印刷好的记录单上进行记录，记录单可以使用按秩序圈选的封闭式量表，也可以使用记录具体情况的开放式表格。调查员的观察不应打扰参会者的行为，最好能够避免引起参会者的注意。

另外，也可以安装一些被允许的装置进行机器观察，如流量计数器、条形码识别仪、录像机、现场检测仪等。

（2）参与观察法。

参与观察法是要和受访者直接相处并与其一起活动，从中可以更深入地了解被访者。

参与观察法仍是以观察为主，调查员可以作为展会中的一分子，参与试用、参加专业研讨等，有的放矢地进行观察研究，当然这种研究对调查员的能力要求就更高了。

2. 询问法

（1）问卷访问法。

这种方法最为通用，包括个别访问法、集体访问法、电话访问法、邮送法、计算机访问法等。问卷访问的每一种形式都依赖于问卷的使用。问卷是为了达到调研项目的目的和收集必要数据而设计好的一系列问题，它是收集来自被访者的信息的正式一览表。

问卷法是最基本的调研手法，在此就不多说了，仅就网上问卷调研予以简单介绍。

会展调研的网上操作主要有以下几种：

①网上会展搭载的调研。

搭载于网上会展的调研项目通常成本较低，数据的回收与分析在技术上可以实现即时化。通常填答问卷的上网浏览者都是专业人士。由于其专业特点，问卷的设计不必像一般的网上调研那么简短，可以使用较长的问卷。同时在网上会展参展商身份确认过程中也可以进行大量信息的收集与整理。在技术上，调研员能够跟踪受访者，进行更深入的研究。

②门户网站的会展频道搭载的调研。

门户网站的会展频道也备受专业人士的关注，自然也是开展会展调研的极佳途径。此类调研也可辅助完成展会满意度、展会需求等方面的调研课题。

③邮箱问卷。

这种方式是指制作一份问卷，通过 E-mail 发送给被访者。被访者收到问卷后自行决定是否填写，如果填写则再通过 E-mail 把答案寄回。问卷可以使被访者在闲暇时间完成，这种方式很像现实生活中产品或服务的调查问卷或用户意见反馈表。一般的网上展会的参展商和浏览者都是以会员的形式加入后才取得相应的展示浏览权限，因此单位、机构或个人的邮箱很容易得到。

（2）小组焦点访谈。

展会过程中，来自四面八方的经销商、消费者汇聚展会，使得平时几乎无法实现的小组焦点访谈成为可能。小组焦点访谈可以使参与者对主题进行充分和详尽的讨论，通过这种方法，参展商可以对定价、销售手段、产品性能等需要了解的主题进行深入研究。展会主办方也可以通过小组焦点访谈对参展商的需求以及满意度进行调研。

（3）深度访谈法。

深度访谈适用于两类人群：其一是参会的重要官员、学者和企业高层管理者。这类人群在日常的深度访谈操作中皆是难以接洽的对象，但是在展会过程中往往相对集中，同时由于大部分展会都有明晰的主题或单一的行业性质，因此访谈的实际操作也容易深入，有效性较高。其二是参观者。不论是企业自己组织的现场介绍，还是委托专业公司进行的会场演示，都是极好的直接面对参观者的机会。商业展会参观者中有代理商、经销商以及消费者，文化展会参观者大多是专业人士或爱好者。通过相对无限制的一对一会谈，可以实现多种调研目的。受访者与面谈者很容易在展会这样一个特定环境中达成相互间的融洽关系，同时与主题无关的信息也将比一般情况少。

3. 实验法

以实验为基础的调研与以询问为基础的调研相比有着根本的区别，其对调研环境、技术、人员素质的要求都非同一般。在展会过程中要想实现真正意义的实验调研是很困难的。

但是，实验法有许多值得在会展调研中积极采用的思路和手段，比如在展会中设置实验区域，请消费者现场实验产品功效，一方面可以起到宣传促销的作用，另一方面也可以为参与观察的调查员提供条件进行观察记录。

（二）二手资料

从展会上可以收集到大量的二手资料。政府或企业所面临的问题以及下达给会展调研者的问题，很大程度上并不是前所未有的问题，很有可能曾经有过类似的研究，可能有人已经收集了所需的精确资料，只不过不是针对当前的问题。这些二手资料不仅有助于明确或重新明确探索性研究中的研究主题，而且可以切实提供一些解决问题的方法。做好这方面的资料的收集可以说是事半功倍。

1. 二手资料的来源

（1）来自主办方。

展会主办方都会在展会过程中免费发放各种名录，如参展商名录，内有详细的地址、联系方式、产品介绍、工厂分布、主要领导的姓名、员工数量、销售水平、市场占有情况等。

（2）来自参展商。

参展商在展会中更是会准备大量资料，这些资料中就有可能包括平时难得一见的内部资料，如新产品研发档案、年度报表、股东报告、新产品测试结果、公司内部刊物等。

（3）来自行业管理部门或行业协会。

展会中常设有免费公开的信息查询系统，提供诸如行业发展趋势、市场分布等来自权威机构的统计结果。

（4）会展项目管理系统。

越来越多的大型展会开始使用会展项目管理系统。这种系统实际上是一个庞大的数据库，可以为市场调查员做会展市场调查提供所需要的二手资料。

①展位预定管理系统：可在线查询展位状态，通过平面图和三维演示浏览展位位置和周边设施。

②邀请函、参展手册发放管理系统：可调用企业资料、已发送邀请函邮件列表，显示发送状态。

③新闻信息发布管理系统：可对展会新闻、图片新闻、会议新闻、专题新闻栏目进行查询。

④论坛管理系统：对展会期间的论坛主题、时间、日程安排、演讲内容纲要等予以发布。

⑤网上招商管理系统：组委会进行展会招商内容发布修改、有效参展信息过滤、预定反馈信息管理、网上预订业务跟踪、在线参展合同签订落实等都可以查询。

⑥网上门票预订管理系统：网络在线进行门票预订发售、个人资料提交、预订处理、门票发送（下载打印或邮寄）、网上观众信息统计管理等。

⑦展会观众登记管理系统：现场观众登记数、发放参展商胸卡数、通过条码识别进行身份认证、通过照片进行个人识别、网上预订观众汇总、大会贵宾和重要买家的到场情况等。

⑧展会现场网上直播管理系统：可提供现场图片即时传输和现场摄像即时传输两种方式等。

2. 二手资料的处理

如何使用通过上述途径收集到的二手资料至关重要。

（1）检查资料的来源及品质。检查资料的来源，要弄清楚收集的目的是什么，委托谁来收集，是通过怎样的途径收集，以考察这些资料的真实可靠性，因为不同的收集目的对资料的取舍会有所不同。主要考察以下几个方面：

①资料来源是主要的还是次要的？主要的资料来源于资料的原始收集者，次要的资料是指被第三者修改过的资料。二者的可信度不一样，前者的可信度远远高于后者。

②原始资料是如何收集的？研究人员必须对所使用的二手资料的来源有一个正确的了解，这些资料必须符合企业研究的范围和步骤。

③资料是否具有时效性？会展市场的变化要求资料必须是最新的。

④资料与研究目标是否有关联性。

（2）附有创意地解释、分析资料。要对资料做出有用可靠的解释分析，研究人员一是要对企业的策略、任务有充分的了解；二是要比较综合分析各种资料，从中找到有用的信息。

第三节　会展市场预测

一、会展市场预测的作用

会展市场预测无论是对宏观经济发展计划和政策的制订，还是对微观企业生产经营都有着非常重要的作用。只有在摸清会展供给的基础上，才能预测出会展产品的发展前景，才能结合会展市场需求的变化，较精确地预测会展市场供求关系的发展趋势，做出正确的经营决策。只有正确预测整个会展行业的发展趋势和生命周期的特征，政府以及行业协会才能制订出正确的计划和政策。

（一）会展市场预测为制订科学的计划和政策提供依据

会展业有着"城市的面包"的美称，有人将会展业在一个城市举办比喻成一架飞机在城市的上空撒钱。由于会展业产生的巨大的拉动和推动作用，各地政府纷纷将会展业作为当地重要的经济增长点，并为促进会展业的发展制订详细的发展计划和促进会展业发展的政策措施。而正确的计划和政策的制订必须依据过去和现在以及将来的相关统计资料，其中对会展业的发展趋势、对外会展的变化趋势预测以及会展需求和会展供给的预测资料是最重要的资料，科学的预测可为会展业的发展提供具体的数据资料，这些资料对于制定者来说是最直接、最综合地反映会展业将来发展情况的资料，科学可靠的预测可为计划和政策的科学性提供保证。

（二）有利于会展企业对会展项目进行正确的定位

无论是整个城市会展业的发展定位还是某个展会的定位，均离不开正确的会展预测。会展项目（展会）定位离不开展会内部条件的分析、外部环境的分析、市场细分、发现市场机会、确定目标市场，确定目标营销策略、定位等环节，其中内部条件分析和外部环境分析，均建立在了解和掌握市场及其影响因素的基本状况及发展趋势、了解和掌握企业自身经营资源和条件的基础上。离开了市场调查和预测,这所有的均是盲目的。市场细分、发现机会、确定目标市场、确定营销策略和最终的定位也以内部条件的分析以及将来的发展趋势为基础,其本身也要以市场调查和预测提供的信息为依据。其中展会市场占有率预测和会展网络的建立和发展趋势的预测对会展企业的市场定位有着重要的价值;会展业的发展趋势、会展生命周期预测以及会展需求和会展供给的预测资料是会展产品和会展品牌定位以及会展功能定位的重要依据。因此,正确的会展预测有利于进行正确的定位。

(三) 有利于会展企业进行正确的组合营销

一个会展项目要能够长久地处于成熟时期,必须进行正确的定价,正确选择销售渠道和渠道策略,正确地开展促销活动和展题设计,而这每一个方面均离不开正确的会展预测。价格是企业调节市场需求、参与市场竞争、实现营销目标的重要手段,正确的定价策略,除了需要考虑本项目的定价目标、办展成本之外,必须充分考虑供求关系、需求类型及特点、竞争和垄断情况、其他类型展会的价格等因素,只有进行科学的会展预测才能充分占有这些资料;会展网络的建立和发展趋势的预测对于会展企业正确选择渠道有着重要的指导作用;会展营销渠道不同于传统产品的营销渠道,因为会展产品实质上是一种服务产品,其营销渠道本质上是信息的传递渠道,而不是实物的传递渠道,因此会展产品销售渠道的选择具有很大的灵活性,只有进行全面而准确的会展预测才能适应这种灵活性;会展项目的成功举办离不开市场信息和会展发展信息的全面掌握,只有了解会展供求状况才能正确地制定竞争策略,只有了解顾客心理才能正确地进行广告宣传、招展与组展,才能开展灵活的促销活动。总之,会展企业的整个市场营销活动均以信息为依据,市场调研和预测对市场营销的各个环节、各个方面均具有十分重要的作用。

二、会展市场预测的概念和种类

(一) 会展市场预测的概念

会展市场预测是依据会展市场的历史和现状,凭经验并应用一定的预测技术,对会展市场发展的未来趋势进行预计、测算和判断,得出符合逻辑的结论过程。会展市场预测工作包含着在掌握历史和现状信息的基础上,进行预测、测算、判断和传播等活动,它们互相联系、互相依存,共同组成会展市场预测的完整过程。

(二) 会展市场预测的种类

会展市场预测按划分的标准不同可划分为不同的种类。

1. 会展市场综合预测

会展市场综合预测,是指能全面反映整个会展市场动态和发展趋势的预测。如参展企业、参展观众对会展产品的购买力与社会会展产品的供应量的预测、社会可供会展产品的结构变化预测等。会展市场综合预测一般由国家或地方会展协会来进行。

2. 会展产品预测

会展产品预测,是指对会展产品的供求状况的预测。如对全国花卉展的供求状况的预测。此类预测一般由咨询公司或会展企业来进行。

三、会展市场预测的内容

会展市场预测的内容非常丰富。从国家宏观经济管理部门角度进行的宏观会展市场预测，主要包括预测会展的发展及其变化、会展市场容量及其变化、会展市场价格的变化趋势、会展需求的变化趋势及对外会展的变化等内容。从会展企业角度进行会展市场预测，主要是在宏观预测指导下，根据已有资料预测会展企业目标市场的未来发展趋势、预测会展企业的市场占有率变化，以便及时调整会展企业的经营发展方向，做出正确的经营决策，在激烈的会展市场竞争中立于不败之地。

（一）会展的发展及其变化趋势预测

会展的发展，是决定和实现会展市场容量的物质基础。首先，从某种程度上说，会展供给决定需求，供给发展的状况决定会展市场容量的大小。市场容量大小反映着参展企业购买力的大小和需求水平的高低；而参展企业购买力的大小和需求水平的高低，则是由参展企业在生产发展基础上的收入增长速度及其分配比例决定的。其次，满足参展企业、专业观众的需要是会展的目的，而会展的发展状况，既受市场需要的制约，又是实现市场容量的物质条件。因此，进行会展市场预测必须预测会展的发展及其变化趋势。

预测会展的发展及其变化趋势，首先要收集历史资料，了解各种会展历年的交易额、会展面积、成本和利润等情况；其次，要了解各种现有会展企业的数量、供给能力、会展设备、会展技术和会展品牌的现状，各项指标在会展行业达到的水平以及会展的生命周期；最后，要了解各种会展企业设备更新、技术引进以及近期挖潜、革新、改造的措施和场馆规划，可能达到的效果及时间，并在预测会展结构即农业、轻工业、重工业的提供比例及农业和工业内部各类会展产品比例发展变化趋势的基础上，研究各种会展在预测期内可能提供会展的企业及其生产能力，已有会展的数量、质量、规格等发展变化，会展发展的趋势、展览技术、成本和价格等的变化，会展供给能力及市场需求动向等，进而测算出会展面积、适应会展市场需求的程度及其发展趋势。只有在摸清会展资源的基础上，预测出各种会展产品的发展前景，才能结合会展市场需求的变化，较精确地预测会展市场供求关系的发展趋势，做出正确的经营决策。

（二）会展市场容量及其变化预测

会展市场容量，是指有支付能力的市场需求量。会展市场预测，不是抽象地预测购买者的需求欲望，而是预测有支付能力的需求量。因为需求欲望没有实际支付能力的支撑，不是现实的需求。需求欲望可以作为市场需求预测的重要参考变量，但不能作为决策依据；只有具备支付能力的需求，才是现实的市场容量。所以，从参展企业、参展观众收入入手，预测有支付能力的需求，即参展企业、参展观众的购买力，就成为会展市场预测的重要内容。

（三）会展市场价格的变化趋势预测

会展市场价格反映着各方面的经济关系，关系着会展建设、市场安排。进行会展市场预测，不能忽视会展市场价格的变化。价格是价值的货币表现。会展市场价格的变化，最主要的是由会展产品的价值量变化引起的。同时，价格又是调节市场供求比例关系的重要手段，因而供求关系也是影响价格变化的重要因素，而价格的变化，又反过来影响市场供求关系的变化。因此，进行会展市场预测时，必须研究会展生产率、生产成本、利润的变化以及市场供求关系的发展趋势。

（四）会展需求变化预测

会展市场需求，既受到会展发展、参展企业和专业观众购买力增长、会展供求变化和价格变动的制约，也受参展企业和专业观众需求变化的影响。随着区域经济的发展和购买力的提高，参展企业和专业观众的需求在量上不断增长，在会展品种、规模等方面也不断变化。因此，要做出符合客观实际的会展经营管理决策，必须对需求倾向及其变化趋势进行预测。

参展企业和专业观众的需求倾向的变化，可以分为以下几种类型：①需求量在一定时期直线上升，即长期供不应求，但对不同会展品种、规模、规格的要求又有所变化。②挑选性强、专业性强、地区性强、形式变化快等。③需求季节性很强，时令会展量大增，过令则急剧下降。④需求波动起伏，新形式上市会展突增，然后逐渐萎缩，改进后又会成为会展畅销品。⑤参展企业和专业观众的需求倾向不同，有些是由会展的本身属性决定的，有些则是由会展供求状况决定的。作为会展企业的经营者要特别注意研究会展产品的属性及其需求倾向变化。

同时，还应当对参展企业和专业观众的行为变化进行预测。因为参展企业和专业观众的行为引起消费动机，消费动机又支配参展企业和专业观众的购买行为，从而会引起会展需求的变化。所以，在进行会展需求变化预测时，还应该对参展企业和专业观众的行为变化进行预测。

（五）对外会展的变化趋势预测

在市场经济条件下，特别是经济全球化的进一步发展，国内会展市场与国外会展市场有着密切的联系，随着我国加入 WTO，情况更是如此。国外会展的变化，一方面直接影响国内会展市场供求关系的变化，因为在会展资源量不变的情况下，出口量增加，则国内市场供应减少；反之，进口量增加，则国内市场供应量相应增加，就会引起国内会展市场供求关系的变化。另一方面，又直接影响着国内市场会展供求结构的变化，即国内会展市场供应量有多余，会因出口使供求相适应；国内会展供应量短缺，会因进口而使供求状况得到改善；同时，还会由于进口新会展品种而引起会展市场需求的新变化。所以，要进行国内会展市场预测，也必须预测对外会展的变化。

从国内会展市场预测来说，预测国外会展的变化，主要是结合预测生产发展状况，通过政府外贸部门、会展部门以及会展行业部门和会展企业了解会展出口的情况及其变化趋势；会展进口类型、规模，国内分配情况；进口会展产品在国内形成新能力的时间和可能提供的会展展出量，并据此推断国外会展的变化对国内市场可能造成的影响及发展趋势。

（六）会展资源预测

市场的两个主要因素是供给与需求。在对会展市场需求进行预测的同时，应该对会展供给的发展趋势进行预测。这关系到会展购买力与会展可供量的平衡问题，也关系到国家宏观调控的问题。对供不应求的会展预测，不仅要考虑市场需要，而且往往要根据会展资源的可能情况来决定会展量。此时，会展企业需要在短期利润与长期发展之间做出权衡和选择。

（七）会展生命周期的预测

会展生命周期，主要是从展出量、获利能力的变化上来进行分析，是研究会展的需要量和利润随时间变化而变化的趋势。这一过程还受价格、国民经济发展、科学技术进步、市场竞争、供需平衡等多种因素的影响。会展市场生命周期，一般分为投入期（试展期）、成长期、成熟期和衰退期等四个阶段，可用下列曲线来表示，如图9-3所示。

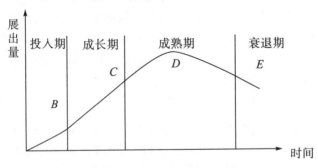

图9-3　会展市场生命周期

无论是从新会展产品应用，还是从需求预测来说，应着重研究 $B—C—D$，即产品从试展期（投入期）到成长期到成熟期的过程，而不应该缺乏调查研究去赶热闹，到成熟期才去研究，成熟期尽管是会展企业展出量最多及获利的黄金时期，但也是会展产品销售最艰难的时期。D 点是个转折点，它是会展量的高峰，也是展出量下降和会展产品被淘汰的起点。

（八）会展市场占有率预测

在会展市场条件下，任何一种会展，都有许多会展企业向市场提供会展。无论是哪一个会展企业，无论是哪一个会展部门，都不可能独占某一市场，而只能占有某个市场的一定份额。因此，进行会展市场预测，既要从宏观经济方面预测会展市场供求关系和会展需求结构、规模及其变化趋势，也应当从微观经济方面预测部门和企业在会展发展中的市场占有率及其未来的发展变化。这就需要研究部门（行业）和会展企业从历史上的市场占有率，现实的竞争对手，各自的优势、竞争能力和经营管理的新措施以及市场未来占有率的变化趋势等方面做出正确的预测。只有对会展市场占有率做出正确预测，才有助于做出切合实际的决策。

（九）会展网络（点）的建立和发展趋势的预测

会展网络（点）的建立本身不是市场会展供需预测的内容，但它与会展供需密切相关，是实现会展产品交换的重要条件和途径。要实现会展交换，就需要有一定的会展经营机构、人员和设施。因此，在进行会展市场预测的同时，对会展网络（点）的发展和变化进行研究和预测，对合理、及时、有效地促进会展信息交流和会展展出的实现，具有十分重要的意义。

四、会展市场预测的程序

会展市场预测必须按照一定的预测程序进行，用科学的预测技术将资料进行分析、加工和整理，从而得出规律性的结论。预测一般可依据以下程序。

（一）确定预测目标

预测必须要有明确的目标，明确目标是有效地进行预测的前提。要充分认识到明确目标在预测中的重要性。有了明确的预测目标，预测工作才有方向。因为随着预测目标的不同，预测的内容和项目、所需资料以及运用的方法，都会有所不同。所以，如果没有明确的目标，就等于失去工作的方向，就会事倍功半，或成效甚微。明确预测目标，就是根据会展企业当前经营活动的需要，确定预测解决什么问题，并根据预测所需要解决的问题，拟定预测的项目，制订预测工作计划，编制预算，调配力量，组织实施，以保证预测工作有计划、有节奏地进行。

（二）收集、分析和整理有关资料

进行有效的会展市场预测，必须占有充分的会展市场资料及信息。明确预测目标之后，要根据预测目标的需要，广泛地收集、分析和整理预测所需的各方面的资料，包括历史资料和现实资料，并在此基础上对所收集的资料进行整理、分析和选择，剔除某些偶然出现的非正常因素的数据。值得注意的是，收集资料不是一次可以完成的，往往在预测过程中需要反复地调查和进行补充收集。

因此，在会展市场预测目标及计划的指导下，收集、分析和整理有关资料，是进行会展市场预测的一个极其重要的环节，是进行有效会展市场预测的一项必不可少的重要的基础性工作。我们所收集到的市场资料是否充分、客观、可靠，对会展市场预测结果的准确性、可靠性和有效性具有极其重要的影响。因此，可以说占有充分可靠的市场资料信息是进行有效会展市场预测的前提保证。

（三）选择预测方法

选择什么样的预测方法，是依据预测的目的、占有资料的情况、对预测准确度的要求、预测的费用以及所预测会展的特点决定的。

（四）建立数学模型

预测技术中有定性预测和定量预测两大类。这两大类预测技术在会展市场预测实践中都得到了广泛的应用。

会展市场预测中，我们更多涉及的是对关系比较复杂的、影响因素较多的一些变量和因素进行预测。在这种预测工作中，我们更多的是运用定量预测技术。定量预测技术一般要涉及预测模型的建立。因此，必须首先建立会展市场预测的数学模型，即用数学的函数关系，抽象地描述经济实体及其相互关系。然后，根据模型具体运算，求出初步

预测结果，并考虑到模型所没有包括的因素，对预测数值进行必要的调整。具体模型的建立要考虑预测的问题以及所采用的预测方法。

（五）预测结果检验

如果误差太大，预测就会失去意义，因而需要对各种预测结果进行分析、比较和评定，检验误差的程度，分析产生误差的原因。

五、会展市场预测的方法

我们在进行会展市场预测时，不仅需要掌握必要和充分的资料，而且需要运用科学的方法才能对会展市场的未来进行科学的预测和判断。近几十年来，随着科学技术和生产的迅速发展，给会展产品结构和会展市场需求都带来了很大的变化，会展市场预测日益受到重视。而且，由于会展市场预测的目的、内容和期限的不同，也出现了多种多样的预测方法。而利用一定数据，运用数学模型确定预测值，则是各种预测方法的共同特点。

同时，由于会展市场预测是对会展市场未来的判断，而不是市场发展的现实，所以任何方法都不可能是十全十美的。因此，为了避免会展市场预测同实际变化出现较大误差，首先应当随着会展市场客观形势的变化而适时调整预测值；其次对同一预测项目运用不同的预测方法，做出几种预测方案，以供比较、鉴别；最后得出比较精确的预测。这样，无论进行什么项目的会展市场预测，都不会是只运用一种预测方法，而是同时综合运用几种预测方法。

会展市场预测方法尽管多种多样，但大体上可以把它们归结为以下三大类。

（一）传统预测技术

传统预测技术，主要是由预测者根据已有的历史资料和现实资料，依靠个人经验和综合分析能力，对市场未来的变化趋势做出判断，以判断为依据做出预测。传统预测技术的好处是不需要多少经费、花费时间也比较短，如运用得当，还是很有实用价值的。其缺点，一是不能用于长期预测；二是如果运用不当，则预测结果误差较大。

（二）时间序列分析法

时间序列分析法，就是以历史的和当前的时间序列数据资料为基础，运用一定的数字方法使其向外延伸，来预测会展市场未来的发展变化趋势。时间序列分析法是以过去的时间序列统计资料为基础的，花费不大，简便易行，所以在国内外都普遍受到重视和应用。

（三）因果分析法

因果分析法，也称相关分析法，就是分析市场变化的原因，找出原因同结果之间的联系的方法，并据此预测市场未来的发展变化趋势。随着社会的发展，市场需求量是不断增长的，实际展出量和交易量不过是这种增长趋势的反映。但是，必须指出，某种会展市场供需状况变动的趋势是由多种因素决定的。各种因素同市场供需关系之间存在着某种依存关系，即因果关系。因此，在进行会展市场预测时，虽然可以运用时间序列分析法测算市场供需关系的变动趋势，以此变动趋势来直接预测未来市场的变化，但并不能说明全部问题。为了更精确地预测市场未来的变动趋势，就需要通过对影响会展市场供需关系的各种因素进行分析，找出影响会展市场变化的因素之间的关系，并建立数学模型，依据引起会展市场变化的因素量的变化，来预测会展市场未来的发展趋势。

上述三类预测方法，从确定会展市场预测量的角度来说，又可以分为量的分析法与质的分析法两种类型。量的分析法，即根据一定数据，运用数学模型来确定各变数之间的数量关系，并据此预测市场未来的变化。量的分析法的特点是"凭数据说话"，能够通过各变数之间的数量关系，较准确地测算市场未来的发展趋势，为会展经营管理决策提供确切的科学依据。质的分析法则是依据预测者个人的经验和分析能力，通过对影响市场变化的各种因素的分析、判断、推理，来推测市场未来的发展变化。质的分析法的特点是简便易行，不需要经过复杂的运算过程。但也正因如此，它又具有不能够提供以精确数据为依据的会展市场预测值的缺陷，而只能提供市场未来发展的大致趋势。为扬长避短，实践中应将量的分析法与质的分析法结合起来运用，两类方法相辅相成，以便对会展市场未来的发展变化做出科学预测。

本章小结

本章介绍了会展市场的概念、会展市场的特点、会展市场的起源和发展，还介绍了会展市场调研的内容、方法和会展市场预测的内容和方法。重点需要掌握好会展市场调研的内容和方法，这也是市场调研的应用性表现。

思考与练习

1. 如何获得竞争者信息？
2. 调查本市某一会展项目的市场潜力。
3. 调查 10 家会展主办单位，了解对会展人才的需求。
4. 实训设计：

（1）实训项目

调查糖酒会参展商的新需求。

（2）实训目的

掌握和应用会展市场调研的内容和方法。

（3）实训内容

请设计一份调查问卷，调查糖酒会参展商的新需求，并发放调查问卷和统计调查结果。

（4）实训步骤

①设计调查问卷。

②在糖酒会上向参展商发放问卷。

③回收、分类、整理问卷。

④统计问卷。

⑤撰写调查报告。

第十章　旅游市场调查

引例

　　陕西省的华山景区是国家首批颁布的 5A 级风景名胜区之一，多年来和许多名山大川一样在国内旅游市场中拥有较高的地位。而近几年来旅游业发展迅猛，新开发景区（点）如雨后春笋，旅游市场竞争日益激烈。没有一个科学的市场细分和有效的营销手段，就无法满足旅游者日益扩大的消费需求和瞬息万变的市场竞争。现结合华山的实际情况，探讨市场细分的四类因素。

　　一、地理因素

　　华山景区目前面对的市场主要是国内旅游市场，国际旅游市场占有份额非常小，每年外宾旅游人数只占全年游客量的 6%。在气候方面，华山地处北温带地区，可根据自身优势把旅游市场划分为南北两大市场。春夏的市场营销重心放在北方地区和交通较为便捷的地区，用秋冬品牌主打长江以南地区，效果非常明显。

　　二、心理因素

　　按心理因素细分旅游市场，主要将旅游者的个性特征、兴趣和爱好、生活方式等因素作为划分旅游者群的基础，注重同一区域旅游者的需求的差异性。但具有相同心理因素的旅游者通常分散于不同的地理区域，增加了景区（点）针对各细分市场布置营销力量的难度，而且心理因素是动态的，不如地理因素容易把握，因此在旅游市场细分中，应着重将心理因素与地理因素结合起来。

　　三、购买行为因素

　　购买行为因素是指根据旅游者的旅游动机、旅游组织方式、购买时机、对企业营销的敏感程度、购买频率、购买数量及对品牌的信赖程度等因素为基础进行市场细分。首先，按旅游动机细分，有探亲访友旅游、观光旅游、度假旅游、公务旅游、奖励旅游五类。其次，按购买时机、频率、数量细分，有淡季旅游市场、旺季旅游市场和平季旅游市场。在当前市场条件下，华山旅游宣传部门尝试使用淡旺季门票价格平抑淡旺季旅游市场。同时充分利用华山季节变化形成的风光优势，进一步包装旅游产品，炒热淡季旅游。

四、人口因素

按年龄可将旅游市场细分为青年旅游市场（15～24岁）、成年旅游市场（25～34岁）、中年旅游市场（35～54岁）和老年旅游市场（55岁以上）。寻根旅游是老年旅游市场和海外华侨旅游市场的一个亮点。"天下杨氏出华阴"，前些年华山曾尝试举办过一次杨氏寻根祭祖活动，在国内引起了较大反响。进一步挖掘杨氏先祖在华阴的踪迹，通过多种形式对外宣传，提高杨氏寻根旅游市场的效应，同时与道教文化相辅相成，也是对华山旅游产品的强有力补充。

（资料来源：雷鸣《浅谈旅游市场细分的四类变数——以华山旅游区为例》，《新西部》2010年第8期，第48页，有改动）

案例中陕西省华山景区根据旅游市场地理因素、心理因素、购买行为因素和人口因素对旅游市场的细分是很成功的，有针对性地提出了做好华山旅游的对策。由此可见，只有针对具有不同需求的旅游消费者群，正确选择细分市场，有针对性地包装旅游产品、调整营销，才能达到旅游目标市场的销售目的。

第一节　旅游市场的概念及特点

一、旅游市场的概念

旅游市场是社会经济发展到一定程度，旅游供给商品化、社会化的产物。早期的旅游活动仅仅是一种自发的非商品经济活动，随着生产力的发展和社会分工的深化，商品经济迅速发展，人们生活水平的提高，使旅游需求不断扩大，旅游活动才逐渐变成商品并进入市场交换。随着旅游产品生产和交换的发展，旅游市场也随之不断地完善和发展，并发挥了重要的旅游经济功能。由于社会经济的发展和认识角度不同，人们对旅游市场的理解也并不完全一致。因而旅游市场的概念具有多种含义，但通常可归纳为以下三种。

（一）管理学角度的旅游市场

管理学角度的旅游市场是指供需双方在共同认可的一定条件下所进行的旅游产品或服务的交换活动。

（二）经济学角度的旅游市场

经济学角度的旅游市场是指在旅游产品生产和交换过程中各种经济活动现象与经济关系的总和。一方面，旅游企业通过旅游市场销售自己的产品；另一方面，旅游者通过市场取得自己需要的产品。这种通过市场交换所反映的关系，实质上是人与人之间的经济关系。所以，旅游市场也就是旅游产品供给与旅游需求过程中所表现出来的各种经济关系的总和。

（三）市场营销学上的旅游市场

市场营销学上的旅游市场是指一定时期内，某一地区中存在的对旅游产品具有支付能力的现实和潜在的购买者。所谓现实购买者是指既有支付能力又有购买兴趣的人，潜在购买者是指可能具有支付能力和购买兴趣的人。由此可知，旅游市场是由购买者即买方组成的。它可以是旅游者本人，也可以是旅游者所委托的购买者或购买组织即旅游中间商。

二、旅游市场的特点

旅游市场虽然庞大、复杂，但始终是围绕旅游供给与旅游需求建立起来的整体机制，与一般商品市场、服务市场和生产要素市场相比，具有不同于其他市场的多样性、季节性、波动性和世界性等特点。

（一）旅游市场的多样性

旅游市场的主体是旅游者，而旅游者的需求是多样的，从而形成的旅游市场也是多样性的。这种多样性主要表现在三方面：一是表现为旅游产品种类的多样性，即不同国家、地区的自然风光和人文景观的不同，必然形成不同的旅游产品，从而使旅游者从中获得的经历与感受也不同。二是表现为旅游购买形式的多样性，即包价旅游、零价旅游、包价旅游与零价旅游相结合的旅游购买方式等。三是表现为交换关系的多样性，即旅游者可以直接购买单项旅游产品，也可以通过旅行社购买旅游线路产品，还可以通过国际旅行社购买综合性旅游产品。四是远程旅游与中短程旅游并存。从市场规模看，中短程游客占大多数，但远程旅游市场的发展前景也是乐观的，其市场规模呈继续扩大的趋势。更多的社会大众参与到游客的行列当中来，使旅游市场的需求更加复杂化、多样化。

（二）旅游市场具有波动性

从总体上看，旅游市场将保持持续发展的趋势，但不是直线发展，而是在波动中向前发展。旅游市场之所以波动，是因为影响它的因素是复杂的、多变的。国际国内局势、双边关系、重大社会活动、通货膨胀、旅游需求变化、经济发展状况、国民收入水平、各国旅游政策和社会福利政策、一些突发事件、旅游地的安全保障、海关手续的烦琐、出入境制度、汇率变化、旅游服务的价格、客源地以及目的地的语言、文化、习俗的异同等因素，都会影响旅游市场需求变化，导致游客构成、游客流向甚至游客总数的变化。旅游市场的波动性使旅游企业的销售量时多时少，有时会给旅游者带来服务不周到、产品质量下降的感受。因此，旅游企业需要密切注意造成旅游市场波动的因素，了解其变化趋势，采取相应措施，尽量减少市场波动带来的震荡，保持旅游市场的稳定性。

（三）旅游市场具有季节性

旅游目的地国家或地区自然气候条件的差异、旅游者闲暇时间分布的不均衡以及人们外出旅游的习惯，造成旅游市场具有突出的季节性特征。它使旅游企业的产品供求常常失衡。例如，近年来赴我国旅游的日本游客明显增多，但人数主要集中在每年5月到10月，而12月人数最少。这就使得主要以接待日本游客为主的青岛、大连等旅游市场在5月到10月为旅游旺季，而12月则转为旅游淡季。又如在德国，人们旅游的高峰期集中在春季。而在法国、日本和新西兰，旅游高峰期则分别集中在夏季（8月）和冬季（12月）。旅游市场在时间上分布的不均匀现象，导致旅游市场经营具有明显的淡旺季差别，游客大量集中在一定季节，影响到旅游供求之间的比例，造成旺季供不应求，淡季设施和人员闲置现象。因此，旅游目的地国家或地区应根据旅游市场"淡旺季"的不同特点做出合理安排，需要在不同的销售季节，采取不同的措施疏导和调节需求。努力开发淡季旅游市场的需求，把大量的潜在旅游需求转化为现实的旅游需求。合理组织好旺季旅游市场的供给，以减少或消除季节性的影响，使旅游市场向淡旺季均衡化方面发展。

（四）旅游市场具有高度竞争性

从总体上看，当今世界的旅游市场是一个供大于求、激烈竞争的买方市场。一方面，旅游产品的供给量相当大，一定程度上甚至超越了需求量；另一方面，尽管旅游市场需求的规模庞大，但旅游需求毕竟不是基本生活需求，有较大的需求弹性。游客在对出游时间、地点、内容和方式上具有很大的选择余地。此外，由于旅游资源在地理上分布广泛、内容丰富以及各具特色，各国旅游设施水平和旅游服务质量不断提高，旅游中间商对旅游线路的设计和宣传力度加强，旅游企业经营管理中采用新技术，因此，旅游产品的供给一般在短期内难以迅速扩大，造成旅游市场竞争异常激烈和旅游产品供应商对旅游客源市场的高度依赖。为了吸引更多的客源，旅游市场出现了多方面的竞争，包括目标客源市场竞争、目的地竞争、旅游产品特色竞争、旅游产品价格和质量竞争、旅游市场占有率竞争、旅游中间商竞争、国家旅游政策和措施竞争等。

三、旅游市场的构成要素

旅游市场由三个最重要的要素构成，即旅游市场主体、旅游市场客体、旅游市场媒体。

（一）旅游市场主体

旅游市场的主体是旅游者。旅游者是指为了满足自身心理、精神等方面的享受而暂时离开常住地，进行旅游、观光、休闲等方面的消费的人。从经济角度来看，旅游者必须具备下列三个条件：第一，旅游的购买力。旅游购买力是指消费者支付货币商品和劳务的能力。购买力通常是由旅游者的收入水平决定的。其中可自由支配收入的多少将决定旅游者旅游消费水平的高低。第二，旅游的闲暇时间。人们购买旅游产品不但需要金钱，还需要时间。与可自由支配的收入一样，可供旅游者支配的时间将决定旅游者外出旅游距离的远近、逗留时间的长短。第三，旅游的欲望。旅游的欲望是指旅游购买需求和动机。如果说旅游者可自由支配的收入和闲暇时间为旅游活动的产生创造了条件，那么旅游购买需求和动机则是旅游者产生旅游行为的基础。

（二）旅游市场客体

旅游市场的客体是旅游资源。旅游资源是指一切对旅游者构成吸引力的自然景观和人文景观等因素的总和。旅游资源按其属性可分为自然旅游资源、人文旅游资源。自然旅游资源是由于地球的运动和自然力的侵蚀作用，慢慢形成的自然环境和自然景观，它包括森林、瀑布、溶洞、石林、河流、温泉等。人文旅游资源则是通过各国各民族在漫长历史过程中所形成的不同风格的人类创作物，它包括历史文物、名胜古迹、民族文化、民族风俗、体育娱乐等。

（三）旅游市场媒体

旅游市场的媒体是旅游业。旅游业是指向旅游者提供直接或间接旅游服务的行业，是旅游者与旅游资源发生联系的桥梁。旅游资源开发为旅游者的需求提供了市场条件，而旅游者的旅游愿望与动机为旅游市场扩展提供了可能性，只有两者有机地结合起来，才能实现旅游消费需求，构成旅游市场。旅游业正是为满足旅游者的消费需求，利用和发挥旅游资源的作用使两者有机结合起来的媒体。因此，旅游业是一个以旅游消费需求为依托、旅游资源为条件、旅游服务为特点，连接旅游消费需求与旅游资源的服务性行业，是为旅游者提供旅游接待、旅游交通、旅游食宿以及开展导游、宣传、咨询、组织等综合服务的旅游行业。

第二节　旅游市场细分

一、旅游市场细分的概念

旅游市场细分是指旅游企业根据旅游者之间旅游需求的差异性，把一个整体旅游市场划分为若干个旅游消费者群体的活动过程。从旅游者的需求特征看，由于旅游者的性别、年龄、收入、兴趣、价值观念等因素的不同，即使在同一类型市场中，也会在档次、规格、出游时间、消费水平、消费结构等多方面形成差异。如有些旅游者要求住豪华的星级饭店，有的则要求住经济型的旅店；青年人选择体育旅游的情况会多一些，老年人则选择观光旅游、文化旅游的情况会多一些。如果旅游企业只是笼统地向各地旅游者推销质量、品种大致相似的旅游产品，肯定会造成有些品种供过于求，有些品种供不应求。因此对于旅游企业来说，进行旅游市场的细分是有必要的。

（一）有利于发掘、选定目标市场

旅游市场的细分建立在对旅游市场全面系统的调查与研究基础之上。通过旅游市场细分，旅游企业可以对每个细分市场需求状况进行了解，掌握不同旅游消费者群的需求特点和需求的满足程度，创造条件迅速地开拓新的市场空间，从而依据自己的旅游供给或经营实力，有效地选定适合自己经营的目标市场，进而增加销售量，扩大市场占有率。

（二）有利于旅游产品的促销

对于旅游目的地和旅游企业来说，旅游企业可以及时发现和掌握旅游市场的特征、变化状况以及竞争者的状况。面向目标客源市场开展有针对性的宣传促销活动，既可以避免因盲目促销而造成的浪费，又有利于提高宣传促销成效。例如，分时度假方式的产生，就是酒店经营者根据某些度假旅游者多次性且间歇性购买酒店或度假村的使用权这一消费行为的特点而开发的一种产品促销方式。

（三）有利于旅游企业跟踪市场需求动态，及时调整市场营销策略

各个细分市场都变得小而具体，从而有利于旅游企业了解和把握旅游者需求。在细分市场上，信息反馈快，一旦旅游者需求发生变化，旅游企业就可以迅速改变原有的营销策略，制定相应的对策，满足变化了的消费需求。例如，假日集团在市场细分的基础上，又推出了高档商务旅馆和低档的经济型旅馆，很好地满足了不同旅游者的需求。

二、旅游市场细分的原则

寻找合适的细分标准，对市场进行细分。一般而言，成功、有效的市场细分应遵循以下基本原则。

（一）可衡量性

可衡量性是指旅游市场经过细分后具有明显的差异性，每一细分的旅游子市场的需求特征、购买行为、规模和购买力大小等要能被具体地测定，这样才能确定划分各细分市场的界限。这就要求选择恰当的旅游市场细分标准。首先，旅游企业所选择的细分标准要与消费者的旅游需求有必然的联系，这样才能使各细分市场的需求特征明显地区分开。其次，旅游企业所选择的细分标准必须清楚明确，容易辨认，能被定量地测定，从而能够明确划分各细分市场的界线。

（二）可营利性

可营利性原则要求细分出的市场在顾客人数和购买力上达到一定的规模，能够保证旅游企业获得较好的经济效益。本原则具体包括三个要点：一是虽然市场细分有使整体大市场小型化的趋向，但又绝不能过分细分到失去一定规模经济效益的程度。例如，在内地一个普通的县城，如果要满足少数人喜欢西餐厅的要求而专门开设一家西餐厅，可能由于这个细分市场太小而得不偿失。二是应注意某些细分市场，虽然其在整体市场中比重很小，但其绝对规模或购买力足以达到营利的水平，因而具有很大的开发价值。如老年人旅游市场和探险旅游市场，前者绝对规模大，后者消费高，各有其开发价值。三是在细分旅游市场时，还应考虑开发的成本问题。当外界条件的变化或者通过主观努力而使开发成本得以降低时，就可能使一些原本无利可图的市场变为有利可图。

（三）可进入性

可进入性是经过细分后所确定的目标市场要使旅游产品有条件进入并能占有一定的市场份额。旅游企业必须从实际出发，以保证细分出的市场是企业的人力、物力、财力等资源所能达到的，是企业经营力所能及的，否则不能贸然去开拓。此外，企业营销人员要与客源市场进行有效的信息沟通，具有畅通的销售渠道，这对于具有异地性特征的旅游市场尤其重要。

（四）对营销策略反应的差异性

各细分市场的旅游者对同一市场营销组合方案会有差异性反应，或者说对营销组合方案的变动，不同细分市场会有不同的反应，针对不同的细分市场，企业应当分别制定

出独立的营销方案。如果无法制定出这样的方案，或者对于不同的细分市场采取的不同的营销方案没有大的差异性反应，便不必进行市场细分。

三、旅游市场的细分标准

旅游市场的细分标准，也被称为旅游市场的细分变量。不同的国家、地区的组织机构与研究单位和不同的旅游企业，常根据自身需要选用不同的细分标准，概括起来一般从地理因素、人口统计因素、心理因素和行为因素四大类进行划分。

（一）按地理因素细分

按照地理因素进行旅游市场细分，是一种较传统的细分方法，是指按照旅游者所在的地理位置来细分旅游市场。一般而言，旅游者的需求和偏好会因居住地的不同而出现地区差异。因此这种划分方法简单易行，且资料容易取得。一般来说可按下列两种情况来划分。

1. 按客源地域划分

客源地旅游市场是按其在世界所处的地理位置来划分的市场，可分为欧洲、美洲、非洲、中东、南亚、东亚及太平洋地区等六大旅游市场。

2. 按国家和地区别分

将旅游市场按国家和地区进行划分，如日本市场、美国市场等。由于不同国家和地区的游客受不同自然条件、社会条件、经济条件等方面的影响，因而他们对旅游产品也有不同的爱好和需求，对产品价格、销售渠道、广告宣传的反应也有差别。

（二）按人口统计因素细分

人口统计因素是指根据旅游者的某些特点如年龄、性别、职业、受教育程度、家庭收入、旅游目的、旅行方式等进行旅游市场细分。由于旅游者的愿望、偏好和习惯的变化与人口变量高度相关，并且人口统计变量相对比较稳定，取得各种变量的资料也比较容易，因此人口统计因素成为旅游市场细分常用的标准。

1. 年龄变量

根据旅游者的年龄结构，可将旅游市场分为老年旅游市场、成年旅游市场、青年旅游市场、儿童旅游市场。例如，随着世界人口平均年龄增长趋势和我国老龄化程度的加快，老年人市场是近年来比较引人注目的市场。老年人对旅居条件、旅游交通的舒适性、旅游项目的安全性以及旅游服务的质量尤为关心。而针对这一市场，还可以根据老龄群体的不同情况对旅游市场作进一步的细分，如表 10－1 所示。

表 10－1　老龄群体旅游市场

划分类别	市场
按年龄划分	高龄（70 岁以上）老人市场和低龄老人市场
按旅游方式划分	团体老人市场、散客老人市场、自组团体老人市场
按选择的交通方式划分	汽车、火车、飞机、轮船旅游市场

划分类别	市场
按旅游地域划分	国际老年人旅游市场、国内老年人旅游市场
按照旅游距离划分	短途旅游、国内旅游和出国旅游

2. 性别变量

根据男性旅游者和女性旅游者对旅游项目和服务需求的不同，也可细分市场。随着女性就业率的上升、经济的独立，家政社会化、家庭小型化及女性在家庭中角色的转变、传统观念的改变等使得越来越多的女性拥有足够的可自由支配收入和闲暇时间来旅游。女性游客的数量一直呈增长趋势，而且一直高于男性。从主体构成来看，旅游已经不再是白领女性的专利。不同年龄阶段的女性都加入了旅游的队伍中，女性旅游主体已逐渐大众化。

3. 收入、职业、受教育程度等变量

一般来说，收入水平较高的旅游者出游的距离较远，旅游时间较长，消费也较高。职业不同，选择出游的方式和花费的时间也不同。受教育程度不同，对旅游的需求层次也不同，受教育程度高者对旅游的需求层次也高。

（三）按心理因素细分

按心理因素细分是指按社会阶层、生活方式或个性特征等把旅游者分成不同群体。旅游者心理因素十分复杂，是一个内涵十分广泛、丰富的概念，它不仅与旅游者的收入水平有关，而且与旅游者的文化素养、社会地位、价值观念、职业等因素密切相关。

1. 社会阶层变量

每一个阶层的成员都有类似的价值观念、兴趣和行为准则。不同的旅游消费阶层对旅游活动的需求有较大差异。他们选择的旅游产品和服务的种类不同，消费方式不同，消费水准也不同。因此旅游企业要根据不同阶层的消费心理提供服务。

2. 生活方式变量

生活方式是人们在所处的环境中逐渐形成的，它集中表现在旅游者的活动、兴趣、观念等方面。将生活方式相似的旅游者作为一个群体，有助于有针对性地满足消费者的需求。

（四）按行为因素细分

行为因素细分是指根据旅游者的购买行为对旅游市场进行划分。

1. 购买动机

旅游消费者的不同心理需求会产生不同的旅游动机（见表10-2）。

表 10-2　各细分市场的心理需求和旅游动机

细分市场	心理需求	旅游动机
高校学生	好奇心、求知欲、寻求刺激、人际交往	娱乐休闲、学习感受
上班族	摆脱束缚、追求刺激	娱乐休闲、躲避角色
银发族	回归社会、提高生活品质	康体娱乐、美感交流

旅游消费群体不同，旅游动机不同，购买目的也不同。以游山玩水、欣赏自然风光和人文景观为主的观光旅游，曾经是占据绝对地位的旅游形式。今后观光作为基本旅游需求仍然具有巨大的市场潜力，将继续保持发展。与此同时，度假旅游市场将得到更大的发展。

2. 购买时机

按购买时机细分，可以将旅游市场细分为旺季旅游市场、淡季旅游市场、平季旅游市场，以及节假日旅游市场（如寒暑假，我国的春节、中秋、国庆节旅游市场）等。按购买时机细分市场能使旅游企业把握特定时机的市场需求，促进销售。

3. 购买方式

购买方式是旅游者购买产品过程中的组织形式和通过的渠道。根据这种划分依据可将旅游市场划分为团体旅游市场和散客旅游市场。团体旅游是传统的旅游组织形式，它是旅游活动日益普及、发展的结果。这种旅游形式包含两个含义：首先是团体，即旅游者一般由 10 人或更多的人组成一个旅游团；其次是包价，即参加旅游团的游客采取一次性预付费用的方式，将相关的各项消费都包给一家旅行社负责。今后，这种旅游形式仍将稳定发展，特别是在远程旅游市场上。随着旅游服务接待条件日益完善，交通更加方便，闲暇时间增加和收入增长，以及旅游经验的丰富，人们已不满足于高度集中统一的团体旅游形式，而是追求更加自由灵活、更具个体特征的旅游形式。这样，以个人、家庭或朋友为单位的散客旅游市场得到了迅速发展。散客旅游的特点是旅游者自主决定旅游的整个过程，包括游览、交通、餐饮、住宿、购物等。虽然旅游者要为整个行程操心许多，但同时也换来了自由，这是现代人普遍追求的一种境地，所以这种旅游方式有其快速发展的优势。这一趋势在欧美市场上表现得尤为明显，目前在欧美等旅游大国，散客旅游在量上大大超过团体旅游。具体形式也越来越多样化，有独自游、结伴游、家庭游、小组游、驾车游、徒步游、自助游、包车游等。

四、旅游市场细分的步骤

旅游市场细分一般要经过以下六个步骤。

（一）选择市场范围

旅游企业细分旅游市场，必须依据旅游市场的需求状况同时结合本企业自身的经营目标、资源条件，再从旅游整体市场中划分出来的局部市场上进行细分，选择自己有能力服务的旅游产品的市场范围。例如，某旅游公司打算在乡间建造一幢度假酒店，若只考虑产品特征，该公司可能认为这座酒店的消费对象是普通的游客，但从市场需求角度看，高收入者也可能是这幢度假酒店的潜在顾客。因为高收入者在住腻了高楼大厦之后，恰恰可能向往乡间的清静，从而可能成为这种度假酒店的顾客。

（二）在所研究的旅游市场范围内找出潜在需求

在确定适当的市场范围后，根据市场细分的标准和方法，了解市场范围内所有现实和潜在顾客的需求，这些需求大多具有与地理环境、人口属性、心理属性、购买行为四大类细分因素有关的特征。此外，旅游企业还可以向不同的潜在旅游消费者进行抽样调查。比如对于婚庆旅游市场，子女已经成年的爸妈级消费者都可以作为拓展市场的目标顾客。

（三）按照细分依据进行初步市场细分

旅游企业通常根据不同旅游者需求的具体内容差异，按照一定的市场细分方式，初步确定将自己所选定的旅游产品市场范围划分为哪几种不同类型的顾客群。

（四）筛选特征明显的需求因素作为细分标准

对初步划分的各细分市场的需求因素进行验证，保留那些具有鲜明特征的主要需求作为细分标准。这里以婚庆旅游市场中开发婚庆旅游产品为例。现有不少高端婚庆推出"婚纱摄影类旅游产品"：针对"90后""00后"新人的微电影拍摄，去新人所喜爱的旅游目的地拍摄一部属于两个人的爱情微电影，能重温爱情的甜蜜，也能圆自己的明星梦。

（五）重新划定细分市场并加以命名

为了使市场细分更加科学合理，旅游企业必须进一步考察每个细分市场的个体消费需求与购买行为，对其进行必要的合并或分解，然后为重新划定的各细分市场命名。

（六）确定可进入的旅游细分市场

旅游企业通过对细分的各旅游子市场的调查、分析、评估，结合企业自身的经营目标和资源优势，选择可进入性强、营利性大的细分市场，制定相应的市场营销组合，以促进市场定位。

第三节　旅游市场调查内容

一、旅游市场调查概述

旅游市场调查是旅游市场发展的必然要求。它是指运用科学的方法和手段，系统地、有目的地收集、记录、整理、分析和研究旅游需求、旅游供给和旅游环境等方面的营销信息，为旅游市场预测和旅游营销决策提供科学依据的过程。

随着旅游市场竞争的日益激烈，旅游市场的范围变大，旅游顾客需求的多样化、个性化越来越强，导致旅游企业对营销信息的需求在数量上和质量上都空前增加提高。而旅游市场调查则在很大程度上保证了旅游企业及时准确地获得足够的旅游市场营销信息，以便迅速决策，制订出切实可行的营销计划，从而避免方向不正确造成的巨大资源浪费。旅游市场调查的内容十分广泛而丰富，但由于调查目的不同，调查内容也会不同。一般来说包括如下几个方面。

（一）旅游市场环境调查

旅游企业的生存与发展是以旅游市场环境为条件的，旅游市场环境的变化直接影响到旅游企业的营销活动和旅游者的需求。对旅游企业而言，旅游市场环境是不可控因素，旅游企业只能改变自己来适应旅游市场环境。旅游市场调查主要包括以下几个方面。

1. 政治环境调查

该调查是为了了解对旅游市场起影响和制约作用的国内外政治形势以及国家旅游市场管理的有关方针政策等。

2. 法律环境调查

该调查是为了了解我国及客源国或地区的有关法律和法规条例，包括环境保护法、旅游法、保险法、办理出入境手续方面的规定、地区旅游管理条例等。

3. 经济环境调查

该调查是为了了解我国及客源国或地区的经济特征和经济发展水平源状况、世界旅游经济发展趋势等。

4. 科技环境调查

该调查是为了了解我国和世界范围内新科技的发展水平与发展趋势等。

5. 社会文化环境调查

该调查是为了了解旅游目的地和客源地的价值观念、受教育程度与文化水平、职业构成与民族分布、宗教信仰与风俗习惯、社会审美观念与文化禁忌等。

6. 地理环境调查

该调查是为了了解区位条件、地质历史条件、自然景观条件、气候条件、季节因素以及物产方面等。

（二）旅游市场需求调查

旅游市场需求调查就是针对旅游市场需求的数量、特征以及变化趋势的研究。旅游者的需求在很大程度上决定了旅游供给，因此收集和分析旅游市场需求和影响这种需求的旅游者的心理、偏好、购买行为等信息，是旅游企业市场调查的核心内容。旅游企业通过旅游市场需求调查，可以把握有利时机，制定最佳的旅游营销组合策略，进入有利可图的旅游目标市场。

1. 旅游者规模及构成调查

该调查需要了解旅游客源地的经济发展水平与人口特征，旅游者的可自由支配收入与闲暇时间，旅游者数量与年龄、性别、职业、入境方式以及地区分布、民族特征等，旅游者对旅游产品的质量、价格、服务等方面的要求和意见。

2. 旅游动机调查

旅游动机是激励旅游者产生旅游行为，达到旅游目的的内在原因。对旅游需求的调查需要了解旅游者的动机，以便有针对性地诱导和激发旅游行为，实现营销目标。

3. 旅游行为调查

旅游行为是旅游者的旅游动机在旅游过程中的具体表现，包括旅游需求的产生过程、旅游的预算过程、旅游所需费用的取得过程、旅游计划的制订过程、旅游者心理和行为活动过程、对旅游产品的实际消费过程。

（三）旅游市场供给调查

旅游市场供给是一定时期内为旅游市场提供的旅游产品的总量，旅游调查应包括以下几个方面。

1. 旅游吸引物调查

旅游吸引物指凡是能够吸引旅游者到来并能引发游客兴趣的事物、事件或现象。旅游吸引物在很大程度上决定着旅游者对旅游目的地的选择。

2. 旅游设施调查

旅游设施是直接或间接向旅游者提供服务所凭借的物质条件设施和旅游基础设施。

3. 可进入性调查

可进入性是旅游市场供给调查的重要内容，是指旅游者在旅游目的地之间来回移动的方便、快捷、通畅的难易程度。其表现为进入游览点、服务设施和参与旅游活动所付出的时间和费用，包括交通工具、地方政府的政策及旅游经营因素、签证手续的繁简、出入境验关程序、旅游线路的编排与组织等。

4. 旅游服务调查

旅游服务是旅游产品的核心，其调查内容包括售前服务（旅游咨询、签证、办理入境手续、财政信贷、货币兑换、保险）、售中服务（旅游活动过程中向旅游者直接提供食、住、行、游、购、娱及其他服务）、售后服务（机场、港口、办理出境手续、托运、委托代办服务及旅游者回家后的跟踪服务）等。

5. 旅游企业形象调查

旅游企业形象是旅游企业经营的无形资产。旅游者对旅游产品或旅游目的地的评价和态度直接导致他们的购买决策。

6. 旅游容量调查

作为旅游地规划管理的一种强有力的工具，旅游容量可保护环境免于退化或破坏，维持旅游景点的质量，客观地保证旅游者在旅游地的旅游质量。其调查内容包括旅游基本空间标准、旅游资源容量、旅游感知容量、生态容量、经济发展容量和旅游地容量等。

（四）旅游市场营销组合调查

旅游企业营销组合调查主要包括对旅游产品和服务、价格、销售及分销渠道，以及促销等营销变量中的特定问题进行的研究。因此，旅游市场营销组合调查也应围绕这些营销组合要素而展开。

1. 旅游竞争状况调查

该调查内容包括现实和潜在的竞争对手数量、市场占有率、经营状况、价格及推销政策、分销渠道及其竞争策略、规模及竞争实力、所处地理位置与活动范围等。

2. 旅游产品调查

旅游产品是旅游企业赖以生存的物质基础，旅游企业只有不断地推出能满足旅游者需求的旅游产品，才能在激烈的旅游市场竞争中求得生存和发展。旅游产品调查包括旅游者对旅游产品的意见要求、旅游产品的市场占有率和销售潜力、旅游产品的改进或旅游新产品的开发、旅游产品组合、旅游产品市场生命周期等的调查。

3. 旅游价格调查

旅游企业的盈亏与旅游产品销售的价格有很大的关系。旅游产品价格调查包括旅游产品定价情况及变化趋势的调查、替代品的供求和价格调查、需求价格弹性调查、旅游新产品定价策略调查等。

4. 旅游分销渠道调查

要提高销售的效率、降低销售费用，旅游企业就必须选择合适的旅游产品分销渠道。分销渠道的选择对旅游企业能否打开销路、尽快占领市场及降低营销费用有着十分重要的作用。在选择合适的分销渠道之前，必须做好如下内容的调查：旅游产品销售渠道的数量、分布和销售业绩，销售渠道的运转情况，市场主要中间商销售渠道策略的实施、评估、控制和调整情况等。

5. 旅游促销调查

旅游促销是刺激旅游销售的有效手段，包括广告宣传、公关活动、现场演示、优惠或有奖销售等一系列活动。

二、旅游市场调查的类型

根据旅游市场营销过程中出现问题的性质不同、调查所要达到的目的不同、收集资料的方法不同以及市场营销调查在决策中所起的作用不同，旅游市场调查可分为以下几种类型。

（一）探测性调查

探测性调查也被称为"初步调查"，是对旅游企业或旅游市场上存在的不明确的问题进行调查，即回答"是"与"非"的问题。其主要包括两个方面：大的方面是对企业的发展目标方向和规模所进行的调查，小的方面是对市场上或企业中某一个问题所进行的调查。例如，某饭店的开房率下降，但又不知原因何在，就可以采用探测性调查。探测性调查一般都通过搜集二手资料，或请教一些行家，让他们发表意见看法，或参照过去的实例来进行。该调查主要是发现问题和提出问题，以便确定调查的重点，要弄清问题的原因还需要做进一步的调查。

（二）描述性调查

描述性调查是对旅游市场上存在的客观情况如实地加以描述和反映，从中找出各种因素的内在联系，即回答"是什么"的问题。多数的旅游市场调查都为描述性调查，如对旅游市场潜力和市场占有率、竞争对手的状况描述。例如，当某一旅游地突然接待了大批来自新的客源地的游客时，旅游市场营销人员在分析原因之前，应首先对新游客的基本情况进行描述。又如前例，假设已查清开房率下降主要是因为饭店附近的火车站搬迁，就可对此问题进行描述。这种调查形式要求事先拟定周密的调查方案，并做详细的调查计划和提纲，比起探测性调查要严密得多，但也只是描述出问题表面现象的原因，若需深刻地揭示出其因果关系，还要进一步进行因果性调查。

（三）因果性调查

因果性调查是对市场上出现的各种现象之间或问题之间的因果关系进行调查，目的是找出问题的原因和结果，也就是专门调查"为什么"的问题。

因果性调查一般是基于描述性调查的结果，针对某一现象的产生，进一步搜集资料并运用逻辑推理和统计分析的方法找出并证明其因果关系。旅游企业一般把企业经营的目标销售额、市场占有率、利润等设为因变量，而把企业可控制的因素如产品、价格、分销、促销定为自变量，企业外部不可控制的因素则为外生变量。这种调查可帮助旅游企业决策者评价和选择活动方案。

（四）预测性调查

对未来市场的需求变化进行估计，即为预测性调查。其对旅游企业制定有效的经营计划，使其避免较大风险和损失有着特殊的作用。预测性调查涉及的范围较大，可采用的研究方法较多，研究的方式较为灵活。

本章小结

旅游市场是社会经济发展到一定程度，旅游供给商品化、社会化的产物，由旅游市场主体、旅游市场客体、旅游市场媒体三种要素组成。可根据地理、国境、消费、旅游目的地、旅游组织形式等因素把旅游市场划分成各种不同的类型。旅游市场细分是指旅游企业根据旅游者之间旅游需求的差异性，把一个整体旅游市场划分为若干个旅游消费者群体的活动过程，需遵循可营利性、可衡量性、可进入性、对营销策略反应的差异性等原则。旅游市场的细分可以从地理变量、人口变量、心理变量和行为变量四大类进行。

旅游市场调查的内容包括旅游市场环境调查、旅游市场需求调查、旅游市场供给调查、旅游市场营销组合调查。旅游市场调查的类型包括探测性调查、描述性调查、因果性调查、预测性调查。

思考与练习

一、选择题

1. 以下哪一点不属于旅游市场细分的作用？（　　）

A. 有利于企业发现潜在的市场机会　　B. 有利于优化营销组合

C. 有利于企业制定灵活的竞争策略　　D. 有利于大规模生产、降低成本

2. 下列市场微观细分因素中，属于人口统计因素的是（　　）。

A. 游客的职业　　　　　　　　　　B. 游客的生活方式

C. 游客的个性　　　　　　　　　　D. 游客对旅游品牌的偏好程度

二、简答题

1. 简述旅游市场细分的作用和原则。

2. 旅游市场细分的标准有哪些？

3. 简述旅游市场细分的步骤。

4. 旅游市场调查具体包括哪些内容？

三、实训设计

按以下步骤，选定一个与旅游市场相关的调查题目进行市场调查实践，并完成市场调查报告。

1. 实践任务：

学生在老师的指导下，以小组为单位，选定课题，收集资料，设计调查问卷，实施调查，总结分析，撰写调查报告。

2. 实践步骤：

（1）了解研究背景。首先了解调查的背景，包括宏观背景及微观背景，从中选取想要调查的方向。

（2）确定调查的目标。了解背景和方向后，根据准确性、可操作性、真实性三原则确定要调查的目标。

（3）确定调查的内容。确定好调查目标后，寻找要达到这个目标，调查的内容应该包括哪些。

（4）确定调查对象和调查方法。根据调查目标和调查内容来选择完成这次市场调查问卷的参与者即被调查对象。

（5）制作调查问卷。根据调查目标和调查内容来设计出一份调查问卷，经小组成员讨论后形成一份完整的调查问卷表。

（6）进行市场调查。通过各种数据收集方法，完成数据收集。

（7）分析调查内容。通过数据分析的办法来分析整理得到的数据，并进行分析。

（8）撰写调查报告。通过以上的数据整理和分析，结合实际进行思考，完成市场调查报告。

3. 实践要求：

要求每小组根据所选定的调查课题，分工协作，共同完成好此次调查的各个阶段。

参 考 文 献

[1] 蔡尚伟，温洪泉. 文化产业导论 [M]. 上海：复旦大学出版社，2012.

[2] 常桦. 广告调查与设计 [M]. 北京：中国纺织出版社，2005.

[3] 陈启杰. 市场调研与预测 [M]. 3 版. 上海：上海财经大学出版社，2008.

[4] 杜明汉. 市场调查与预测 [M]. 大连：东北财经大学出版社，2012.

[5] 风笑天. 社会调查中的问卷设计 [M]. 天津：天津人民出版社，2002.

[6] 风笑天. 现代社会调查方法 [M]. 3 版. 武汉：华中科技大学出版社，2005.

[7] 郭英之. 旅游市场研究理论与案例 [M]. 北京：科学出版社，2008.

[8] 黄合水. 广告调研技巧 [M]. 厦门：厦门大学出版社，2012.

[9] 黄继元，吴金林，林丽. 旅游市场营销 [M]. 重庆：重庆大学出版社，2009.

[10] 黄京华. 广告调查理论与实务 [M]. 北京：中央广播电视大学出版社，2009.

[11] 黄升民，段晶晶. 广告策划 [M]. 北京：中国传媒大学出版社，2013.

[12] 季辉. 旅游市场营销 [M]. 成都：四川大学出版社，2007.

[13] 林南枝，黄晶. 旅游市场学 [M]. 天津：南开大学出版社，2010.

[14] 刘丽茹. 应用统计基础 [M]. 北京：对外经济贸易大学出版社，2011.

[15] 刘玉玲. 市场调查与预测 [M]. 北京：科学出版社，2007.

[16] 巴比. 社会研究方法：上 [M]. 8 版. 邱泽奇，译. 北京：华夏出版社，2000.

[17] 巴比. 社会研究方法：下 [M]. 8 版. 邱泽奇，译. 北京：华夏出版社，2000.

[18] 欧阳友权. 文化产业概论 [M]. 长沙：湖南人民出版社，2007.

[19] 舒咏平. 广告调查 [M]. 武汉：武汉大学出版社，2006.

[20] 孙宝祥. 市场调研与预测 [M]. 长沙：湖南大学出版社，2005.

[21] 覃常员，彭娟. 市场调查与预测 [M]. 4 版. 大连：大连理工大学出版社，2012.

[22] 王若军. 市场调查与预测 [M]. 北京：清华大学出版社，2008.

[23] 吴柏林. 广告策划与策略 [M]. 广州：广东经济出版社，2006.

[24] 肖战峰. 统计学基础 [M]. 成都：西南财经大学出版社，2012.

[25] 徐超丽，綦建红. 市场调查与预测习题集 [M]. 2 版. 北京：经济科学出版社，2007.

[26] 于洪彦. Excel 统计分析与决策 [M]. 北京：高等教育出版社，2009.

[27] 余明阳. 广告策划创意学 [M]. 上海：复旦大学出版社，2009.

[28] 张灿鹏. 市场调查与分析预测 [M]. 北京：清华大学出版社，2008.

[29] 张心悦. 广告理论与实务 [M]. 成都：西南财经大学出版社，2011.

[30] 赵泽润. 文化市场营销学 [M]. 广州：中山大学出版社，2010.